LE DICTIONNAIRE DU DIABLE

Texte intégral

En couverture
Malevich
Two Male Figures, (détail)
(1928-1932)

ISBN : 2 86930 294 0

Titre original : *The Devil's Dictionary*

106, bd Saint-Germain - 75006 Paris

AMBROSE BIERCE

LE DICTIONNAIRE DU DIABLE

Traduction, notes et postface

de Bernard Sallé

Rivages

PRÉFACE D'AMBROSE BIERCE EN 1911

Le Dictionnaire du Diable débuta dans une feuille hebdomadaire en 1881, et se prolongea de manière décousue, et avec de longues interruptions, jusqu'en 1906. Cette année-là, une partie importante fut rassemblée dans un ouvrage intitulé *Le Lexique du Cynique*, dénomination que l'auteur n'avait pas eu le pouvoir de rejeter ni le bonheur d'approuver. Pour citer les éditeurs du présent ouvrage :

« Ce titre surtout soucieux des convenances lui avait été alors imposé par les scrupules religieux du dernier journal qui en avait publié des extraits, avec l'inévitable résultat que, lorsqu'il parut sous la forme d'un livre, le pays avait déjà été inondé par ses imitateurs qui avaient fourni une profusion de livres "cyniques" — *Le Ceci du Cynique*, *Le Cela du Cynique*, etc., la plupart de ces livres étant profondément stupides, bien que certains y aient ajouté la marque de l'indigence. Avec tout cela, ils entraînèrent le mot "cynique" dans une défaveur si profonde que n'importe quel livre l'empruntant était discrédité avant même sa publication. »

Par ailleurs, d'industrieux humoristes américains s'étaient largement servis d'extraits de l'ouvrage pour leurs besoins propres, et un grand nombre de ses définitions, de ses anecdotes, de ses tournures et autres trouvailles avaient plus ou moins glissé dans le langage courant. Cette explication est faite, non pour prétendre à une certaine priorité dans des vétilles, mais pour dénier à l'avance toute accusation de plagiat, ce qui n'est pas une vétille. En reprenant fermement son bien, l'auteur espère pouvoir se présenter la tête haute auprès de ceux à qui le livre est adressé — esprits éclairés qui préfèrent les vins secs aux vins doux, le sens plutôt que le sentiment, l'esprit à l'humour et le bon anglais à l'argot.

Une part non négligeable de l'ouvrage, qui, espérons-le, ne rebutera pas le lecteur, est constituée de citations venant en exemple et qui sont dues à d'éminents poètes, en tête desquels se trouve l'érudit et ingénieux Père Gassalasca Jape, S.J., dont les lignes portent les initiales. Pour les précieux encouragements et pour l'aide déterminante du Père Jape, l'auteur du texte en prose tient par ailleurs à exprimer sa profonde reconnaissance.

A. B.

A

Abdication *n.* Acte à travers lequel un souverain atteste qu'il est sensible à l'élévation de température de son trône.

Pauvre Isabelle est morte, de qui l'abdication
Fit s'agiter les langues au Royaume d'Espagne.
Cela ne méritait pas tant de commentaires,
Elle quitta sagement un trône qui chauffait,
Et ne laissa comme souvenir devant l'Histoire
Que celui d'un fayot sautant dans une poêle !

G.J.

Abdomen *n.* Temple du dieu Estomac, dans l'adoration duquel, et selon certains rites, tous les hommes dignes de ce nom se doivent de s'engager. Pour les femmes, cette religion antique ne demande qu'une allégeance de principe. Elles officient quelquefois à l'autel sans grand cœur et sans grand talent, et ne connaissent pas cette véritable dévotion que professent les hommes pour cette religion essentielle. Si la femme avait carte blanche sur les affaires du monde, la race serait vite granivore.

Aborigènes *n.p.* Personnes de moindre importance qui encombrent les paysages d'un pays nouvellement découvert. Ils cessent rapidement d'encombrer ; ils fertilisent le sol.

Abracadabra

Abracadabra signifie
Une foule de choses.
C'est la réponse à Quoi ? à Comment ?
A Pourquoi ?
A d'Où l'on vient ? à d'Où l'on va ?
— mot qui apporte
La Vérité (et l'apaisement qu'elle procure)
A tous ceux qui s'agitent la nuit,
Dans la recherche de la lumineuse Sagesse.

Que le mot soit un verbe ou un nom
Est au-delà de ma compréhension.
A peine sais-je qu'il se transmet
De sage à sage
Et d' âge en âge —
Perle immortelle de la parole !

On raconte qu'un homme autrefois
Vécut un millier d'années
Dans la grotte d'une montagne
(Où il finit par succomber).
On le disait d'une grande sagesse,
Car sa tête était chauve,
Et sa barbe était blanche
Et ses yeux comme des braises.

Des philosophes accoururent de partout
Pour s'asseoir à ses pieds et pour l'écouter,
Bien qu'il ne proférât
Jamais un autre son
Que « *Abracadabra,*
Abracadab, abracada,
Abracad, abraca,
Abrac, abra, ab ! »

Unique message,
Le seul qu'ils désiraient entendre, et chacun
Noircissait des pages de paroles mystiques,
Lesquelles furent publiées —
Un fleuve de citations
Dans une vallée de commentaires.
Livres grands et puissants,
Nombreux comme les feuilles des arbres ;
Puits de science — s'il en fût !

Il est mort,
Je l'ai dit,
Et se perdirent les livres des sages
Mais point le souvenir de son message.
Solennellement enclos
Dans *Abracadabra*,
Telle une cloche ancienne elle sonne à jamais.
O, que j'aime à entendre
Ce mot qui illumine
La Vérité Profonde des Mystères Humains !

Jamrach Holobrom.

Abréger *v.* Rendre plus court.

Quand dans le cours de l'histoire humaine il apparaît nécessaire à un peuple d'abréger son roi, la décence et le respect des opinions de l'humanité voudraient qu'il fasse état, pour le moins, des causes qui le poussent à cet acte de séparation.

Olivier Cromwell.

Abrupt *adj.* Soudain, sans cérémonie, tels l'arrivée d'un boulet de canon et le départ du soldat, qui voit ses espérances en être directement affectées.

Abruti *n.* Personne omniprésente dans les domaines de la spéculation intellectuelle, également très active dans les voies de l'activité morale. Ce fut l'abruti qui inventa l'écriture, l'imprimerie, le chemin de fer, le bateau à vapeur, le télégraphe, la platitude et les sciences exactes. Il fut à l'origine du patriotisme et des guerres internationales, et créa la théologie, la philosophie, la loi, la médecine et Chicago. Il institua les gouvernements monarchiques et républicains. Il est présent au fil des âges des origines jusqu'à nos jours, exerçant son idiosyncrasique activité. A l'aube des temps il chantait sur les collines primitives, et il conduit dans ce mitan de l'existence la procession des vivants. Il borde de son auguste main le coucher du soleil de la civilisation, et dans le crépuscule prépare pour l'Humain sa bouillie mentale du soir, se tenant prêt à refermer la dalle de la tombe universelle. Et quand les derniers d'entre nous se seront retirés dans la nuit de l'éternel oubli, l'abruti prendra sa plume pour rédiger l'histoire de l'humaine civilisation.

Absent *adj.* Particulièrement exposé au dénigrement ; calomnié ; définitivement dans son tort ; oublié de la considération et de l'affection de chacun.

L'homme est inscrit dans sa pensée. Qui se soucie
De l'air de sa figure ou des vêtements qu'il porte ?
Mais le corps de la femme représente la femme.
Reste là, mon amour, et ne t'en va jamais,
Souviens-toi des paroles du poète inconnu :
« Une femme qui s'absente est une femme perdue. »

Jogo Tyree.

Absolu *adj.* Autosuffisant et irresponsable. Une monarchie absolue est un système dans lequel le souverain fait ce qu'il lui plaît aussi longtemps qu'il plaît aux assassins. Les monarchies absolues ne se transmettent guère ; elles sont le plus souvent remplacées par des monarchies constitutionnelles, dans lesquelles le pouvoir royal est considérablement réduit, ou par des républiques, qui sont gouvernées par la chance.

Abstinent *n.* Personne faible qui cède à la tentation de se refuser un petit plaisir. Un abstinent total est quelqu'un qui s'abstient de tout en dehors de l'abstinence, et particulièrement de ne pas se mêler des affaires des autres.

« Mon garçon, j'aime croire, » disait l'homme au vaurien,
« Que vous êtes abstinent. » « Certainement, je le suis, »
« Je le suis ! » répondit le voyou —
« Mais, monsieur, pas vraiment à la sauce bigote. »

G.J.

Absurdité *n.* Affirmation manifestement incompatible avec son opinion propre.

Absurdités *n.p.* Objections qui sont portées contre cet excellent dictionnaire.

Accident *n.* Inévitable événement que l'on doit à l'action des lois naturelles immuables.

Accomplissement *n.* La fin de l'effort et le début de l'ennui.

Accordéon *n.* Instrument en harmonie avec les sentiments d'un assassin.

Accuser *v.* Affirmer la culpabilité ou l'indignité de quelqu'un ; le plus souvent en guise d'auto-justification pour lui avoir auparavant fait du tort.

Acéphale *adj.* Qui se trouve dans la situation surprenante du Croisé tirant distraitement sur l'une de ses mèches de cheveux quelques heures après qu'un cimeterre Sarrasin lui eut, à son insu, tranché le cou (ainsi que le relate de Joinville).

Adage *n.* Bouillie de sagesse pour mauvaises dents.

Adhérent *n.* Membre qui n'a pas encore eu l'intégralité de ce qu'il espère obtenir.

Administration *n.* Dans les affaires publiques, ingénieuse abstraction conçue pour recevoir les attaques et les coups destinés au Premier Ministre ou au Président. Écran à l'épreuve des malotrus et des tracassiers.

Admiration *n.* Reconnaissance polie d'un point commun quc nous rencontrons chez autrui.

Adonner à la boisson (s') *v.* Biberonner, s'imbiber, se pinter, se noircir, lever le coude, se piquer la fraise, s'arroser la dalle en pente. Au niveau de l'individu, c'est une pratique qui est regardée avec une certaine désapprobation, mais les nations qui consomment de l'alcool restent à l'avant-garde de la civilisation et du pouvoir. Quand ils se mesurent aux soiffards de Chrétiens, les sobres Mahométans tombent comme le foin devant la faux. En Inde, cent mille Anglais mangeurs de rosbif et buveurs de brandy-soda tiennent sous leur coupe deux cent cinquante millions de végétariens abstinents, qui sont pourtant de la même race aryenne. Avec quelle gracieuse aisance l'Américain amateur de whisky n'a-t-il pas jeté hors de ses possessions le tempérant Espagnol ! Depuis le temps où les Fous-Furieux ravagèrent toutes les côtes de l'Europe de l'ouest et s'enivrèrent dans chaque port conquis, c'est toujours la même histoire : en tous lieux, les nations où l'on boit à l'excès se distinguent par leur capacité à se battre assez bien et pas trop honnêtement. C'est pourquoi les estimables vieilles dames qui ont aboli les cantines de l'armée américaine peuvent à juste titre se vanter d'avoir très exactement renforcé la capacité militaire de la nation.

Adorer *v.* Vénérer, non sans espérance.

Affliction *n.* Processus d'acclimatation destiné à préparer l'âme pour un autre monde plus cruel.

Agitateur *n.* Personne œuvrant dans la politique, qui secoue les arbres fruitiers de ses voisins — pour en déloger les vers.

Aider *v.* Faire un ingrat.

Aimant *n.* Quelque chose qui agit par l'effet du magnétisme (voir la définition de ce mot).

Air *n.* Substance nutritive généreusement fournie par la Providence pour engraisser les pauvres.

A la rue *exp.* Qui a payé toutes ses taxes foncières.

Album (de coupures de presse) *n.* Ouvrage qui est généralement réalisé par un imbécile. De nombreuses personnes qui sont souvent d'un mérite assez restreint effectuent des compilations à partir de tout ce qu'ils trouvent sur eux-mêmes dans les journaux, ou emploient d'autres personnes pour les effectuer. L'un de ces égotistes reçut un jour les strophes suivantes, signées par Agamemnon Melancthon Peters :

Cher Frank, cet album où tu te vantes
Que soit consignée la trace
Du moindre rôti poivré
Que tu as réalisé ;

En y collant de railleuses coupures
Sur lesquelles figure ton nom
En pensant que les rieurs
Ne font qu'attester ta gloire ;

Où tu disposes toutes ces images
Dues aux caricaturistes —
Qui croquent ta drôle d'allure
Et forcent tes traits sémites —

Cet album admirable, s'il te plaît,
Prête-le moi. Car j'en suis sûr,
A ta rossée quotidienne,
Le Seigneur mit la main.

Allah *n.* L'Etre Suprême des Musulmans, qu'il ne faut pas confondre avec celui des Chrétiens, des Juifs et tutti frutti.

Fidèlement j'ai suivi les préceptes d'Allah,
Et pleuré longuement sur les péchés des hommes ;
Et à genoux quelquefois dans le temple j'ai
Avec ferveur croisé les mains et somnolé.

Junker Barlow.

Allégeance *n.*

Elle m'apparaît, cette Allégeance,
Comme un anneau dans le nez du sujet,
A la grâce duquel cet organe est pointé
Dans le vent parfumé des onctions seigneuriales.

G.J.

Alliance *n.* En politique internationale, union de deux voleurs qui ont leurs mains si profondément enfoncées dans les poches l'un de l'autre qu'il leur est difficile de s'en prendre séparément à un troisième.

Alligator *n.* Crocodile d'Amérique, supérieur en tous points aux crocodiles des monarchies disparues du Vieux Monde. Hérodote prétendait que l'Inde était (à une exception près) le seul fleuve produisant des crocodiles ; apparemment, ils ont trouvé le moyen d'émigrer vers l'ouest et de se multiplier dans de nouveaux marigots.

Allonge *n.* Rayon d'action de la main de l'homme. Espace dans lequel il lui est possible (et habituel) de satisfaire directement sa propension à s'approvisionner.

> C'est une vérité qui est vieille comme le monde
> Que la vie et que l'expérience nous enseignent :
> De toutes les infortunes qui accablent un pauvre hère,
> L'entrave à son allonge est la moins supportable.
>
> *G.J.*

Ambidextre *adj.* Capable de prendre avec un égal talent dans une poche de droite comme dans une poche de gauche.

Ambition *adj.* Irrésistible désir de se voir traîné dans la boue par ses ennemis de son vivant, et ridiculisé par ses amis après son trépas.

Ame *n.* Entité spirituelle qui n'est pas sans avoir provoqué de brillantes controverses. Platon soutenait que certaines âmes, qui, dans un état préalable d'existence (antérieur à Athènes), avaient baigné dans l'éblouissante lumière de l'éternelle vérité, entraient ensuite dans le corps de personnes qui devenaient des philosophes. Platon lui-même était un philosophe. Les âmes qui avaient un peu moins contemplé la vérité suprême animaient les corps des despotes et des usurpateurs. Dionysius I, qui avait menacé de décapiter le philosophe au large front, était un despote et un usurpateur. Platon, sans doute, n'était pas le premier à échafauder un système de philosophie qui permettait également d'épingler ses ennemis ; ce ne fut pas, en tout cas, le dernier.

« Concernant la nature de l'âme, » disait le célèbre auteur de *Diversiones Sanctorum*, « il y eut des discussions autrement plus rudes que pour ce qui concerne sa place dans le corps. Ma propre opinion est que l'âme tient son siège dans l'abdomen — et nous pouvons discerner par cela et commenter une vérité jusqu'ici inintelligible, à savoir que le glouton est de tous les hommes le plus dévot. Dans les Saintes Écritures se trouve l'expression "faire un dieu de son estomac" — pourquoi, alors, ne serait-il pas pieux, celui qui porte en lui-même sa Déité pour rafraîchir sa foi ? Qui, mieux que lui, connaît le pouvoir et la majesté de ce qu'il porte en reliquaire ? A l'évidence, l'âme et l'estomac constituent une Entité Divine confondue ; et telle était l'opinion de Promasius, qui se trompa toutefois en ne croyant pas en l'immortalité. Il avait observé que la substance visible et matérielle succombait et s'altérait avec le reste du corps après la mort, mais de l'immatérielle essence, il n'avait aucune notion. Il s'agit de ce que nous appelons Appétit, et il survit à la pourriture et à la puanteur de la mortalité pour être récompensé ou puni dans l'autre monde, en fonction de ce que furent ses désirs charnels. L'Appétit dont les élans grossiers allaient vers les viandes malsaines des étalages publics et des cantines populaires connaîtra une éternelle famine, tandis que celui qui, poliment mais fermement, exigeait ortolans, caviar, tortues d'eau douce, anchois, *pâtés de foie gras*[1] et autres véritables denrées chrétiennes, continuera à en goûter les spirituelles saveurs pour l'éternité et au-delà, et à assouvir sa soif divine de la part immortelle des vins les plus rares et les plus précieux jamais dégustés dans ce bas-monde. Telle est ma conviction profonde, mais je m'afflige de devoir

1. En français dans le texte. Dans la suite de l'ouvrage, les mots français continueront de figurer en italique.

avouer que ni sa Très Haute Sainteté le Pape, ni sa Grâce l'Archevêque de Canterbury (que je vénère l'un et l'autre profondément), ne consentiront à ce qu'elle se répande. »

Amiral *n.* Partie d'un vaisseau de guerre qui est à la parole ce que la figure de proue est à la réflexion.

Amitié *n.* Bateau suffisamment grand pour transporter deux personnes quand il fait beau, et une seule en cas de mauvais temps.

C'était une mer d'huile et le ciel était bleu ;
Aimablement voguions-nous tous les deux.
(Beau fixe disait le baromètre.)
Un fracas tout à coup secoua le bateau
La tempête arriva, et nous nous querellâmes.
(O l'odieux, le vil, l'infâme !)

Armit Huff Bettle.

Amnésie *n.* Don de Dieu accordé aux débiteurs, pour compenser leurs faiblesses de conscience.

Amnistie *n.* Magnanimité d'un pays envers des coupables qu'il serait trop onéreux de sanctionner.

Amour *n.* Folie temporaire que l'on peut guérir par le mariage ou en retirant le patient du champ d'influence qui est à la source de l'indisposition. Ce mal, comme les caries dentaires et de nombreuses autres infections, fait surtout des ravages au sein des races civilisées, qui vivent selon d'assez artificielles conditions ; les nations barbares qui respirent l'air pur et se nourrissent de manière frugale ont la chance d'être à l'abri de ses atteintes. Le mal est quelquefois fatal, mais plus souvent chez le praticien que chez le patient.

Ane *n.* Crieur de foire doté d'une bonne voix mais

manquant un peu d'oreille. De tout temps l'animal fut célébré de multiples façons par la littérature, l'art et la religion de tous les pays ; il n'est guère d'autre exemple d'un sujet aussi étonnant et aussi stimulant pour l'imagination humaine que celui de ce noble vertébré. Au point que certains se demandent (Ramasilus, *lib. II.*, *De Clem.*, et C. Stantatus, *De Temperamente*) s'il n'est pas tout simplement d'essence divine ; nous savons d'ailleurs qu'il a été l'objet d'un culte chez les Étrusques, et, s'il faut en croire Macrobius, chez les Cupasiens. Des deux seuls animaux admis dans le paradis de Mahomet aux côtés des bienheureux humains, le premier est l'âne qui transporta Balaam, et le second le chien des Sept Dormeurs ; ce n'est pas une mince distinction. Si l'on voulait rassembler tout ce qui a été écrit sur l'Ane, on obtiendrait une vaste et splendide bibliothèque de la taille de celle qui s'est constituée autour de l'œuvre de Shakespeare, formant un ensemble comparable aux Textes Bibliques. D'où l'on peut conclure que toute littérature, à des degrés divers, relève de la pure ânerie.

« Salut, Saint Baudet ! » braille le chœur des anges ;
« Prêtre de la déraison, et Prince des Disputes !
Grand co-Créateur, que ta gloire soit chantée :
Dieu fit tout le reste ; Ane, l'Ane est ton œuvre ! »

G.J.

Année *n.* Période de trois cent soixante-cinq déceptions.

Anormal *adj.* Qui n'est pas conforme à la moyenne. Dans les domaines des actes et de la pensée, être indépendant revient à être anormal, être anormal revient à être détesté. C'est la raison pour laquelle l'auteur de cet ouvrage invite ses lecteurs à tenter de se rapprocher de l'Homme Moyen, autant qu'il s'efforce quant à lui de se ressembler à lui-même. Quiconque atteindra ce but est assuré de la paix, d'une mort inéluctable et de la perspective de l'Enfer.

Antipathie *n.* Sentiment inspiré par l'ami d'un ami.

Aphorisme *n.* Sagesse prédigérée.

> L'outre à vin qui lui sert de cerveau
> Enfle d'une manière inquiétante
> Et de ce vide abyssal tombe
> La petite crotte d'un aphorisme.
>
> *"Le Philosophe Fou", 1697.*

Appât *n.* Sorte de préparation qui rend l'hameçon plus agréable au goût. La meilleure recette est la beauté.

Appétit *n.* Instinct délibérément implanté par la Providence afin de servir de Muse du travail.

Applaudissement *n.* Écho d'une platitude.

Arbre *n.* Grand végétal conçu par la nature pour servir d'instrument pénal, même si les égarements de la justice font que de nombreux arbres ne portent que des fruits négligeables, ou pas de fruits du tout. Quand il est naturellement pourvu, l'arbre est un agent bienfaisant de la civilisation et un facteur déterminant dans la morale publique. Dans l'ouest impitoyable et dans le sud raffiné, ses fruits (respectivement blancs et noirs) quoique immangeables, sont agréables au goût du public et, bien que non exportés, profitables à la prospérité générale. La preuve que la relation privilégiée entre l'arbre et la justice ne fut pas une découverte du Juge Lynch (qui, il est vrai, ne lui concéda aucune primauté sur le réverbère ou la poutrelle de pont) est pleinement attestée par le passage suivant de Morryster, qui lui est antécédent de deux siècles :

« Étant dans la contrée je cheminais pour voir l'arbre Ghogo, dont j'avais moult entendu parler ; mais l'apercevant et ne voyant rien de remarquable, l'homme le plus important du village où il poussait fit cette réponse à ma question :

« L'arbre n'a pas de fruits aujourd'hui, mais dans la bonne saison vous verriez pendre de ses branches tous ceux qui ont fait affront à sa Majesté le Roi. »

Et il me fut dit ensuite que le mot "Ghogo" avait la même signification dans leur langage que le mot "canaille" dans la nôtre.

Voyages dans l'Est.

Arbre généalogique *n.* Partie connue du cheminement entre un ancêtre arborescent aux racines fumeuses, et un descendant citadin aux cigarettes enfumantes.

Archevêque *n.* Dignitaire ecclésiastique, plus saint d'un degré qu'un évêque.

Si j'étais un joyeux archevêque,
Je boufferais du poisson vendredi,
Du saumon, de la truite, de la raie ;
Et de tout le reste à profusion,
Tous les autres jours de la semaine !

Joho Rem.

Architecte *n.* Personne qui dessine les plans de votre maison et qui fait des desseins sur votre argent.

Ardeur *n.* État particulier de l'amour sans l'expérience.

Arènes *n.p.* En politique, trou de basse-fosse imaginaire dans lequel le politicien affronte sa réputation.

Argent *n.* Bienfait qui ne nous est pas vraiment profitable, excepté quand on en est privé. Preuve d'une bonne culture et passeport pour la bonne société. Il est supportable d'en posséder.

Argot *n.* Grognement du pourceau humain (*Pignoramus intolerabilis*) et dont le sens est audible. Mode d'expression de quelqu'un qui éructe avec sa langue ce qu'il pense avec son oreille, et qui est empli de la fierté du créateur alors qu'il accomplit l'exploit du perroquet. Manière (sous la conduite de la Providence) de se croire doté d'esprit lorsque l'on est dépourvu d'un certain capital de bon sens.

Aristocratie *n.* 1/. Gouvernement assuré par l'élite des hommes. (Ce premier sens est totalement obsolète ; ce type de gouvernement aussi). 2/. Individus qui portent des chapeaux taupés et des chemises propres — coupables de bonne éducation et suspects de confortables comptes en banque.

Armure *n.* Sorte d'habit porté par un homme dont le tailleur est un forgeron.

Arrêter *v.* Mettre fin avec autorité aux actes insolites d'un individu.

Dieu fit le monde en six jours et fut arrêté le septième.
Version Non-Autorisée.

Arrières *n.p.* Dans le domaine militaire américain, partie exposée de l'armée qui reste la plus proche du Congrès.

Arsenic *n.* Sorte de produit que les dames affectionnent particulièrement, et qui ensuite les afflige énormément.

« De l'arsenic ? Très bonne idée, »
S'exclama-t-il, ravi ;
« Mais prends-le donc toi-même, poupée,

Plutôt que de le mettre dans mon thé. »
Jœl Huck.

Art *n.* Ce mot n'a pas de définition. Son origine est toutefois relatée de la manière suivante par l'excellent Père Gassalasca Jape, S.J. :

Un beau jour un farceur — Qu'avait-il trouvé là ? —
Déplaçant une lettre au milieu du mot RAT,
Déclara que c'était le nom d'un nouveau dieu !
Apparut aussitôt une prélature bizarre,
(avec exhibitions, mystères et charabias
Et sanglantes controverses entre les impétrants)
Prête à servir le temple, à rallumer les cierges,
A inventer des lois et tirer des ficelles.
L'imbécile populace découvrant le rituel,
Se convertit d'un bloc sans comprendre un seul mot,
Mais, dûment chapitrée sur de nouveaux principes,
Qu'un cheveu par exemple coupé en quatre ou cinq,
Disposé comme ceci (comme seul l'Art sait le faire)
Prend une autre valeur, une grâce infinie
Que jamais la Nature ne saurait égaler,
Aux grandes célébrations apporte boire et manger,
Et vendrait sa chemise pour engraisser les prêtres.

Art oratoire *n.* Conspiration entre la parole et le geste pour berner l'auditoire. Tyrannie qui n'est tempérée que par la sténographie.

Assez *adv.* Tout ce qui existe dans le monde, si cela fait votre affaire.

Assez est aussi bon qu'un festin
Si l'on veut bien considérer
Qu'un peu plus équivaut à festin et fourchette.
Arbely C. Strunk.

Assisté *n.* Individu qui compte sur la générosité

publique pour un soutien que vous-même n'êtes pas en position de pouvoir obtenir.

Assurance *n.* Jeu de hasard moderne et particulièrement ingénieux, dans lequel le joueur est invité à se conforter dans l'aimable conviction qu'il est en train de battre l'homme qui tient la table.

L'AGENT D'ASSURANCE : Monsieur, voilà ce que j'appelle une belle maison — laissez-moi l'assurer.
LE PROPRIÉTAIRE DE LA MAISON : Avec plaisir. Établissez, s'il vous plaît, la prime annuelle de telle manière que, en s'en référant aux tableaux de vos spécialistes, quand elle entrera dans la plus forte probabilité de se voir détruite par le feu, j'aurai payé considérablement moins que le remboursement que vous effectuerez.
L'AGENT D'ASSURANCE : Cher ami, non — nous ne pouvons pas nous permettre cela. Nous devons fixer la prime de manière à ce que vous ayez payé plus.
LE PROPRIÉTAIRE DE LA MAISON : Comment, alors, est-ce que je peux, *moi*, me le permettre ?
L'AGENT D'ASSURANCE : Eh bien, votre maison peut partir en fumée à n'importe quel moment. Si vous prenez par exemple le cas de la maison de Smith...
LE PROPRIÉTAIRE DE LA MAISON : S'il vous plaît — prenons le cas de la maison de Brown, au contraire, ou de celle de Jones, ou de celle de Robinson...
L'AGENT D'ASSURANCE : S'il *vous* plaît !
LE PROPRIÉTAIRE DE LA MAISON : Bon, essayons de nous comprendre, tous les deux. Vous voulez que je vous donne de l'argent sur la pure supposition que quelque chose de fâcheux arrivera avant l'instant que vous avez fixé comme probable. En d'autres termes, vous attendez de moi que je parie sur le fait que ma maison n'aura pas une durée de vie aussi longue que celle que vous m'annoncez comme probable.
L'AGENT D'ASSURANCE : Mais si votre maison brûle sans

être assurée, la perte sera totale.
LE PROPRIÉTAIRE DE LA MAISON : Je vous demande pardon — en s'en référant justement aux calculs de vos spécialistes, j'aurais au moins sauvé du désastre toutes les primes que je ne vous aurais pas payées, et elles constitueraient très probablement un capital supérieur à celui que vous me rembourseriez. Mais, bon, supposons que la maison, n'étant pas assurée, brûle avant le moment sur lequel vous basez vos suppositions. Si moi je ne peux pas me le permettre, comment est-ce que vous le pouvez, dans le cadre de votre assurance ?
L'AGENT D'ASSURANCE : Oh, nous y faisons face parce que nous avons plus de chance avec d'autres clients. Virtuellement, ce sont eux qui paient votre perte.
LE PROPRIÉTAIRE DE LA MAISON : Et virtuellement, donc, est-ce que ce n'est pas moi qui contribue à payer leurs pertes ? Est-ce que leurs maisons n'ont pas autant de chances que la mienne de brûler avant qu'ils ne vous aient payé assez pour que vous puissiez les rembourser ? En fait, voilà la vérité : vous espérez prendre plus d'argent à vos clients que ce que vous leur redonnez. N'est-ce pas ?
L'AGENT D'ASSURANCE : C'est évident ; si nous ne le faisions pas...
LE PROPRIÉTAIRE DE LA MAISON : Je ne miserais pas un sou sur vous. Évidemment. S'il est *certain*, en considérant l'ensemble de vos clients, qu'ils perdent de l'argent sur vous, chacun, envisagé de façon individuelle, en perdra *peut-être*. C'est l'ensemble de ces probabilités individuelles qui font une certitude collective.
L'AGENT D'ASSURANCE : Je ne vous affirmerai pas le contraire — mais, tenez, jetez un coup d'œil sur ces barèmes...
LE PROPRIÉTAIRE DE LA MAISON : Bonté divine !
L'AGENT D'ASSURANCE : Vous parliez de sauver les primes que vous ne m'auriez pas payées. N'auriez-vous pas été enclin à les dépenser ? Nous vous apportons, quant à nous, une incitation à l'économie.

LE PROPRIÉTAIRE DE LA MAISON : L'empressement de A pour s'occuper de l'argent de B n'est pas particulier à l'assurance, mais en tant qu'institution charitable, vous forcez vraiment l'admiration. Avec, monsieur, l'expression de mon humble désintéressement !

A tous les vents *exp.* Le type d'endroit sur lequel aucun gouvernement n'a réussi à imposer des taxes. Hautement utile à l'inspiration des poètes.

Je montais un jour jusqu'au sommet d'une montagne
Pour admirer le coucher de l'astre du jour,
Et je pensais en voyant ses derniers rayons
A une vieille histoire vraiment peu ordinaire.

L'histoire d'un vieil homme qui chevaucha son âne
Jusqu'à l'épuisement complet de l'animal ;
Et puis qui le porta sur des milles et des milles
Jusqu'au rétablissement de maître Aliboron.

Solennellement la lune s'élevait à l'orient
Au-dessus des collines, et de son disque clair
Dispersait les obscurités de l'occident
Tel l'instrument d'une nouvelle création.

Et me revint une blague à se rouler par terre
D'une fille désœuvrée à la porte d'une église
Qui jetait un coup d'œil pour voir la fiancée,
Alors qu'il s'agissait de son propre mariage.

Pour les poètes la Nature est une source
De belles idées, de réflexions, et d'émotions.
Je plains les sots qui n'entendent pas les murmures
Des plaines et des bois, du ciel et de la mer.

Stromboli Smith.

Aube *n.* Moment où les hommes doués de raison vont au lit. Des vieillards décidés préfèrent se lever à cette heure-là, prendre un bain glacé et partir pour une longue marche avec le ventre vide, sans négliger de se mortifier par ailleurs dans leur chair de multiples façons. Ils désignent ensuite avec orgueil ces pratiques comme étant à l'origine de leur vigoureuse santé ; la vérité vraie étant que s'ils sont encore solides, c'est non grâce à leurs habitudes, mais en dépit de celles-ci. La raison pour laquelle ce sont des hommes robustes qui font de telles choses est qu'elles ont tué tous les autres qui s'y sont essayés.

Audace *n.* L'une des plus évidentes qualités d'un homme en sécurité.

Australie *n.* Pays dans les Mers du Sud dont le développement industriel et commercial fut scandaleusement retardé par une fâcheuse dispute entre géographes, sur la question de savoir s'il s'agissait d'une île ou d'un continent.

Autel *n.* Endroit où le prêtre émiettait jadis l'intestin grêle de la victime d'un sacrifice pour en tirer des oracles, et où il cuisinait la viande pour les dieux. L'endroit n'est plus guère utilisé pour les sacrifices, sinon celui de la liberté et de la paix d'un mâle et d'une femelle conjointement atteints de folie.

> Ils s'offrent à l'autel et fournissent eux-mêmes
> Le feu qui leur consume la chair.
> Vain sacrifice ! — Les dieux n'aiment guère
> Les offrandes cuisant sur des flammes douteuses.
>
> *M.P. Noppput.*

Auteur d'histoires fantastiques *n.* Écrivain dont l'imagination est en phase avec les phénomènes extranaturels, et particulièrement avec les agissements des spectres. L'un des plus illustres auteurs de notre époque dans ce domaine particulier n'est autre que Mr. William

D. Howells[1], qui entraîne le brave et crédule lecteur dans une compagnie de fantômes aussi courtoise et respectable que celle qu'on aurait aimé rencontrer. A l'effroi qu'inspire un directeur d'école communale, le fantôme d'Howells ajoute quelque chose de l'éprouvant mystère qui enveloppe le fermier d'un autre village.

Auto-évident *adj.* Évident pour une seule personne à l'exclusion de toute autre.

Autosatisfaction *n.* Évaluation erronée.

Autrement *adv.* Pas mieux.

Autruche *n.* Oiseau de belle taille à qui la nature a refusé (probablement pour ses péchés) l'implantation d'un pouce, ce qu'un bon nombre de pieux naturalistes a considéré comme le résultat d'un évident dessein. L'absence d'une bonne paire d'ailes en état de marche n'est en revanche pas un problème car, comme cela a été ingénieusement signalé, l'autruche ne vole pas.

Avaricieux *adj.* Excessivement désireux de conserver ce que de nombreuses personnes méritantes souhaiteraient obtenir.

« Vil avare d'Écossais ! » dit Johnson
A l'économe J. Macpherson ;
« Voyez, moi je suis prêt à partager
Avec quiconque, s'il est convenable. »

Jamie répond : « Je vous crois sur parole,
Car les intentions ne trouent guère les poches ;
Et je sais que pour vous, quiconque est convenable

1. William Dean Howells (1837-1920) était romancier et directeur de revues. Ses premiers écrits étaient plutôt romantiques, mais il s'orienta ensuite vers un réalisme social à la Zola.

S'il possède justement la chose qui vous convient. »

Anita M. Bobe.

Averne (Lac d') *n.* Lieu où les Anciens plaçaient l'entrée des Enfers. Le fait que l'accès aux régions infernales soit une étendue d'eau a été l'occasion pour Marcus Ansello Scrutator d'un rapprochement possible avec le rite Chrétien de baptême par immersion. Hypothèse qui a été récusée par Lactantius comme étant complètement dénuée de fondement.

Facilis descendus Averni,
Dit le poète ; et il est vrai
Que sur les pentes difficiles
On rencontre plus souvent
Des mains pour vous pousser
Que pour vous retenir.

Jehal Dai Lupe.

Avouer *v.* Confesser une faute. Dévoiler les fautes d'autrui est un grand devoir imposé par l'amour de la vérité.

B

Baal *n.* Divinité ancienne que l'on adorait autrefois sous des noms divers. "Baal" était célébré chez les Phéniciens ; "Belus" ou "Bel" eut l'honneur d'être servi par le prêtre Berosus, celui qui fit le fameux récit du Déluge ; en tant que "Babel", il eut l'hommage d'une tour partiellement érigée sur la Plaine de Shinar. Mais quel que soit son nom, Baal est le dieu-Soleil. En tant que "Beelzebub" il est le dieu des mouches, engendrées dans l'eau stagnante sous les rayons du soleil. De nos jours, Baal est toujours adoré sous le nom de Bakchich, et en tant que Bamboche il est adoré et célébré avec d'abondants sacrifices par les adeptes de la Bamboula.

Bacchus *n.* Divinité complaisante inventée par les anciens pour excuser leurs excès de boisson.

> Comment serait-ce un péché
> Quand c'est pour la dévotion
> Que l'on doit au dieu Bacchus
> Que l'alcool nous investit,
> Et qu'il nous anéantit ?
>
> *Jorace.*

Bâfrer *v.* Dîner.

Gloire à toi, Gastronome, apôtre de l'excès,
Habile à te bâfrer sans être indisposé !
Tu prouves par ton art du festin sans dommage
La supériorité de l'Homme sur la Bête.

John Boop.

Bain *n.* Sorte de cérémonie mystique remplaçant un culte religieux, bien que son efficacité spirituelle n'ait jamais été réellement prouvée.

L'homme qui prit un bain de vapeur
Y perdit la peau de son corps,
Et se voyant tout vermillon,
Dit que plus propre ne pouvait être,
Oubliant que dans ses poumons
Était toute la vapeur du bain.

Richard Gwow.

Baiser *n.* Mot inventé par les poètes pour rimer avec "griser". Cela semble se rapporter, dans un sens large, à quelque rite ou cérémonie qui entérine une mutuelle compréhension ; mais la manière dont cela se pratique reste un mystère pour le lexicographe.

Baptême *n.* Rite sacré d'une telle efficacité que celui qui trouve le chemin du Ciel sans l'avoir reçu sera plongé dans les affres de la détresse pour l'éternité. Le Baptême est administré avec de l'eau de deux manières, par immersion — ou plongeon, et par aspersion — ou arrosage.

Quant à savoir si l'immersion
Est préférable à l'aspersion,
Laissons-en décider,
De l'immergé,
De l'aspergé,
A la Version Autorisée,

Et à leurs rhumes comparés.
G.J.

Barbe *n.* Poils qui sont habituellement coupés par ceux qui estiment à juste titre que la coutume chinoise de se raser la tête est absurde.

Baromètre *n.* Instrument ingénieux qui indique la sorte de temps que nous sommes en train de subir.

Basilic *n.* Serpent mythologique. Le seul reptile qui sort de l'œuf d'un coq. Le basilic porte le mauvais œil, et son regard est mortel. De nombreux païens doutent de l'existence de cet animal, mais Semprello Aurator en vit et en toucha un qui avait été aveuglé par un éclair foudroyant ; il fut en effet puni pour avoir osé jeter un regard fatal sur une dame que Jupiter aimait. Junon redonna par la suite la vision au reptile et le cacha dans une caverne. Rien n'est mieux attesté par les anciens que l'existence du basilic, mais depuis, les coqs ont cessé de pondre.

Bastonnade *n.* Manière de se promener dans les bois sans faire d'efforts.

Bataille *n.* Manière de défaire avec les dents un nœud politique qui ne veut pas céder avec la langue.

Bâton d'encens *n.* Petits bâtonnets que les Chinois brûlent au cours de leurs niaiseries païennes, en imitation des véritables rites sacrés de notre Sainte Religion.

Beauté *n.* Pouvoir qui permet à la femme de charmer un amoureux et de terrifier un mari.

Bébé *n.* Créature difforme à l'âge, au sexe et à la condition indéterminés, hautement remarquable par la violence des sympathies et des antipathies qu'elle provoque chez les autres, sans exprimer elle-même de sentiment ni d'émotion. Il y eut des bébés célèbres ; le petit Moïse par exemple, dont l'aventure dans le panier d'osier inspira très probablement les scribes égyptiens du septième siècle auparavant, qui en tirèrent l'assez médiocre histoire de l'enfant Osiris déposé sur une feuille de lotus flottante.

Lorsque les bébés n'étaient pas inventés,
Les jeunes filles étaient contentées.
Et l'homme se demande maintenant
S'il n'a pas gaspillé son argent
Quand il a acquis des bébés.
Et en pensant à tout cela,
Je me disais que peut-être
Aurait-il mieux valu
Que le Premier Bébé
Ait été bouffé
Par les
Rats.

Ro Amil.

Belladonna *n.* En italien, une jolie femme ; en anglais, un poison mortel. Exemple frappant de l'idiotisme de deux langues.

Bénédictins *n.* Ordre de moines, appelés aussi frocs noirs.

Elle pensa : une corneille, mais c'était finalement
Un moine de St. Benoît croassant un discours.
« C'est un membre de cet ordre de maître queux, » dit-elle,
« Sombres frocs dans ce monde, frères fricassés dans l'autre. »

"Le Diable sur Terre" (London, 1712).

Bien-être *n.* État d'esprit produit par la contemplation des ennuis d'autrui.

Bienfaiteur *n.* Personne qui entreprend d'acquérir de grandes quantités d'ingratitude, sans se soucier réellement du prix, lequel reste néanmoins à la portée de chacun.

Bienveillance *n.* Préface brève qui introduit à dix volumes d'exaction.

Bigamie *n.* Faute de goût pour laquelle il sera infligé une punition future appelée trigamie.

Bigot *n.* Personne qui est attachée avec zèle et obstination à une croyance que vous ne partagez pas.

Blague *n.* Mensonge qui n'a pas encore fait ses dents. La meilleure approche de la vérité pour un mensonge ordinaire : périgée de son orbite excentrique.

> Quand David dit : « Les hommes sont tous menteurs, »
> David lui-même s'avérait être menteur.
> Peut-être pensait-il emporter l'adhésion à ses dires
> En se montrant lui-même tout à fait étranger
> A la vraie Vérité ; et pourtant je doute
> Que le vieux filou se soit jamais approché
> D'une once de ce dont il ne connaissait rien.
> Non, David n'était pas le fervent serviteur
> De la Vérité Vraie quand il s'autorisa
> A porter ce jugement sur ceux qui l'entouraient ;
> Et effet le bon sens vient aisément prouver
> Et les faits confirmer sans conteste que les hommes
> Ne sont pas tous menteurs ; il en est qui sont morts.
>
> *Bartle Quinker.*

Blanc *adj. et n.* Noir.

Bon *adj.* Sensible, Madame, aux mérites du présent écrivain. Enclin, Monsieur, à le laisser tranquille.

Bonheur *n.* Agréable sensation qui naît de la contemplation de la misère d'autrui.

Botanique *n.* Science des végétaux — ceux qui sont bons à manger comme ceux qui ne le sont pas. Cela inclut l'étude des fleurs, qui sont généralement mal dessinées, vilainement coloriées, et qui sentent le papier.

Bouche *n.* Pour l'homme, entrée des choses de l'âme ; pour la femme, sortie des choses du cœur.

Bouffon *n.* Personne qui était autrefois attachée à la maison d'un roi, qui avait pour travail d'amuser la cour par des paroles et des actions saugrenues, et dont l'incohérence était attestée par le port d'un costume bariolé. Le roi, quant à lui, était habillé avec dignité, et quelques siècles seront nécessaires au monde pour découvrir que sa propre conduite et ses propres décisions étaient suffisamment ridicules pour égayer non seulement la cour mais l'humanité tout entière. Le bouffon était généralement appelé "fou", mais les poètes et les écrivains se sont toujours complus à le représenter comme une personne particulièrement spirituelle et avisée. Dans les cirques d'aujourd'hui, le fantôme mélancolique du fou de cour attriste de plus humbles audiences, avec les mêmes trouvailles qui de son vivant pétrifiaient les salles de marbre, mettaient en transes l'aristocratique sens de l'humour et faisaient couler un flot de larmes royales.

La Reine-veuve du Portugal
Avait un bouffon effronté
Qui entra au confessionnal
Déguisé, pour la confesser.

« Mon père, » dit-elle, « ayez pitié,
Mes péchés sont épouvantables :
J'aime mon bouffon — clown grossier,
Vulgaire et de basse extraction. »

« Ma fille, » murmura le faux prêtre,
« C'est en effet une faute grave :
L'Église refuse son pardon
A de si monstrueuses passions.

Mais puisque ton cœur s'obstine
A lui trouver tant de vertus,
Tu ferais mieux de l'élever
A quelque meilleure dignité. »

Elle en fit un duc dans l'espoir
De composer avec le Ciel ;
Un prêtre l'apprit, et puis le Pape,
Qui l'excommunia derechef !

Barel Dort.

Bourreau *n.* Officier de la loi chargé de fonctions de la plus haute dignité et de la plus ultime gravité, mais en butte à l'antipathie héréditaire de la populace issue d'un ancêtre criminel. Dans certains États d'Amérique, ses fonctions sont désormais assurées par un électricien, comme dans le New Jersey où des exécutions par l'électricité ont récemment été ordonnées — premier exemple connu par le lexicographe d'un doute quelconque quant à l'efficacité de la pendaison des gens du Jersey.

Brahmâ *n.* Celui qui créa les Hindous, protégés par Vishnu et détruits par Shiva — l'une des meilleures répartitions des tâches divines que l'on peut trouver parmi les panthéons. Les Turlututus par exemple, furent créés par la Faute, soutenus par le Vol et détruits par la Sottise. Les prêtres de Brahmâ, comme ceux des Turlututus, sont de saints ministres, qui ont pour principale tâche d'enseigner aux hommes la manière de ne pas être vilains.

O Brahmâ, antique Divinité
Première Personne de l'Indienne Trinité,
Tu sièges là si calme et apaisé,
Les pieds si dignement croisés — tu es
La toute Première Personne du Singulier.

Polydore Smith.

Brandy *n.* Boisson forte composée d'un volume de tonnerre-et-éclair, d'un volume de sombre remords, de deux volumes de meurtre sanglant, d'un volume de trépas-et-damnation et de quatre volumes de Satan clarifié. Prescription : plein gosier à tout moment. Selon le Dr. Johnson, le Brandy est la boisson des héros. Seul effectivement un héros peut s'aventurer à en boire.

Bravos *n.p.* Monnaie avec laquelle la populace paie ceux qui la flattent et la dévorent.

Bruit *n.* Puanteur dans l'oreille. Musique non domestiquée. Produit principal et signe authentique de civilisation.

Brute *n.* Voir MARI.

C

Calomniateur *n.* Diplômé à l'École du Scandale.

Calomnier *v.* Attribuer malicieusement à quelqu'un les actions vicieuses que l'on n'a pas eu la tentation ou l'opportunité de commettre soi-même.

Candidat *n.* Modeste personnage qui renonce à la distinction de sa vie privée et qui se met en peine d'obtenir l'honorable obscurité d'une responsabilité publique.

Cannibale *n.* Gastronome à l'ancienne mode qui reste attaché aux saveurs simples et qui milite pour l'alimentation naturelle pré-porcine.

Canon *n.* Instrument utilisé dans la rectification des frontières nationales.

Capital *n.* Ce qui fournit le gaz, la gamelle, la nourriture, la table, le couteau et la fourchette, si l'on en croit l'anarchiste ; son apport personnel au repas se résume aux actions de grâces avant la viande. *Peine capitale* : Sanction qui est du ressort de la justice et des circonstances, et qui inspire quelques frissons à de très estimables personnes — dont évidemment les assassins.

Capitation *n.* Taxe ou impôt, qui est levé par tête.

Jadis vivait un roi
Dont les percepteurs ne parvenaient pas à tirer
De l'ensemble des sujets suffisamment d'or
Pour rendre convenable le train de vie royal.
Car la grande vie, qui incluait ces dames
Auxquelles il fallait également assurer
Un gîte convenable, réclamait
Un constant approvisionnement. Aussi
Les collecteurs d'impôts dans une grande bousculade
Se présentèrent devant le trône pour prier
Leur maître d'imaginer quelque moyen
Pour augmenter le revenu. « Si grands, »
Dirent-ils, « sont les besoins de l'État
Qu'un dixième de tout ce que nous collectons
Y pourvoirait à peine. Aussi, réfléchissez,
S'il vous plaît : comment pourrions-nous,
Si nous abandonnons un dixième,
Continuer d'exister avec les neuf restants ? »
Le monarque répondit avec une question :
« Avez-vous tenté de mettre en œuvre
Quelques principes d'économie ? »
« Si fait, » dit le porte-parole : « Nous avons vendu
Tous nos beaux garrots en or ;
C'est avec du plaqué que nous serrons maintenant
Le col de ceux que nous taxons.
Nous employons des pinces de fer
Pour entamer la félicité de l'avare
Qui amasse, avec une inlassable cupidité,
Ce que réclame votre Majesté. »
Une profonde réflexion
Labourait le royal sourcil.
« Votre situation, en effet, est désespérée ;
Faites-moi la grâce d'une suggestion. »
« O Roi des Hommes, » dit le porte-parole,

« Si vous imposiez sur chaque tête
Une taxe, ce revenu nouveau,
C'est de très grand cœur
Que nous le partagerions avec vous. »
Comme les rayons du soleil illuminent
Les moroses ténèbres des nuées d'orage qui se fendent,
Le roi fit un sourire. « Je décrète
Qu'il en est ainsi — et, pour ne pas être
De reste en générosité,
Vous déclare, vous tous et chacun,
Exemptés de cette affaire
De nouvelle loi de capitation.
Mais de peur que les gens ne murmurent,
Quand ils se verront imposés et que vous serez libres,
Il serait bon que quelque moyen adroit soit employé
Pour que vous soyez exemptés de cette taxe.
Je vous laisse maintenant tandis que vous verrez cela
Avec mon ministre le plus digne de confiance. »
Le monarque s'en alla de la salle du trône
Et arriva aussitôt devant eux
Un homme silencieux, au sombre regard,
Aux bras dénudés — à la hache luisante.

G.J.

Caporal *n.* Homme qui occupe le rang le plus bas dans la hiérarchie militaire.

La bataille faisait rage quand, hélas,
Héroïquement notre caporal tomba !
La Gloire qui observait de son nuage l'assaut
Constata : « Il n'eut guère à tomber de bien haut. »

Giacomo Smith.

Caractères d'imprimerie *n.p.* Petits morceaux de métal qui sentent mauvais et que l'on accuse d'être néfastes à l'intelligence et à la civilisation, en dépit de leur évidente contribution à cet incomparable dictionnaire.

Carme *n.* Religieux de l'ordre mendiant du Mont Carmel.

La Mort chevauchait un jour et son chemin
Passait aux alentours du fameux Mont Carmel.
Elle croisa un moine mendiant,
Ivre plus qu'aux trois-quarts,
L'œil benoîtement torve et la grimace pieuse,
Bouffi et laid, insolent comme le diable,
Qui tendit ses mains et cria :
« La charité, la charité au nom du Christ, je t'en supplie,
Donne à sa sainte Église. O donne,
Pour la subsistance de ses pauvres serviteurs ! »
Et la Mort répondit,
Souriant de ses dents blanches :
« Voilà, saint moine, voilà, pour toi, voilà
— une petite promenade. »

Dans un cliquetis d'os
Elle bondit sa faux à la main
Au bas du Destrier Livide ;
Par l'échine et par le pied
Elle attrape le coquin
Et le projette en selle
Le cul devant la tête.

La Camarde eut un rire qui sonna
Comme des mottes de terre tombant sur un cercueil :
« Ho ho ! A ce qu'on dit, un scélérat sur un cheval
Chevaucherait jusqu'à l'Enfer ? » — Frappa
Brutalement du manche de la faux
Sur la croupe de l'animal
Qui partit comme un trait !
Plus vite et plus vite il galopa,
Et rochers et troupeaux et les arbres qui poussent
Le long des chemins se fondirent
Et se mêlèrent pour les yeux écarquillés
Du malheureux cavalier.

La Mort rit à nouveau, comme une tombe rirait
A la vision d'un enterrement raté,
Et dévoilant son horrible squelette
Ne fit plus mystère
De ses macabres intentions, s'écriant
Que rien ne pouvait plus désormais
Intercéder pour le fripon.

Des mois et des années
Ont passé depuis ce jour.
Le moine a continué
Sa vie de pauvre moine
Et la Mort n'a jamais
Retrouvé son cheval.
Car le frère avait empoigné la queue,
Et dirigé le destrier dans les murs du monastère,
Où l'animal fut mis à l'écurie et rassasié
D'orge, de bouillon gras et de pain trempé
Jusqu'à prendre un embonpoint
Qui dépassa de très loin
Celui du plus gros moine de tout le réfectoire,
Et, à ce titre fut un jour
Élevé à la dignité de Frère Prieur.

G.J.

Carnivore *adj.* Qui s'adonne à l'action cruelle de manger l'infortuné végétal, ainsi que ses usufruitiers et continuateurs.

Carquois *n.* Étui portable dans lequel l'ancien homme d'état et le juge indigène transportaient leurs plus clairs arguments.

Le chicaneur romain
Tira de son carquois
L'argument qu'il fallait
A ce point du litige,
Et l'adressa en plein

Dans la réfutation
De l'autre querelleur.
Oglum P. Boomp

Cartésien *adj.* Relatif à Descartes, philosophe réputé, auteur de la célèbre proposition *Cogito ergo sum* — par laquelle il se plaisait à penser qu'il avait démontré la réalité de l'existence humaine. La proposition peut être cependant améliorée de la manière suivante : *Cogito cogito ergo cogito sum* — "Je pense que je pense, donc je pense que je suis" ; une approche plus poussée vers la certitude que tout ce qui n'a jamais été écrit jusque-là dans toute la philosophie.

Caserne *n.* Endroit où les soldats profitent de ce genre de choses qu'il leur est demandé de réprimer par ailleurs.

Célèbre *adj.* Visiblement très malheureux.

Cuit à point sur le feu, voyez-le,
Lui qui ambitionnait de devenir célèbre.
Satisfait ? Constatez, son grill est plaqué d'or,
Et ses contorsions tout bonnement admirables.
Hassan Brubuddy.

Cénobite *n.* Homme qui se retire pieusement pour méditer sur les péchés du monde ; et qui, pour se les garder à l'esprit, rejoint une confrérie riche en bons exemples.

Cénobite, O cénobite,
Membre monastique,
Tu diffères de l'anachorète,
Qui vit en ermite :
Vos prières en mitraille écorchent le Malin ;
Qui a le cœur levé par vos coups redoublés.
Quincy Giles.

Centaure *n.* Membre d'une race qui vécut avant que la division du travail ne soit portée à son point ultime de différenciation, et qui respectait l'antique principe économique : "Chacun est son propre cheval". Le plus célèbre d'entre eux fut Chiron, qui ajouta aux vertus et à la sagesse du cheval la robustesse de l'humain. L'anecdote biblique de la tête de Jean Baptiste sur un plateau montre par ailleurs le degré de sophistication avec lequel l'histoire sacrée s'est inspirée des mythes païens.

Cerbère *n.* Chien de garde des Enfers, qui avait pour mission d'en protéger l'entrée — on ne sait pas très bien contre qui ou contre quoi ; chacun, tôt ou tard, est destiné à y aller, mais personne ne souhaite réellement en forcer l'entrée. Cerbère était censé avoir trois têtes, mais certains poètes lui en ont attribué pas moins de cent. Le Professeur Graybill, dont l'opinion s'appuie sur de vastes recherches et une parfaite connaissance du grec, a effectué une moyenne des estimations, et obtenu le chiffre de vingt-sept — opinion qui aurait été parfaitement décisive si le Professeur avait eu quelques lumières (a) sur les chiens et (b) en arithmétique.

Cerveau *n.* Appareil avec lequel nous pensons que nous pensons. Ce qui distingue l'homme qui se contente d'*être* quelque chose de celui qui souhaite *faire* quelque chose. Un riche héritier, ou quelqu'un qui a été promu à la tête d'une affaire, a fréquemment de tels mouvements du cerveau que personne autour de lui ne peut conserver son chapeau sur la tête. Dans notre civilisation et sous notre forme républicaine de gouvernement, le cerveau est honoré de telle manière qu'on le récompense en l'exemptant des emplois administratifs.

Chair *n.* Seconde Personne de la païenne Trinité.

Chaleur *n.*

La chaleur, nous apprend le Professeur Tyndall,
Est tirée du mouvement, et je ne sais plus très bien
Comment il prouve cela ; mais ceci, je le sais —
Un vif échange de mots judicieusement choisis
Met en branle les poings, et finira un jour
Par éteindre du ciel la lumière des étoiles.
Crede expertum — Enfant, je les ai vus faire.
Gorton Swope.

Chanvre *n.* Plante dont les fibres produisent un article d'encolure qui est fréquemment ajusté après proclamation publique en plein air, et qui prévient le sujet des risques ultérieurs de rhume.

Charrue *n.* Ustensile qui réclame des mains habituées à la plume.[1]

Chasuble *n.* Bariolade portée par les Bouffons à la Cour Céleste.

Chat *n.* Automate doux et indestructible fourni par la Nature pour prendre des coups de pied quand quelque chose ne va pas dans le cercle familial.

Voici un chien,
Voici un chat,
Voici un rat,
Et une grenouille.
Cours, le chien, miaule, le chat,
Saute, grenouille, ronge, le rat.
Elevenson.

1. Clin d'œil personnel ? Allusion à quelque chose de précis ? C'est l'une des définitions qui laissent un peu perplexe.

Chemin de fer *n.* Le plus important des dispositifs mécaniques qui nous permettent de nous déplacer de là où nous sommes à là où nous ne serons pas mieux. Le chemin de fer est pour cette raison tenu en haute estime par l'optimiste, car cela lui permet d'effectuer le transfert avec la meilleure célérité.

Chevalier *n.*

Il était une fois un noble et brave guerrier,
Et puis : c'était l'histoire d'un homme de grande vertu,
Et enfin : un beau jour, un farceur impayable.
Guerrier, homme et farceur — c'en est assez : armons
Chevaliers nos chiens, de peur de tomber plus bas.
Chevaliers du Chenil, pourraient-ils s'appeler,
Très Nobles Chevaliers de la Mouche Dorée,
Chevaliers émérites de l'Ordre du Bonchienchien,
Chevaliers de Ste. Gueule, Commandeurs de la Jappe.
Plaise à Dieu qu'il ne tarde, ce jour trois fois béni,
Où cette marotte de chevalerie transformera
En chevaliers les chiens, et les chiens en idiots.

Chevelure de Bérénice *n.* Constellation (*Coma Berenices*) baptisée en l'honneur de celle qui sacrifia ses cheveux pour sauver son mari.

Une antique princesse sacrifia ses cheveux
Pour sauver son seigneur qu'elle aimait tendrement ;
Et l'homme par la suite — pour honorer son geste —
Attribua son nom à un groupe d'étoiles.

Mais aujourd'hui, à nos gracieuses épousées
Qui livrent leurs maris pour sauver leurs cheveux,
On ne donne plus de gratification stellaire !
Il n'y a pas assez d'étoiles au firmament.

G.J.

Chicaneur *n.* Personne qui vient nous critiquer notre ouvrage.

Chien *n.* Sorte de divinité complémentaire ou de substitution, chargée de prendre sur elle l'excès et le trop-plein de l'universelle idolâtrie. Cette Entité Sacrée, dans ses plus petites et soyeuses incarnations, tient d'ailleurs dans le cœur de la Femme une place à laquelle nul humain de sexe mâle ne pourra jamais prétendre. Le Chien est une survivance — un véritable anachronisme. Il ne se tue pas à la tâche et ne s'agite pas immodérément ; Salomon lui-même dans toute sa gloire ne passait pas la journée à se prélasser ainsi sur le pas de la porte, abruti de soleil, confit dans sa graisse et attirant les mouches, tandis que son maître travaille à gagner la récompense insigne d'un mouvement de la queue, assaisonnée d'un regard de tolérante gratitude.

Chiromancie *n.* Neuf cent quarante-septième méthode (si l'on en croit la classification de Mimbleshaw) de gagner de l'argent sous de fausses allégations. Cela consiste à "lire le caractère" dans le plissement que fait la main en se fermant. L'allégation n'est d'ailleurs pas entièrement fausse ; le caractère peut effectivement être lu avec la plus grande précision de cette manière, car les plis de chaque main se soumettent aisément au déchiffrage du mot "dupe". L'imposture consiste à ne pas l'épeler à haute voix.

Chiure de mouche *n.* Signe primitif de ponctuation. Il a été très justement observé par Garvinus que le système de ponctuation utilisé dans les écrits de nombreuses nations dépend à l'origine des habitudes sociales et de l'alimentation des mouches qui infestent ces différents pays. Ces insectes, qui sont toujours attestés dans le voisinage des auteurs, embellissent avec générosité ou parcimonie les manuscrits tout au long de leur composition, et, s'accordant à leurs besoins naturels, mettent en relief avec une sorte d'instinct supérieur l'œuvre des écrivains, à leur insu. Les "vieux maîtres" de la littérature — c'est-à-dire ces premiers auteurs qui sont ensuite si prisés par les imitateurs et les commentateurs de leurs pays — ne ponctuaient en aucune façon, mais rédigeaient au fil de la plume sans la rupture de la pensée que viennent imposer les points. (Nous observons le même phénomène chez les enfants d'aujourd'hui, dont les exploits dans ce domaine sont un exemple frappant et magnifique de cette loi selon laquelle l'enfance des individus reproduit le cheminement et les étapes qui caractérisent l'enfance des races.) Dans l'ouvrage de ces auteurs primitifs, l'investigation moderne prouve aujourd'hui, à l'aide d'instruments optiques et de tests chimiques, que l'ensemble de la ponctuation est due à l'ingénieuse et serviable collaboratrice de l'écrivain, la mouche domestique ordinaire — *Musca maledicta*. En transcrivant ces anciens maîtres, soit pour prendre à leur compte l'œuvre écrite, soit pour préserver ce qu'il regardaient comme de divines révélations, les copistes reproduisirent avec une scrupuleuse fidélité les signes qu'ils trouvèrent sur le papyrus ou le parchemin, pour le bénéfice immense de la clarification de la pensée et du perfectionnement de l'écrit. De nos jours, les auteurs tout autant que les copieurs ont reconnu les avantages certains de ces marques dans leurs travaux et, avec l'assistance que les mouches de leur propre domesticité daignent leur apporter, rivalisent et quelquefois surpassent les anciennes compositions, dans un respect scrupuleux de la ponctuation, ce qui n'est pas un mince exploit. Pour réaliser pleinement la contribution déterminante que les mouches apportent à la littérature, il suffit de placer la page d'un romancier populaire à côté d'une assiette de crème-caramel dans une pièce ensoleillée, et d'observer "comment brille l'esprit et s'épure le style" dans une proportion exacte de la durée d'exposition.

Chou-fleur *n.* Légume potager à peu près aussi gros et aussi réfléchi que la cervelle d'un homme. Le chou-fleur doit son nom à l'empereur chinois Chou F'Leu qui, en accédant au trône, institua un Haut Conseil de l'Empire rassemblant les ministres de son prédécesseur et les choux-fleurs des jardins impériaux. Quand une décision quelconque dans la politique du prince se révélait être une monumentale erreur, il était annoncé en grande pompe que des têtes étaient tombées au Haut Conseil, et cela calmait les esprits.

Chrétien *n.* Personne qui croit que le Nouveau Testament est un livre d'inspiration divine admirablement adapté aux besoins spirituels de son voisin. Personne qui suit les enseignements du Christ tant qu'ils ne sont pas incompatibles avec une vie de péché.

Je rêvais que j'étais sur une colline d'où
Je voyais évoluer une sainte multitude,
Magnifiquement vêtue des habits du Sabbat,
L'allure retenue, alors que toutes les cloches
Des églises résonnaient d'un solennel fracas —
Avertissement pour ceux qui vivent dans le péché.

Puis vis-je fixant pensivement la plaine,
Avec un air serein, troublant de sainteté,
Une grande silhouette toute de blanc habillée,
Dont les yeux exprimaient des lueurs de tristesse.

« Dieu vous garde, étranger, » m'exclamai-je. « Sans doute,
(Votre habit le démontre) vous venez de très loin ;
Mais j'ose formuler l'espoir que vous-même,
Comme ces braves gens, êtes un bon chrétien. »
Il releva la tête, me lança un regard
Qui me transperça de mille feux et répondit
Amèrement, et avec une pointe de dédain :
« Moi, un chrétien ? Oh non, vraiment ! Je suis le Christ. »

G.J.

Ciel *n.* Endroit où les méchants cessent de vous assommer avec le bavardage de leurs affaires personnelles, et où les gentils écoutent avec attention tandis que vous exposez les vôtres.

Cimeterre *n.* Sabre incurvé d'un tranchant excessif, dans le maniement duquel certains orientaux atteignent une surprenante habileté, comme l'atteste l'incident ci-dessous relaté. Il est dû à Shusi Itama, un célèbre écrivain japonais du XIIIe siècle.

Alors que le grand Gichi-Kuktai était Mikado, il condamna à la décapitation Jijiji Ri, un officier supérieur de la Cour. Peu après l'heure fixée pour l'exécution, quelle ne fut pas la surprise de sa Majesté de voir calmement s'approcher du trône l'homme qui devait être à ce moment-là mort depuis dix minutes !

« Dix-sept cents impossibles dragons ! » cria l'irascible monarque. Est-ce que je ne vous ai pas ordonné de vous présenter sur la place du marché et d'avoir la tête tranchée par l'exécuteur public à trois heures ? Et n'est-il pas maintenant trois heures dix ? »

« Fils de Mille Dieux Illustres, » répondit le ministre condamné, « tout ce que vous avez dit est si vrai que la vérité est un mensonge en comparaison. Mais les désirs joyeux et éclairés de votre céleste Majesté ont été piétinés dans la boue putride. Avec joie j'ai couru et porté ma carcasse indigne sur la place du marché. L'exécuteur arriva avec son cimeterre nu, le fit tourbillonner en l'air dans un vaste geste, et ensuite, m'ayant frappé légèrement derrière la nuque, il s'en fut, assailli par la foule dont j'avais toujours été le favori. Je suis venu pour crier justice et demander la tête de ce traître et indigne homme. »

« A quel régiment d'exécuteurs appartient ce scélérat aux noires entrailles ? » demanda le Mikado.

« A l'excellent quatre-vingt dix-huit cent trente-sept — je connais l'homme. Il s'appelle Sakko-Samshi. »

« Qu'on le fasse comparaître, » dit le Mikado à un intendant, et au bout d'une demi-heure, le coupable était en sa Présence.

« Fils bâtard d'une bossue à trois jambes sans pouces ! » rugit le souverain — « Pourquoi n'as-tu infligé qu'une tape légère à la nuque que tu aurais dû trancher avec plaisir ? »

« Seigneur des Grues légères et des Fleurs Joyeuses, » répondit l'exécuteur, impavide, « ordonne-lui de se moucher avec les doigts. »

Sommé d'obtempérer, Jijiji Ri attrapa son nez et trompeta comme un éléphant, et tous s'attendaient à voir des flots de sang surgir d'une ligne de séparation. Mais il n'en fut rien : l'expérience put se dérouler jusqu'à son terme sans incident.

Tous les regards étaient maintenant tournés vers l'exécuteur, qui était devenu aussi blanc que la neige en haut du Fuji-Yama. Ses jambes tremblaient et son souffle était traversé de hoquets de terreur.

« Par toutes les queues pointues des lions d'airain ! » s'écria-t-il ; « je suis un sabreur disgracié et ruiné ! Mon coup n'a frappé que faiblement le drôle parce qu'en faisant tourner le cimeterre, je l'ai accidentellement fait passer par ma propre échine ! Père de la Lune, je ne suis plus digne de mon office. »

Ayant dit, il attrapa son chignon, détacha sa tête, et,

avançant jusqu'au trône, la déposa humblement aux pieds du Mikado.

Cimetière *n.* Endroit isolé en bordure de la ville où les pleureuses rivalisent de mensonges, les poètes s'affrontent à la cible et les graveurs formulent des paris. Les épitaphes suivantes serviront d'exemples à ces très populaires Jeux Olympiques :

Ses vertus étaient si éclatantes que ses ennemis,
Faute de pouvoir les rabattre, en avaient nié l'existence,
Et que ses amis,
Pour les faiblesses desquels elles étaient un reproche,
Préféraient se les représenter comme des vices.
Elles sont ici proclamées par sa famille,
Qui les partage.

Dans la terre nous avons couché
Notre petite Clara.
Thomas M. et Mary Frazer.
P.S. — Gabriel la relèvera.

Cirque *n.* Endroit où les chevaux, les poneys et les éléphants sont autorisés à voir des hommes, des femmes et des enfants se conduire comme des idiots.

Citation *n.* Répétition erronée d'une déclaration d'autrui. Extrait repris avec des erreurs.

Dans l'intention de faire une citation plus juste,
Il rechercha la page infaillible de Brewer,
Ensuite fit le serment solennel qu'il serait
Condamné pour l'éternité — Pitié ! Pitié !
Stumpo Gaker.

Clairvoyance *n.* Capacité pour une personne, généralement féminine, de voir ce qui est invisible pour son patron — à savoir que c'est un abruti.

Clarinette *n.* Instrument de torture utilisé par une personne qui a du coton dans les oreilles. Il y a deux instruments qui sont pires qu'une clarinette — deux clarinettes.

Clio *n.* L'une des neuf Muses. Clio avait pour tâche de présider à l'Histoire, ce qu'elle faisait avec une grande dignité, de nombreux citoyens prééminents d'Athènes occupant des sièges à la tribune, les réunions étant menées par messieurs Xénophon, Hérodote et autres présentateurs populaires de l'époque.

Cochon *n.* Animal (*Porcus omnivorus*) étonnamment proche de la race humaine par la vivacité et la splendeur de son appétit, qui néanmoins lui est inférieur dans sa portée, car il n'inclut pas le cochon.

Cœur *n.* Pompe sanguine automatique et musculaire. Symboliquement, cet excellent organe est considéré comme le siège des émotions et des sentiments — belle illusion qui, toutefois, n'est rien d'autre que la survivance d'une ancienne croyance. On sait maintenant que les sentiments et les émotions ont leur siège dans l'estomac, qu'ils sont tirés de la nourriture par l'action chimique des sucs gastriques. Le processus exact par lequel un bifteck devient une sensation — tendre ou moins tendre, en fonction de l'âge de la bête d'origine ; les différentes étapes que subit un toast au caviar dans une lente évolution avant d'être transmué en ferment de l'imagination et de réapparaître sous la forme d'un piquant épigramme ; le remarquable et merveilleux processus de conversion de l'œuf dur en contrition religieuse, ou un chou à la crème en soupir d'émotion — toutes ces choses ont été patiemment établies par M. Pasteur, et par lui exposées avec une convaincante lucidité (voir aussi ma propre monographie, *L'Identité Essentielle des États Spirituels et de Certains Gaz Intestinaux Libérés par la Digestion* — 4 vol, 687 p.). Dans un autre ouvrage intitulé, je crois, *Delectatio Demonorum* (John Camden Hotton, Londres, 1873), cet aspect de la sentimentalité reçoit une probante illustration ; et pour approfondir le sujet, consulter le fameux traité du Professeur Dam, *L'Amour en tant que Produit de la Macération Alimentaire.*

Collant *n.* Tenue de scène destinée à renforcer par une publicité particulière l'effort général de l'agent de presse. A propos de cette pièce de vêtement, l'attention du public fut un jour particulièrement intriguée par le refus de Miss Lillian Russell de le porter, et les conjectures ne manquèrent pas, la supposition de Miss Pauline Hall montrant à cet égard un haut niveau d'ingénuité, même si elle pouvait susciter la réflexion. L'opinion de Miss Hall était que la Nature n'avait pas doté Miss Russell de jolies jambes. Cette hypothèse était impossible à admettre par la gent masculine, mais l'idée d'une jambe féminine imparfaite était d'une si prodigieuse originalité qu'elle se rangeait sans conteste parmi les plus brillantes spéculations de la pensée philosophique ! Il est étrange que durant toute la controverse suscitée par l'aversion de Miss Russell pour le collant, personne n'ait pensé à l'inscrire dans ce qui était connu parmi les anciens sous le nom de "pudeur". La nature de ce sentiment est assez mal connue aujourd'hui, et probablement impossible à expliquer véritablement avec le vocabulaire dont nous disposons. L'étude des arts anciens a, cependant, été récemment ravivée, et quelques-uns de ces arts ont été réhabilités. Nous vivons une époque de renaissances, et il existe un courant pour souhaiter que soit exhumé de l'ombre des cimetières antiques le "hâle" primitif, et pour qu'il soit hissé sur les scènes.

Comestible *adj.* Susceptible d'être mangé et digéré, comme un ver pour un crapaud, un crapaud pour un serpent, un serpent pour un cochon, un cochon pour l'homme et l'homme pour le ver.

Commerce *n.* Sorte de transaction à travers laquelle A dépouille B des biens de C et en compensation de laquelle B soulage les poches de D de l'argent de E.

Commisération *n.* Sentiment défaillant de sollicitude, inspiré par contraste.

Commissaire-priseur *n.* Homme qui adjuge à coup de marteau ce qu'il a raflé chez les autres avec sa langue.

Commonwealth *n.* Entité administrative conduite par une multitude de parasites politiques, et dont le fonctionnement est dû non à la logique, mais au hasard.

Ces longs couloirs du parlement communautaire
Sont encombrés d'un tel troupeau de paresseux,
D'assistants, de porteurs et autres "attachés",
Appointés à nos frais, mais corrompus ailleurs,
Qu'un chaton égaré ne s'y retrouverait pas,
Que, dans le bruit, il ne s'entendrait pas miauler.
Sur vous tous, assistants, valets, porteurs et sbires,
J'appelle le malheur, l'infortune, le désastre !
Que la vie soit pour vous une succession de maux ;
Que les puces envahissent par boisseaux vos chemises ;
Qu'élancements et douleurs s'installent dans vos os,
Plaies dans vos poumons, cailloux dans vos vessies ;
Que microbes et bacilles viennent infester vos chairs ;
Et les vers solitaires alourdir vos entrailles ;
Qu'à vos cheveux se mêlent teignes, poux et grattons,

Et qu'une colique aiguë vienne gâcher vos plaisirs !
Que vos rêves soient hantés par les cris déchirants
Du canapé maudit à la voix sépulcrale,
Par les chaises sautillantes et les planchers mouvants —
Par le matelas qui rue et l'oreiller qui ronfle !
Vils rejetons du Vice, confits dans le péché !
La Mort, à vos côtés, est un ange radieux
Qui vengera bientôt le très cher ami, que
Malgré tous mes efforts, je n'ai pu pistonner.

K.Q.

Compagne *n.* Femme, ou amère moitié.

« Bon, mais ta femme, Patrick, tu l'appelles compagne,
Pourquoi donc ? » dit le prêtre. « Depuis le temps où elle
N'a plus grand-chose à voir avec ce que tu fais —
Si l'on peut estimer que tu fais quelque chose. »

« C'est la vérité vraie, mon père, » répondit Pat,
Sans plus de signes de contrition ; « mais croyez pas
Que tous deux nous n'avons plus rien à partager.
Elle est bien là pour prendre sa portion de dépenses ! »

Marley Wottel.

Compétence *n.* Faculté nécessaire à l'accomplissement d'une quelconque ambition, aussi petite soit-elle, distinguant les hommes capables de ceux qui sont morts. En dernière analyse, la compétence revient assez souvent à se comporter avec une grande solennité. Et peut-être ce raccourci n'est-il pas exempt de justesse ; il n'est pas si aisé que cela d'être solennel.

Complice *n.* Individu associé à un autre individu dans un crime, avec assentiment et pleine conscience de ses actes, tel un avocat qui défend un criminel quand il sait que ce dernier n'est pas innocent. Ce point de vue sur la responsabilité de l'avocat n'a pas encore été reconnu par les hommes de la justice, personne ne leur ayant proposé de l'argent pour cela.

Comportement *n.* Conduite dont la détermination est due, non à la nature propre, mais à l'éducation. Ce mot semble avoir été utilisé avec un sens quelque peu élargi par le Dr. Jamrach Holobom dans la traduction qu'il propose de l'extrait suivant du *Dies Iræ* :

Recordare, Jesu pie,
Quod sum causa tuæ viæ.
Ne me perdas illa die.

Souviens-toi, Saint Sauveur,
De celui dont la main irréfléchie te porta
Le coup mortel ; pardonne un tel comportement.

Compréhension *n.* Sorte de sécrétion cérébrale qui permet à celui qui en est doté de reconnaître une maison d'un cheval grâce au toit de la maison. Sa nature et ses lois ont été intégralement explicités par Locke, qui chevauchait une maison, et par Kant, qui vivait dans un cheval.

Son génie de la compréhension était tel
Qu'il pouvait infailliblement interpréter
Toutes choses qu'il avait vues, entendues, senties,
Alors qu'il était ou n'était pas en prison.
Il écrivit sous l'appel de l'Inspiration
Sur tous les thèmes de profondes dissertations,
Puis, recueilli finalement par un asile,
Il rédigea une suprême compilation.
Jamais, jura-t-on, n'exista plus grand auteur
Qu'on ne pourra au grand jamais lire de sitôt.

Jorrock Wormley

Compromis *n.* Sorte d'ajustement d'intérêts divergents qui consiste à donner à chaque adversaire la satisfaction de penser qu'il a eu ce qu'il ne devait pas obtenir, et qu'il n'est privé de rien, sinon de ce qui lui était véritablement dû.

Concessions fractionnées *n.p.* Espaces gérés individuellement, et non plus regroupés en propriétés collectives. Certaines tribus d'Indiens sont aujourd'hui considérées comme suffisamment civilisées pour posséder en concessions fractionnées des territoires qu'elles avaient jusque-là gérés dans des organisations tribales, et qu'elles ne pouvaient pas vendre aux Blancs contre de la verroterie et de l'alcool de patate.

> Pauvre, pauvre Indien, dont l'esprit malade
> Connut la vision du grand au-delà,
> De la tombe, du trépas, et que les terres
> Arides des réserves n'ont su fixer —
> Ses petites possessions devinrent leur proie ;
> Dont la Dépossession, fort habilement,
> Fut troquée contre de maigres espoirs !
> Son feu ténu, son éternelle errance,
> Par les riantes "concessions fractionnées"
> Furent respectivement étouffés et tués,
> Et lui avec, ancré provisoirement
> Sur son lopin de terre américaine !

Conditions atmosphériques *n.p.* Climat d'une heure. Sujet permanent de conversation de la part de personnes qui ne s'y intéressent pas vraiment, mais qui tiennent cette tendance à discourir sans cesse sur le temps de leurs ancêtres primitifs, lesquels vivaient nus, et s'en trouvaient beaucoup plus concernés. L'existence d'organismes officiels de météorologie qui reçoivent des subsides prouve que les gouvernements eux-mêmes n'échappent pas au puissant ascendant de nos barbares aïeux.

Je plongeai un jour dans le futur aussi loin qu'il m'était possible de voir,
Et je vis le Grand Augure, aussi mort que l'on peut l'être,
Mort, damné, jeté dans l'Hadès pour une vie de mensonges,
La sentence témoignant d'une déraison rarement égalée.
Comme je regardais, il se dressa lentement, transmué dans une irradiante Jeunesse,
Fruit d'un pacte, et qu'il avait préférée à la froide Vérité,
Il porta ses regards tout autour et vers le ciel ; puis il écrivit
Sur une mince plaquette d'amiante les mots que j'ose à peine répéter ici,
Et que je lus dans la rougeâtre lueur des feux immémoriaux —
« Nuageux ; vents variables avec averses locales ; rafraîchissement ; neige. »

Halcyon Jones.

Condoléances *n.p.* Manière de démontrer que le deuil est un moindre mal à côté de la sympathie.

Conférencier *n.* Homme qui met sa main dans sa poche, sa langue dans votre oreille et sa foi dans votre patience.

Confident(e) *n.* Personne instruite par A des secrets de B, confiés personnellement par ce dernier à C.

Congrès *n.* Assemblée d'hommes qui se rassemblent pour révoquer des lois.

Connaisseur *n.* Spécialiste qui sait tout à propos d'une chose et rien à propos de tout le reste.

Un vieil amateur de vin avait été sérieusement blessé lors d'une collision ferroviaire, un peu de vin lui fut donné à boire pour le ranimer. "Pauillac 1873," murmura-t-il dans son dernier soupir.

Conseil *n.* Petite monnaie d'usage courant.

« L'individu
Se trouvait dans
Une telle détresse, »
Déclara Tom,
« Je ne pouvais
Pas faire moins que
De lui donner
Un bon conseil. »

« Mais s'il avait
Été possible
De faire moins, »
Répondit Jim,
« Je te connais
Suffisamment
Pour savoir que
Tu l'aurais fait. »

Jebel Jocordy.

Consentement *n.* Harmonie.

Conséquence *n.* Forme particulière de déception. Avec ce type d'intelligence qui estime que l'exception est une preuve de la règle, la sagesse d'un acte est jugée par sa conséquence, son résultat. C'est d'une monumentale idiotie ; la sagesse d'un acte doit être jugée aux facultés de l'exécutant au moment où il agit.

Conservateur *n.* Politicien qui affectionne les maux existants, qu'il ne faut pas confondre avec le Libéral qui souhaite les remplacer par d'autres.

Consolation *n.* Lorsque l'on constate qu'un homme meilleur est plus infortuné que soi.

Consul *n.* En politique américaine, personne qui a failli dans l'exercice d'une fonction publique, et qui en reçoit une autre de l'Administration à la condition de quitter le pays.

Consulter *v.* Rechercher l'approbation d'autrui pour un projet déjà bien arrêté.

Contes traditionnels *n.p.* Histoires qui embrassent des mythes et des superstitions populaires. Dans l'ouvrage de Baring-Gould, *Mythes curieux du Moyen Age*, le lecteur est amené à découvrir un bon nombre d'histoires qui remontent, à travers différents peuples et sur des lignes convergentes, jusqu'à une origine commune dans la plus haute antiquité. On trouve parmi celles-ci les légendes de "Teddy le Tueur de Géant", "John Williams le Matois", "Le Petit Chaperon Rouge et le Trust du Sucre", "La Belle et Brisbane", "Les Sept Aldermen d'Éphèse", "Van Fairbanks le coquin", et ainsi de suite. "Le Roi des Aulnes", ce conte que Gœthe relata de façon si touchante, était déjà connu deux mille ans auparavant en Grèce sous le nom de "Le Peuple Démoniaque et l'Enfant-Industrie". L'un des plus anciens et des plus universels de ces mythes est un conte arabe intitulé "Ali Baba et les Quarante Rockefellers".

Contrainte *n.* Éloquence du pouvoir.

Controverse *n.* Bataille dans laquelle la salive ou l'encre remplacent l'injurieux boulet de canon et l'impertinente baïonnette.

Dans une vigoureuse controverse —
Ce qui n'est pas moins l'apanage
De l'âge mûr que de la jeunesse —
Entraînez donc votre adversaire
A adopter les arguments
Contre lesquels il combattait
Et qui provoquaient sa colère ;

Et, tel un scorpion terrassé,
Laissez-le de son propre dard
S'infliger la blessure fatale.

Comment, me direz-vous, réussir ce miracle ?
Adoptez pas à pas ses propres opinions,
Portez-le au défi d'oser les réfuter ;
Il les écartera sans pitié de sa route.
Puis énoncez les points de l'argumentation,
Avec en commentaire : « Comme très justement
Vous le faisiez si bien tout à l'heure remarquer, »
Ou bien « Précisément, et je n'ai rien à dire
Contre cela, » ou bien « Ce point de vue,
Qui découle de votre argument. » Puis laissez faire,
Lancé sur ce chemin, soyez-en assuré,
Il fera maintenant de son mieux pour prouver
Ce qui est devenu sa vérité nouvelle :
Vos propres opinions pertinentes et justes.

Conmore Apel Brune.

Convenable *adj.* Comme il faut, qui se rapporte aux manières d'une personne de bonne compagnie.

Je te prie de bien observer, mon fils, la nuance que voilà :
Un gentleman est distingué, et un monsieur est convenable.
Et garde-toi de t'en remettre à l'opinion des dictionnaires,
Car vois-tu bien souvent leurs rédacteurs sont des messieurs.

G.J.

Conversation *n.* Foire où chacun propose ses petits articles mentaux, chaque exposant étant trop préoccupé par l'arrangement de ses propres marchandises pour s'intéresser à celles de ses voisins.

Coran *n.* Livre dont les Mahométans croient sottement qu'il a été écrit sous l'inspiration divine, mais dont les Chrétiens savent qu'il ne s'agit que d'une imposture coupable en contradiction avec les Saintes Écritures.

Corbeau n. Fonctionnaire besogneux, chez qui il n'est pas rare de découvrir une petite activité de publication. Dans son rôle de journaliste, il se rapproche étroitement du maître-chanteur, dont il emprunte quelquefois l'identité ; en fait, le corbeau n'est qu'une sorte de maître-chanteur sous un autre aspect, quoique ce dernier soit assez jaloux de son indépendance. L'activité du corbeau est plus détestable que celle du maître-chanteur, de la même manière que l'industrie d'un homme de confiance et de confidence est plus détestable que celle d'un voleur de grand chemin ; car, s'il faut poursuivre la comparaison, assez peu de voleurs s'abaissent à la médisance, tandis que les baveurs de l'ombre pratiqueraient la rapine s'ils en avaient le courage.

Corbillard *n.* Voiture d'enfant de la Mort.

Corde *n.* Instrument que l'on utilisait pour rappeler à l'assassin qu'il était également mortel. Elle était disposée autour de son cou et restait en place pour le restant de ses jours. Elle a été largement supplantée par une invention électrique beaucoup plus complexe, agissant sur d'autres parties de la personne ; et celle-ci est en train de laisser la place à un système connu sous le nom d'admonestation.

Corporation *n.* Ingénieux système qui permet d'obtenir des profits personnels sans responsabilité individuelle.

Corsaire *n.* Politicien des mers.

Courroux *n.* Colère d'un niveau et d'une qualité supérieurs, qui convient à des personnes exaltées ou à des occasions particulières ; tels "le divin courroux", "le jour du courroux", etc. Selon les anciens, le courroux des rois avait également une dimension sacrée, car il pouvait aisément faire intervenir dans ses manifestations quelque divinité, et ceci était également possible pour un prêtre. Les Grecs devant Troie furent harcelés à un tel point par Apollon qu'ils sautèrent du creuset courroucé de Chrysis dans les flammes courroucées d'Achille, quoique Agamemnon, l'unique offenseur, n'en fut ni cuit ni brûlé. Une similaire et remarquable immunité protégea David quand il encourut le courroux de Jéhovah en dénombrant son peuple, ce que soixante-dix mille hommes d'Israël payèrent de leur vie. Dieu, aujourd'hui, est Amour, et le directeur du recensement peut accomplir sa tâche sans vivre dans l'appréhension d'un malheur.

Couvent *n.* Lieu de recueillement pour les femmes qui aspirent à méditer dans la paix sur le vice de l'oisiveté.

Créancier *n.* Personne guérie de la maladie des Plaies d'Agent, mais qui continue à redouter une rechute.

Crémone *n.* Violon de grande valeur fabriqué dans le Connecticut.

Crétin *n.* Membre d'une dynastie régnante dans les lettres et dans la vie. Les Crétins firent leur apparition avec Adam, puis, croissant en force et en nombre, ils se répandirent dans tous les lieux habitables. Le secret de leur pouvoir réside en leur insensibilité aux coups ; chatouillez-les avec un gourdin et ils se contenteront de rire sottement. Les Crétins sont originaires de la Béotie d'où ils furent chassés par les privations, les récoltes ayant été perdues par leur stupidité. Ils infestèrent les Philistins pendant un certain nombre de siècles, et c'est la raison pour laquelle certains d'entre eux sont encore de nos jours appelés philistins. Ils se répandirent aux temps troublés des Croisades, et couvrirent progressivement le territoire de l'Europe, occupant de nombreuses places élevées en politique, art, littérature, science et théologie. Par la suite, un détachement de Crétins prit place à bord du *Mayflower* parmi les Pèlerins, et fit un rapport favorable sur la nouvelle contrée ; il s'ensuivit une rapide et nouvelle implantation, ainsi qu'un accroissement de leur nombre par les naissances, l'immigration et les conversions. Suivant les statistiques les plus fiables, le nombre de Crétins adultes aux États-Unis atteint les treize millions, chiffre qui inclut les statisticiens. Le centre intellectuel de la race est situé à Peoria, Illinois, mais le Crétin de Nouvelle Angleterre est le plus scandaleusement représentatif.

Critique *n.* Personne qui souhaiterait fortement plaire, car personne ne cherche à lui plaire.

Il est un lieu de pur délice,
Sur les rivages du Jourdain,
Où tout de blanc vêtus les saints
Renvoient la fange du critique.

Il erre quant à lui dans les cieux,
Sous sa pelisse ridicule,
Et s'afflige de reconnaître
Les projectiles qui le maculent.

Orrin Goof.

Critiques *n.p.* L'une des nombreuses méthodes qu'affectionnent les imbéciles pour perdre leurs amis.

Croix *n.* Ancien symbole religieux dont on a supposé par erreur qu'il provenait du plus solennel événement de l'histoire du Christianisme, mais qui lui est en fait antécédent de plusieurs milliers d'années. De nombreux spécialistes ont apporté la preuve de ses liens étroits avec la *crux ansata* de l'ancien culte phallique, mais on en trouve aussi la trace dans des périodes encore plus reculées, au sein du rituel de certains peuples primitifs. Nous bénéficions aujourd'hui de la Croix Blanche comme symbole de chasteté, et de la Croix Rouge en signe de neutralité humanitaire dans les conflits internationaux. Se rapportant au premier sens, le révérend Père Gassalasca Jape frappa sur sa lyre les quelques vers que voici :

« Vertu, vertu ! » en de saints chœurs
Chantent les révérendes sœurs
Qui, pour dissuader du péché,
Viennent devant nous faire parader
Leurs chants et leurs charmes variés.

Mais, O pourquoi ne peut-on voir
Quelques figures juvéniles
De fraîches et de gracieuses façons
De séduisantes silhouettes
Sous la bannière de la Croix Blanche ?

Est-il nécessaire d'exhorter
Les hommes à mieux se comporter ?
Alors que je vois un moyen
Pour sauver l'homme du péché
(Mais est-il digne d'être sauvé ?) ;

Mesdames, ce moyen consiste,
Quand il est prêt à sacrifier
Aux mauvais penchants qui l'assaillent,
Quand il fait fi des Commandements
Et veut pécher — à ne pas le quitter.

Crosse *n.* Bâton de cérémonie symbole d'autorité. Sa forme de massue incurvée rappelle son usage initial et sert à dissuader les dissidents.

Cui Bono ? *(latin)* Qu'est-ce que ça peut m'apporter

de bon *à moi* ?

Culte *n.* Reconnaissance par l'Homo Creator de la prodigieuse réalisation et de la parfaite finition du Deus Creatus. Forme populaire d'abjection, non dénuée d'une pointe d'orgueil.

Cupidon *n.* Le soi-disant dieu de l'amour. Cette création bâtarde, d'une fantaisie douteuse, fut sans aucun doute infligée au monde mythologique pour la mauvaise conduite de ses dieux. De toutes les conceptions stupides et hideuses, celle-ci est l'une des plus offensantes et des plus insensées. La notion de l'amour sexuel symbolisé par un poupin au sexe indéterminé, le parallèle entre les affres de la passion et la blessure par une flèche — introduisant fâcheusement dans l'art un homoncule rondouillard censé matérialiser la subtile essence et l'éclosion de l'amour — cette notion n'est pas la moins représentative d'une époque qui, sitôt qu'elle l'eut mis au monde, se hâta d'abandonner le mioche à la porte de la postérité.

Curiosité *n.* Vilain défaut de l'esprit féminin. L'envie de savoir si oui ou non une femme se consume de curiosité est l'une des passions les plus actives et les plus insatiables de l'âme masculine.

Cynique *n.* Grossier personnage dont la vision déformée voit les choses comme elles sont, et non comme elles devraient être. De là l'ancienne coutume scythe d'arracher les yeux d'un cynique pour améliorer sa perspective.

D

Danger *n.*

Fauve dont, quand il repose,
L'homme se moque et se raille,
Mais qui d'un seul bond l'attrape
Aussitôt qu'il se réveille.
Ambat Delaso.

Danser *v.* Entrer en agitation sur les gloussements d'une musique, avec de préférence les bras autour de la femme ou de la fille de votre voisin. Il existe de nombreuses sortes de danses, mais toutes celles qui demandent la participation des deux sexes ont en commun une double caractéristique : elles apparaissent comme parfaitement innocentes, et sont néanmoins fort prisées des vicieux.

Dataire *n.* Officier ecclésiastique de haut niveau dans l'Église Catholique Romaine, et dont l'importante fonction consiste à marquer les bulles du Pape avec les mots *Datum Romæ*. Jouit d'un revenu princier et de l'amitié de Dieu.

Dé *n.* Instrument du destin, ainsi que l'atteste l'expression : "Les dés sont jetés", et l'immortel couplet du distingué poète et néanmoins spécialiste en économie domestique, le Sénateur Depew :

Un gros dé de fromage suffit
Pour occire Mimie la souris.

De basse extraction *adj.* Qui "a poussé" au lieu d'avoir "été élevé".

Débauché *n.* Personne qui s'est mis de si bonne heure à la poursuite du plaisir qu'il a eu l'infortune de le rattraper.

Débris *n.p.* Fragments, parties éparses, restes. Le mot est d'un usage varié, mais, dans les vers suivants qui illustrent les thèses d'une célèbre réformiste s'opposant à la bicyclette pour les femmes parce que cela les « menait au diable », il semble à son meilleur usage :

Les roues tournaient sans faire de bruit —
Les jeunes filles se divertissaient beaucoup ;
Dans le péché, riant d'une gaîté malsaine,
Vraies fileuses filant le long de la descente
Qui mène du devoir au gouffre de l'enfer !
Elles riaient, chantaient en chœur et — dreling-dreling !
Avaient fait tout le jour résonner leurs sonnettes ;
Leurs lanternes au soir enguirlandaient la nuit,
Prévenante attention pour les piétons distraits.
Avec superbe était campée Miss Deborah,
Menant le cortège, son rhumatisme oublié,
Son bel embonpoint fondant à coups de pédales.
Elle allait insouciante vers les temps de colère,
Défiant le pouvoir des suppôts de Satan.
Les roues tournaient sans faire de bruit,
Les lumières se balançaient, vertes, bleues et rouges.
Qu'est-ce qui fit obstacle tout à coup sur le sol ?
Miss Deborah s'éparpilla en mille débris !

John William Yope.

Décalogue *n.* Ensemble de commandements, au nombre de dix — chiffre suffisant si l'on veut s'en tenir à une stricte observance, mais toutefois légèrement insuffisant si l'on préfère avoir l'embarras du choix. Voici l'édition révisée du Décalogue, strictement ajustée à ce méridien :

Tu n'adoreras pas un autre Dieu que moi :
Cela revient trop cher d'en célébrer plus d'un.

Ne feras ni d'images ni de statues sacrées,
Car les marchands du temple ont l'exclusivité.

N'utiliseras pas en vain le nom de Dieu,
Attends le bon moment où ça fait son effet.

Tu ne travailleras pas la journée du Sabbat,
Ce jour est consacré aux matchs de football.

En bon fils garderas chez toi tes vieux parents ;
Ça vient en déduction de ta déclaration.

Jamais tu ne tueras, ni ne seras complice ;
D'ailleurs tu jetteras la facture du boucher.

Tu n'embrasseras pas la femme de ton voisin,
Sauf si la tienne a succombé à ses caresses.

Tu ne voleras pas. Le vol est pernicieux ;
La carambouille dans les affaires est bien plus sûre.

Tu n'apporteras jamais de faux témoignages ;
Fais-toi seulement l'écho des racontars publics.

Enfin tu cesseras de convoiter en vain
Ce que par bec et ongles tu n'as pu obtenir.

G.J.

Dédain *n.* Sentiment d'un homme prudent envers un ennemi qui est trop formidablement à l'abri pour être attaqué.

Dégénéré *adj.* A l'évidence moins admirable que ses propres ancêtres. Les contemporains d'Homère étaient de frappants exemples de dégénérescence ; là où dix d'entre eux étaient nécessaires pour entraîner une foule ou soulever un rocher, un seul héros de la guerre de Troie réalisait aisément l'exploit. Homère ne se lassa jamais de vilipender les « hommes qui vivent dans ces temps de dégénérescence », ce qui explique peut-être qu'ils supportèrent de le voir toute sa vie mendier son pain — exemple frappant d'un bienfait rendu pour un mal, car s'ils l'en avaient empêché, il serait probablement mort de faim.

Dégradation *n.* Étape dans la progression sociale et morale, quand on passe d'une situation privée à un emploi politique.

Déjeuner *n.* Breakfast d'un américain qui a séjourné à Paris. Prononciations variées.

Délabré *adj.* Qui qualifie un certain style d'architecture, également connu sous le nom d'Américain Moyen. De nombreux édifices publics sur le territoire des États-Unis appartiennent au style Délabré, bien que quelques-uns de nos plus jeunes architectes préfèrent aujourd'hui l'Ironique. Des ajouts récents effectués à la Maison Blanche de Washington appartiennent au Théo-Dorique, emprunté à la branche ecclésiastique des Doriens. Ils sont d'une élégance certaine, et ont coûté cent dollars la brique.

Délégation *n.* En politique américaine, article de commerce produit en série.

Délibération *n.* Examen attentif de sa propre main pour déterminer le côté qui a été le mieux graissé.

Délinquance *n.* Stupidité militante. L'activité d'un intellect brumeux.

Délit *n.* Infraction à la loi qui possède moins de dignité qu'un crime, et qui ne peut constituer un argument suffisant pour être introduit dans la haute société criminelle.

Il essaya par ses délits de se hisser
Dans la grande aristocratie du crime.
Pauvre de lui ! — Avec superbe,
Les "Capitaines d'industrie" le négligèrent,
Les "Rois de la finance" l'ignorèrent,
Et les "Magnats du rail" le rejetèrent.
Il pilla une banque pour gagner leur respect.
Ils continuèrent à le bouder, car on l'avait reconnu.

S. V. Hanipur.

Déluge *n.* Premier essai remarqué de baptême collectif, qui lessiva tous les péchés (et les pécheurs) de la création.

Démissionner *v.* Renoncer à un honneur pour un avantage. Renoncer à un avantage pour un plus grand avantage.

On apprit que Leonard Wood
Avait démissionné
De son titre, de son rang, des avantages
De son état militaire —
Très honorable état.

Entrainé par son exemple,
Suivant cette noble émulation,
Le pays humblement se résigna
A la résignation de Léonard —
Très chrétienne résignation.

Politian Greame.

Dentiste *n.* Prestidigitateur qui, tout en mettant du métal dans votre bouche, subtilise des pièces dans votre poche.

Député *n.* Individu dépendant d'un quelconque affairiste, ou de son homme de main. Le député est généralement un jeune homme bien fait de sa personne, nanti d'une cravate rouge et d'un fin réseau de toiles d'araignées qui relie son nez à son pupitre. Quand le concierge le heurte par inadvertance avec son balai, il produit un nuage de poussière.

Le Président de l'Assemblée s'écria tout à coup :
« Monsieur le Rapporteur, nous devons aujourd'hui
Délivrer nos registres aux experts et comptables
Afin qu'ils puissent selon la loi examiner
La justesse de nos comptes et de nos prélèvements.
Présentez s'il vous plaît toutes vos écritures,
Bilans, détails et soldes en tous point accordés
A l'important budget qui nous fut alloué.

« J'admire depuis longtemps votre ponctualité —
Présent dès l'aube, assis jusqu'à la fin du jour,
Affrontant sans broncher depuis votre fauteuil
La foule des homme d'affaires dont vous morigénez
Les éclats de langage et les gestes violents
Par quelque sortilège étrange et mystérieux,
Une espèce de magie qui vous est attachée
Et qui fait régner autour de votre bureau
La paix et la tranquillité. Aussi viennent-ils,
Et même les débiteurs les plus récalcitrants,
S'enregistrer dans le bon ordre et sans broncher.

« Mais devant l'assemblée le moment est venu
De témoigner de votre prodigieux talent
D'une manière plus vive. Levez-vous, s'il vous plaît,
Et balayez les brumes qui flottent dans vos yeux,

Secouez vos subalternes, et vos comptes à la main,
Monsieur le Rapporteur, éclairez nos lanternes ! »
La main du Président donne alors une tape
Dans le dos recourbé de l'officier modèle.

Quand tout à coup s'effondre sur le sol
Une cliquetante boule ratatinée,
Noire et desséchée tête énucléée !
La mort du rapporteur datait d'une année.

Jamrach Holobom.

Dérision *n.* Manière de montrer que la personne qui en subit les attaques est dénuée des heureuses qualités qui distinguent ceux qui l'attaquent. Cela peut prendre une forme graphique, mimétique ou tout bonnement acerbe. Shaftesbury en faisait un test probant de vérité — assertion dérisoire, car de nombreuses solennelles absurdités ont subi des siècles de dérision sans en être pour autant affectées dans l'acceptation populaire. On peut se demander par exemple s'il est une chose qui ait été plus brillamment tournée en dérision que la doctrine des Droits de l'Enfance.

Désobéir *v.* Célébrer avec une pompe appropriée le bien-fondé d'un ordre.

Ses droits sur ma personne sont clairs comme le jour,
Mon devoir tendrait à la désobéissance ;
Et si je ne plie pas à la stricte observance
Puissions-nous nous défaire, mon devoir et moi-même !

Israfel Brown.

Destinée *n.* Justification du Tyran pour ses crimes, excuse de l'imbécile pour ses échecs.

Détresse *n.* Maladie contractée à l'exposition de la prospérité d'un ami.

Détromper (à propos de quelqu'un) *v.* Présenter votre voisin avec une tare autrement plus belle que celle dont il avait cru avantageux de se doter.

Dette *n.* Substitut ingénieux de la chaîne du condamné et du fouet du meneur d'esclaves.

> Comme un poisson rouge dans un aquarium
> Cherche la sortie, et tourne sans cesse,
> En pressant son nez contre la paroi
> Sans voir le verre qui le tient prisonnier ;
>
> Ainsi se heurte le pauvre débiteur
> Aux étroites limites qui l'emprisonnent ;
> Il s'afflige sur sa dette, cherche un moyen
> Pour lui échapper et découvre enfin
> Qu'il pourrait tout aussi bien la payer.
>
> *Barlow S. Vode.*

Deux fois *adv.* Une fois de trop.

Devoir *n.* Force qui, s'accordant avec nos inclinations, nous entraîne dans la droite ligne du profit.

> Lord Lavender Portwine était fort courroucé
> De ce que son seigneur s'était autorisé
> Avec Lady Portwine, certaines privautés.
>
> Sa colère demandait que l'outrage fût lavé
> Dans le sang du souverain.
> Son devoir prévalut, qui lui fit accepter
> A la place, des souverains.
>
> *G.J.*

Diagnostic *n.* Analyse d'une maladie, effectuée par un médecin à travers le pouls et le porte-monnaie du patient.

Diaphragme *n.* Cloison musculaire séparant le désordre des poumons du désordre des entrailles.

Dictateur *n.* Chef d'une nation qui préfère la pestilence du despotisme à la plaie de l'anarchie.

Dictionnaire *n.* Douteux dispositif académique destiné à entraver l'évolution d'un langage et à en scléroser le fonctionnement. Ce dictionnaire-ci, au demeurant, est un ouvrage de la plus grande utilité.

Dicton *n.* Expression populaire rebattue, ou proverbe. Voici, en guise d'exemple, quelques vieux dictons réajustés au goût du jour :

Un penny sauvé est un penny à gaspiller.
Un homme se reconnaît à la compagnie qu'il fonde.
Un mauvais ouvrier se querelle avec celui qui l'appelle comme cela.
Mieux vaut tard que jamais tant qu'on ne vous a pas invité.
Donner l'exemple est mieux que de le suivre.
Mieux vaut la moitié d'un pain, s'il y a autre chose avec.
Tournez sept fois la langue dans votre bouche quand vous parlez à un ami dans le besoin.
La valeur d'un ouvrage vaut ce que vaut la peine d'avoir à demander à quelqu'un de le faire.
C'est en disant le moins qu'on est le plus sûr d'être désavoué.
Parlez du Diable et il tendra l'oreille.
De deux maux choisissez d'être le moindre.
Mettez-vous en grève quand votre employeur a un gros contrat.
Rira le mieux qui rira le moins.
Quand on veut, on pourrait.

Diffamer *v.* Mentir à propos de quelqu'un. Dire la vérité à propos de quelqu'un.

Digestion *n.* Transformation de victuailles en énergie. Quand la fonction est défectueuse, le processus ne donne plus que du fiel — constatation qui a fait supposer à ce vieux farceur de Dr. Jeremiah Blenn que les dames étaient plus volontiers sujettes à la dyspepsie que les hommes.

Dinde *n.* Gros oiseau dont la chair, quand on la mange à l'occasion de certains anniversaires religieux, a des vertus de ferveur et de grâces. Incidemment, c'est un excellent mets.

Diplomatie *n.* L'art patriotique de mentir pour son pays.

Discrimination *n.* Examen des particularités à travers lesquelles une personne ou une chose sont, si possible, plus inacceptables que d'autres.

Discussion *n.* Moyen de confirmer les autres dans leurs erreurs.

Disparaître *v.* "Emprunter des voies étranges", le plus souvent avec la propriété d'autrui.

> C'est l'appel du Printemps !
> La nature y répond ;
> Les arbres font des feuilles,
> Les caissiers se font la malle !
>
> *Phela Orm.*

Dissimuler *v.* Mettre une chemise propre sur le sujet.

> Dissimulons-nous. — *Adam.*

Distance *n.* La seule chose que les riches soient prêts à accorder aux pauvres, en souhaitant qu'ils la gardent.

Divertissements *n.p.* Cette sorte de loisirs qui a pour effet de repousser l'action de la mort par écœurement.

Divination *n.* Art de se sortir de l'occulte. La divination fait partie des nombreuses et fructueuses manières de s'intéresser aux ânes couronnés et aux imbéciles précoces.

Don-Quichottesque *adj.* Chevaleresque jusqu'à l'absurdité, comme Don Quichotte. La pertinence, hélas, la beauté et l'excellence de cet incomparable adjectif sont fâcheusement dénaturés dans l'esprit de toute personne qui a eu la malchance d'apprendre que le nom de ce gentleman se prononçait Ki-ro-té.

Quand l'ignorance méconnaît la philologie,
C'est assez inutile de savoir l'espagnol.
Juan Smith.

Dos *n.* Partie de votre ami que vous avez le privilège de contempler quand vous êtes dans l'ennui.

Dotation ecclésiastique *n.* Tenure à travers laquelle une corporation religieuse reçoit des biens, à la condition de prier pour l'âme du donneur.

A l'époque médiévale, de puissantes confréries durent leurs propriétés à cette procédure simple et fort économique, et quand Henry VIII d'Angleterre envoya un beau jour un officier pour confisquer certains biens qu'une assemblée de moines avait reçus en dotation, « Quoi ! » dit le Frère Prieur, « votre maître voudrait-il que l'âme de notre bienfaiteur reste au Purgatoire ? » « Certes, » répondit froidement l'officier, « s'il vous plaît de n'accorder vos prières qu'au titre de ces compensations, il est même bon pour l'Enfer. » « Mais quant à vous, mon fils, » persista le saint homme, « cet acte vous met au rang des spoliateurs de Dieu ! » « Non, non, mon père, le roi mon maître espère simplement Le délivrer des multiples tentations d'une trop grande prospérité. »

Douleur *n.* Inconfortable disposition de l'esprit, qui peut avoir une cause physique quand un dommage a été causé au corps, ou être purement mentale quand elle est occasionnée par la bonne fortune d'un autre.

Dragon *n.* Soldat de cavalerie qui combine son assaut et sa résistance de telle façon qu'il peut avancer pas à pas, et s'enfuir au galop.

Dramaturge *n.* Personne qui traduit les pièces françaises.

Drapeau *n.* Chiffon bariolé brandi au-devant de soldats et hissé sur des fortins et des bateaux. Entraîne apparemment les mêmes réactions que certaines inscriptions sur les épreuves d'imprimerie — "Bon à tirer".

Droit *n.* Autorité légitime pour être, faire ou avoir ; le droit, par exemple d'être roi, le droit d'être le voisin de quelqu'un, d'avoir la rougeole, et toutes sortes de choses du même genre. On reconnaissait universellement à l'origine le premier de ces droits comme issu directement de la volonté de Dieu ; et c'est une opinion qui est encore partagée *in partibus infidelium* en dehors des royaumes éclairés de la Démocratie ; en témoigne cet extrait bien connu de Sir Abednego Bink :

De quel droit, donc, règnent les droits Royaux ?
De qui détiennent-ils leur pouvoir, leur état ?
Il faudrait sans nul doute l'acharnement d'une mule
Pour oser séjourner, contre le vœu divin,

Ne serait-ce qu'un instant, sur un trône usurpé
Ou sans autre dommage sur un siège princier.

Tout ce qui est ne l'est que par le Droit Divin ;
Tout ce qui est, Dieu l'a voulu. Bonté gracieuse !
La chose serait épouvantable si Son dessein
Pouvait être déjoué, vaincu par un coquin !
Si cela pouvait être, alors Dieu, je le dis,
(et n'y entendez pas d'offense)
Serait coupable de négligence.

Droiture *n.* Vigoureuse vertu qui fut au départ découverte parmi les Pantidoodles habitant dans la partie basse de la péninsule d'Oque. Diverses tentatives furent effectuées par des missionnaires à leur retour pour l'introduire dans plusieurs pays d'Europe, mais il semble bien qu'elle n'ait pas toujours été bien interprétée. On trouvera un exemple de déviation dans le seul sermon qui subsiste du pieux Évêque Rowley, dont nous citons ici un passage caractéristique :

« Maintenant la droiture ne consiste plus seulement dans une sainte conformité d'esprit, dans l'exécution des rites religieux ni dans l'observation à la lettre de la Loi. Il n'est pas suffisant qu'une personne soit pieuse et juste : elle doit observer si les autres également sont dans les mêmes dispositions ; et à cette fin la contrainte est une méthode appropriée. Étant donné que mon mauvais comportement peut être d'une mauvaise influence sur autrui, ainsi le mauvais comportement d'un autre peut être préjudiciable à tout le monde, et je me dois de préserver et de prévenir mes propres faiblesses. Il en découle que ma droiture m'oblige à contraindre mon voisin, par la force si nécessaire, à renoncer à toutes ces entreprises pernicieuses dont, par l'effort d'une meilleure disposition et avec l'aide du Ciel, je tenterai moi-même de m'abstenir. »

Druides *n.* Ministres et prêtres d'une antique religion celte qui ne dédaignait pas d'employer l'amusante attraction du sacrifice humain. On ne sait plus grand-chose aujourd'hui sur les Druides et leurs croyances. Pline affirma que leur culte, en provenance de Grande-Bretagne, s'était répandu vers l'est à la vitesse de l'éclair. Jules César nota que ceux qui désiraient être instruits dans leurs mystères se rendaient en Grande-Bretagne. César se rendit lui-même en Grande-Bretagne, mais il ne semble pas qu'il ait obtenu le moindre grade dans la hiérarchie Druidique, alors que par ailleurs ses talents en ce qui concerne les sacrifices humains aient été assez considérables. Les Druides accomplissaient leurs cérémonies religieuses dans les forêts, et ignoraient tout de la vente des ex-voto, des troncs pour les pauvres, du denier du culte et des places que l'on achète à son nom. En un mot c'étaient — ainsi qu'ils furent catalogués non sans une certaine suffisance par un prélat distingué de l'Église d'Angleterre — de véritables païens.

Duel *n.* Formalité préliminaire à la réconciliation de deux ennemis. Une grande attention doit être portée à sa parfaite exécution ; des conséquences déplorables et fâcheuses peuvent survenir si ce n'est pas le cas. Il y a fort longtemps, un homme perdit la vie dans un duel.

> Cette manie des duels est un vilain défaut
> De la haute société et je souhaite ardemment
> De ma vie ne jamais séjourner trop longtemps
> Dans ce type de pays où il est convenant
> D'étriper un rival comme on vide un poisson,
> De couper le mari d'une belle en rondelles,
> Ou bien sur un débiteur en difficulté
> Déjà tout résigné de finir à la morgue,
> De décharger incontinent son pistolet.

Beaux sires que voilà, je brûle de vous avoir
Au bout d'une arme à feu ou d'une bonne rapière
Bien effilée pour vous apprendre un peu à vivre
Et à vous inculquer quelques bonnes manières —
Je les vois, ces coquins, cette foule de coquins,
C'est comme s'il arrivaient ici pour *me* défier,
Crânement, musique en tête et bannières flottantes !

Xamba Q. Dar.

E

Eau de riz *n.* Boisson mystérieuse[1] secrètement utilisée par nos plus populaires poètes et romanciers pour régler l'imagination et anesthésier la conscience. Elle est réputée pour être riche à la fois en crétinite et en léthargine ; elle est élaborée les nuits de brouillard par une grosse sorcière du Marais Lugubre.

Écouter aux portes *v.* Accéder secrètement au catalogue des vices et des crimes d'un autre que vous-même.

Une femme écoutait, l'une de ses oreilles
Collée au trou de la serrure, les confidences
De deux autres commères qui se croyaient toutes seules.
Elle faisait quant à elle les frais du bavardage.
« Je pense, » disait l'une, « et mon mari aussi,
Que ce n'est qu'une peste curieuse et indiscrète ! »

L'intéressée, sans en entendre davantage
Retira son oreille avec indignation.
« Je ne vais pas rester, » dit-elle dans une moue,
« Pour entendre parler de ma propre personne ! »

Gopete Sherany.

1. L'eau de riz était une préparation médicale utilisée pour soigner l'entérite.

Écrevisse *n.* Petit crustacé qui ressemble au homard, en plus indigeste.

Je tiens ce petit habitant aquatique pour un parfait symbole de l'expression de la sagesse humaine ; car à l'instar de l'écrevisse qui ne se meut qu'à reculons, et n'est capable que d'un examen rétrospectif, ne voyant rien d'autre que les dangers déjà passés, de même l'esprit humain est incapable d'éviter les folies qui jalonnent l'existence, mais seulement d'en reconnaître a posteriori la nature.

Sir James Merivale.

Écrivailleur *n.* Écrivain professionnel dont les vues ne s'accordent pas avec les nôtres.

Écrouelles *n.* Maladie qui était miraculeusement guérie par l'attouchement du souverain, et qui doit aujourd'hui être traitée par les médecins. Ainsi "le très pieux Edouard" d'Angleterre avait l'habitude d'étendre sa main royale sur ses sujets malades —

une foule de misérables,
Qui attendent de lui guérison : leur maladie défie
La meilleure maîtrise de l'art ; mais à son toucher,
Car telle est la vertu que le Ciel a donnée à sa main,
Ils sont guéris sur le champ.

comme le dit le Docteur dans *Macbeth.* Cette utile propriété de la main royale avait la faculté, semble-t-il, d'être transmise avec les autres possessions princières ; si l'on s'en réfère à Malcolm,

il est dit
Qu'il laissera à la royale succession
La bénédiction de guérir.

Mais le don à un certain moment dut s'échapper de la ligne de succession : les derniers souverains d'Angleterre ne sont plus des guérisseurs tactiles, et le mal que l'on saluait autrefois du nom de "mal du roi" porte aujourd'hui plus humblement celui de "scrofule" à partir de *scrofa*, la truie. La date et l'auteur de l'épigramme suivant ne sont connus que de l'auteur de ce dictionnaire, mais il est suffisamment vieux pour montrer que la plaisanterie classique autour du fléau national de l'Écosse ne date pas d'aujourd'hui.

J'étais atteint des écrouelles
Que vint charmer le Roi d'Écosse.
Il mit ses mains sur moi et dit :
« Va-t'en ! » et le mal disparut.
Mais l'infortune me poursuivait,
Hélas ! j'ai maintenant la gale.

La croyance qu'une maladie puisse être guérie par un contact royal a disparu, mais comme de nombreuses convictions défuntes, elle a laissé quelques usages qui continuent d'honorer sa mémoire. La pratique de se mettre en ligne pour serrer la main du président n'a pas d'autre origine, et quand ce haut personnage accorde sa salutation bienfaisante à

ces gens étrangement atteints,
Tout gonflés, ulcérés, pitoyables à voir,
Véritables désespoirs de la chirurgie,

lui et ses patients continuent de se transmettre un inextinguible flambeau, qui fut allumé il y a très longtemps à l'autel d'une foi alors partagée par toutes les catégories de populations. C'est une émouvante et belle survivance — l'une de celles qui relient un monde de rituels primitifs à l'univers moderne des affaires, des finances et de la politique.

Écume de mer *n.* Terre cuite d'un blanc éclatant qui, afin d'être progressivement teintée en brun, est placée dans des pipes à tabac et enfumée par ceux qui s'adonnent à cette entreprise. L'intérêt de procéder à ce changement de couleur est un secret précieusement conservé par les intéressés.

Il était un garçon (vous connaissez déjà
Ce triste conte, peut-être), qui fit l'acquisition
D'une pipe d'écume et qui fit le serment
D'atteindre sa couleur !

Il s'enferma chez lui, se détacha de tous,
Refusa même de rencontrer âme qui vive.
Il tira sur sa pipe et le jour et la nuit,
Jusqu'à l'épuisement.

Un jour son chien se laissa mourir de chagrin
Dans les bourrasques qui balayaient le chemin ;
Il y avait des herbes qui poussaient à sa porte,
Un hibou sur le toit.

« Il est parti au loin, il ne reviendra plus »,
Dirent alors tristement ses plus proches voisins.
Ils enfoncèrent la porte pour bien s'en assurer,
Et emporter ses meubles.

Mort, et la pipe en bouche, le garçon reposait,
Bruni comme une noix de la figure aux pieds.
« Cette pipe, » dirent-ils, « est restée d'un beau blanc, »
« Mais elle l'a coloré ! »

Pour la morale, est-il besoin de la chanter ?
Elle est claire comme le jour, vous l'avez constaté :
Ne pariez pas selon vos règles sur quelque chose
Qui peut se jouer de vous.

Martin Bulstrode.

Éditeur *n.* Personne qui cumule les terribles fonctions de Minos, Éaque et Rhadamanthe, mais qu'une obole fait fondre ; censeur d'une rigide vertu, mais néanmoins assez charitable pour tolérer d'autrui quelques vertus et de lui-même différents vices ; individu qui manipule les éclairs fracassants et les coups de tonnerre du blâme jusqu'à évoquer les crépitements des petits pétards de carnaval ; et qui s'adonne ensuite à de doux et murmurants propos, mélodieux comme le beuglement d'un âne saluant à sa façon l'étoile du berger. Maître des solennités et prince de la loi, porté aux nues sur le trône de la pensée, la figure baignée des sombres splendeurs de la Transfiguration, les jambes croisées et la morgue aux lèvres, l'éditeur répand ce qu'il veut bien sur du papier, et coupe quand il lui plaît d'adapter. Et, à intervalles réguliers, de derrière le voile du temple, se fait entendre l'auguste voix demandant trois pouces d'esprit et six lignes de sainte méditation, ou ordonnant qu'il lui soit livré une mesure de sagesse ou un boisseau de sentimentalité.

O, le Seigneur de la Loi sur le Trône de la Pensée,
N'est qu'un imposteur doré.
De lambeaux et de pièces ses tuniques sont faites,
Sa couronne est en laiton,
Lui-même n'est qu'un sot,
Et sa puissance n'est que de la zézette.
Vieux coq bariolé il babille,
Stupide plumitif déguisé en Monarque.
Démagogique absolument,
Tonnant, tâtonnant, pillant en liberté,
Précieux
Disgracieux,
Douteux
Impudent,
Mais respecté de tous !

J. H. Bumbleshook

Éducation *n.* Ce qui révèle, dans les manières et les façons d'un imbécile, son manque d'intelligence.

Effet *n.* Le second de deux phénomènes qui apparaissent toujours ensemble et dans le même ordre. Le premier, appelé cause, est censé générer l'autre — ce qui n'est pas mieux démontré que par cette personne qui, n'ayant jamais vu de chien auparavant que dans la poursuite d'un lapin, déclare que le lapin est la cause du chien.

Égoïste *adj.* Dénué de respect pour l'égoïsme des autres.

Égotiste *n.* Personne de goût médiocre, plus intéressée par elle-même que par moi.

Megaceph, élu pour servir l'État
Dans son institution législative,
Se présenta un jour à l'Assemblée.

A la réception l'huissier regarda
L'éminent égotiste et, soupirant,
Avec une grimace, lui déclara :
« Allez vous-en, nous débattons ici
De sujets ardus, de questions complexes.
Et l'Assemblée ne peut pas se permettre,
Quand sur une question, le Président
Demande à chaque élu sa position
Résumée par les termes "oui" ou "non",
Qu'il y ait une personne pour voter : "moi". »

Électeur *n.* Personne qui apprécie le distingué privilège de voter pour l'homme du choix d'un autre homme.

Électricité *n.* Pouvoir qui est la cause de tous les phénomènes naturels qui ne sont pas notablement produits par autre chose. La foudre fait partie des manifestations de l'électricité, et sa fameuse tentative pour frapper le Docteur Franklin est l'un des pittoresques incidents qui ont marqué la carrière de cet excellent homme. La mémoire du Docteur Franklin est à juste titre l'objet d'une grande considération, particulièrement en France où une représentation en cire fut récemment présentée, accompagnée de ce touchant résumé de sa vie et sa contribution à la science :

> « Monsieur Franklin, inventeur de l'électricité. Cet illustre savant, après avoir effectué de nombreux voyages autour du monde, mourut aux îles Sandwich où il fut dévoré par les sauvages, ce qui fait qu'on ne retrouva jamais de lui aucun fragment. »

L'Électricité semble devoir prendre une place importante dans l'art et l'industrie. Avec certaines applications, la question de sa rentabilité est encore incertaine, mais l'expérience a déjà prouvé qu'elle est plus efficace pour tirer une voiture qu'un réverbère à gaz, et qu'elle donne plus de lumière qu'un cheval.

Élégie *n.* Composition versifiée dans laquelle, en excluant toute forme d'humour, l'auteur tente de transmettre à l'esprit du lecteur l'expression de la plus affligeante tristesse. Un exemple parmi les meilleurs commence à peu près comme ceci :

Un chien perdu sonnait le glas de la journée qui tombe ;
Les troupeaux erraient lentement sur la lande désertée ;
Pesamment le vieillard rentrait chez lui ; et quant à moi,
Je perd mon temps à versifier des niaiseries poétiques.

Éloges *n.p.* Tribut que nous payons à des résultats qui, s'ils n'égalent pas les nôtres, leur ressemblent cependant.

Éloquence *n.* Art de convaincre les imbéciles par la parole de ce que le cheval blanc d'Henri IV est effectivement blanc. Cela inclut le talent de prouver que le cheval blanc est également de n'importe quelle autre couleur.

Élysée *n.* Imaginaire pays de délices où les anciens croyaient dans leur stupidité que résident les âmes des hommes de bien. Cette dangereuse et ridicule assertion a heureusement été balayée de la face du monde par les premiers Chrétiens — bénis soient-ils au Royaume des Cieux !

Émancipation *n.* Changement de tutelle de la tyrannie d'autrui au despotisme de soi-même.

Esclave était-il : écrasé de servitude,
Et le collier de fer lui fouaillant la chair.
La Liberté effaça le nom de son maître,
Resserra les rivets et inscrivit le sien.

G.J.

Embaumer *n.* Léser la végétation en bloquant le processus de fermentation dont elle se nourrit. En embaumant leurs morts et par là en dérangeant la balance naturelle entre la vie animale et la vie végétale, les Égyptiens firent de leur pays fertile et surpeuplé une pauvre terre incapable de supporter sa maigre population. Le cercueil métallique moderne est un pas dans la même pernicieuse direction, et nombre d'individus qui devraient aujourd'hui orner la pelouse du voisin sous la forme d'un arbre, ou enrichir sa table d'une botte de radis, sont voués à une longue inutilité. Ce n'est que partie remise, mais en attendant, les roses et les violettes se languissent d'une petite bouchée de *gluteus maximus* !

Émeute *n.* Divertissement populaire donné pour des militaires par des spectateurs innocents.

Émotion *n.* État de prostration causé par une emprise du cœur sur la tête. S'accompagne quelquefois d'une copieuse décharge de chlorure de sodium hydraté dans les yeux.

Empaler *v.* Dans l'usage populaire, percer avec une arme qui demeure fichée dans la plaie. Le véritable sens est un peu différent ; empaler signifie très exactement envoyer à la mort en enfonçant un pieu aiguisé dans le corps, la victime étant maintenue dans une position assise. Ce fut un type de supplice assez répandu dans de nombreuses civilisations de l'antiquité, et il est encore très en faveur en Chine et dans d'autres parties de l'Asie. Au cours du XVe siècle, il fut d'une importance prépondérante pour ramener à la foi les hérétiques et les schismatiques. Wolcraft l'appelait la "chaise du repentir", et la populace disait avec humour qu'il faisait "chevaucher le cheval à une jambe". Ludwig Salzmann nous informe qu'au Tibet, l'empalement est considéré comme le châtiment le plus approprié pour les crimes contre la religion ; et bien qu'en Chine il soit employé pour des affaires ordinaires, il est néanmoins très prisé dans les cas de sacrilèges. En fait, il importe assez peu à la personne qui expérimente dans l'inconfort le processus d'empalement que la sentence soit d'ordre civil ou religieux ; mais sans nul doute il ne se défendrait pas d'une certaine fierté, s'il lui était loisible de se contempler lui-même dans la posture du coq ornant la flèche de la Véritable Église.

Encre *n.* Vil composé de tanin, de noir de fumée, de gomme arabique et d'eau, principalement utilisé pour faciliter la contagion de la bêtise et promouvoir le crime intellectuel. Les propriétés de l'encre sont particulières et contradictoires : elle peut faire des réputations et les défaire ; elle peut les noircir et les blanchir ; mais elle est surtout largement utilisée en guise de mortier pour lier les pierres d'un monument à la gloire de quelqu'un, puis en guise de badigeon pour cacher la mauvaise qualité des matériaux de base. Il existe des hommes que l'on nomme journalistes, qui ont par ailleurs créé des bains d'encre, dans lesquels des personnes paient pour entrer, tandis que d'autres paient pour en sortir. Il n'est pas rare qu'une personne qui ait payé pour y entrer s'acquitte du double de la somme pour en sortir.

Enfance *n.* Période intermédiaire de la vie humaine entre l'idiotie de la prime enfance et la folie de la jeunesse, deux stades au-dessus de la faute originelle et trois stades en dessous des remords de la vieillesse.

Énoncer un jugement *v.* Succomber à la prépondérance d'une influente partie contre une autre partie.

Une feuille se détacha d'un arbre,
Et dit : « Je veux aller à terre. »

Le vent d'ouest qui se levait l'emporta.
« Quartiers de l'est, » dit-elle, « c'est ma décision. »

Le vent d'est arriva en bourrasque.
« L'autre direction, finalement, était plus sage. »

Les forces s'équilibrèrent exactement.
La feuille dit : « Je suspends ma décision. »

Et les vents tombèrent et la feuille aussi :
« J'ai décidé de descendre, maintenant. »

« Les premières décisions sont-elles les plus sages ? »
Trouvez votre morale, nous n'en débattrons pas.

Quel que soit votre choix, vos chances de bien tomber,
Vous ne commandez pas à la rose des vents.

G.J.

Enthousiasme *n.* Dérèglement de la jeunesse, curable par des petites doses de repentir, accompagnées par des applications externes d'expérience. Byron, qui en réchappa suffisamment pour lui donner le nom de "enthouz-miasmes," eut une rechute qui l'emporta — à Missolonghi.[1]

Entrailles *n.* L'estomac, le cœur et les autres boyaux. Un certain nombre d'éminents investigateurs ne situent pas l'âme dans les entrailles, mais cet observateur pénétrant et renommé qu'est le Dr. Gunsaulus est quant à lui persuadé que le mystérieux organe de la rate n'est rien d'autre que le support de notre essence immortelle. En complète opposition, le Professeur Garrett P. Servis soutient que l'âme de l'homme est localisée dans la prolongation de la moelle spinéale qui forme l'embryon de son absence de queue ; et en démonstration de son opinion, il attire l'attention sur le fait que les animaux qui ont une queue n'ont pas d'âme. Entre ces deux théories, il convient de suspendre provisoirement son opinion en les adoptant toutes les deux.

Enveloppe *n.* Linceul d'un document ; fourreau d'une facture ; cosse d'un versement ; couvre-lit d'une lettre d'amour.

Envie *n.* Émulation adaptée à la capacité la plus médiocre.

Épaulette *n.* Plaque décorée, qui sert à distinguer un officier militaire de son pire ennemi — c'est-à-dire, en

1. Byron s'était rallié en 1823 aux combattants grecs contre la domination turque, il mourut l'année suivante de fièvres dans le petit port du golfe de Patras.

d'autres termes, de distinguer d'un officier de rang inférieur celui dont la mort permet une promotion.

Épicurien *n.* Adversaire d'Épicure, ce philosophe austère qui, soutenant que le plaisir devait être l'objectif essentiel de l'homme, ne perdait pas son temps à la satisfaction de ses sens.

Épigramme *n.* Énoncé court et rapide en vers ou en prose, qui se caractérise le plus souvent par son côté acide ou acerbe, et quelquefois par sa pertinence. Les épigrammes suivants sont dus à l'érudit et brillant Dr. Jamrach Holobrom :

Nous connaissons mieux nos propres besoins que ceux des autres. Satisfaire les siens relève de la bonne gestion.

Dans chaque cœur humain réside un tigre, un cochon, un âne et un rossignol. La diversité de caractère provient de leurs inégales activités.

Les sexes sont au nombre de trois ; les mâles, les femelles et les filles.

La beauté chez les femmes et la distinction chez les hommes ont ceci en commun : ils sont pour l'imbécile une forme de crédibilité.

Les femmes amoureuses sont moins sujettes à la confusion que les hommes. Elles ont moins à confondre.

Tant que votre ami vous tient affectueusement les deux mains vous êtes tranquille, car vous savez où sont les deux siennes.

Épitaphe *n.* Inscription sur une tombe, démontrant que les vertus acquises par le trépas ont un effet rétroactif. En voici une qui en est une touchante illustration :

Ici repose Parson Platt,
Pieux, avisé, humble et vertueux,
Qui fut toute sa vie un exemple —
Que Dieu l'ait en miséricorde !

Ermite *n.* Personne dont les vices et les folies ne sont pas sociables.

Érudition *n.* Poussière tombant d'un livre dans un crâne vide.

Si vaste et considérable était son érudition,
Qu'il avait pénétré les mystères de la Création
Et s'il eut des ennuis, ce n'est que par inadvertance,
Il ne savait pas, le pauvre, que le vol n'est pas permis.

Romach Pute.

Ésotérique *adj.* Parfaitement occulte et particulièrement abscons. Les anciennes philosophies étaient de deux sortes, — *exotériques*, que les philosophes eux-mêmes ne comprenaient qu'à moitié, et *ésotériques*, que personne n'a jamais comprises. Ce sont ces dernières qui ont le plus profondément marqué la pensée moderne, et qui jouissent encore de nos jours d'un grand crédit.

Espoir *n.* Désir et expectation roulés en un seul lot.

Espoir délicieux ! Quand à l'homme il ne reste rien —
Quand, démis de sa fortune, dépouillé de ses amis ;
Alors que son chien le fuit, et que sa chèvre lui dévore
Tranquillement le manteau qu'il lui reste sur le dos, alors,
Toi tu descends, une radieuse étoile à ton front,
Depuis le ciel, resplendissant, porteur de la promesse
D'un emploi de scribouillard à l'hôtel de la Monnaie.

Fogarty Weffing.

Esprit *n.* Le sel avec lequel l'humoriste américain gâte sa cuisine intellectuelle en n'en mettant pas.

Esseulé *adj.* Qui n'a pas à distribuer ses faveurs. Qui est dénué de toute fortune. Qui s'est voué à l'expression de l'exacte vérité et du bon sens commun.

Éternel *adj.* Qui dure éternellement. Ce n'est pas sans une grande circonspection que j'avance cette succincte définition, car je n'ignore pas l'existence, signé d'un Évêque de Worcester, d'un livre volumineux intitulé *Ébauche d'une définition du mot "éternel" dans le contexte des Saintes Écritures et de la Version Autorisée.* Ouvrage qui fut considéré d'un poids essentiel par l'Église Anglicane, et qui est encore, je me permets de le supposer, d'une grande valeur intellectuelle et d'un profit spirituel certain.

Ethnologie *n.* Science qui traite des différentes races humaines, telles que celles des gredins, des filous, des ignares, des andouilles et des ethnologues.

Savoir *n.* Forme d'ignorance qui distingue les studieux.

Eucharistie *n.* Festin sacré dans la secte religieuse des Théophages. Un débat naquit un jour entre les membres de la secte à propos de la nature de ce qu'ils mangeaient. Dans la controverse, quelque cinq cent mille d'entre eux furent tués, et la question n'est toujours pas réglée.

Évangéliste *n.* Porteur de bonnes nouvelles, particulièrement (dans un sens religieux) de celles qui assurent notre propre salut et la damnation de nos voisins.

Excentricité *n.* Manière de se faire valoir qui est si facile à mettre en œuvre que les imbéciles l'utilisent pour mettre en relief leur nullité.

Exception *n.* Ce qui prend la liberté de différer des autres éléments de son groupe, comme un honnête homme, une femme sincère, etc. "L'exception confirme la règle" est une expression que l'on trouve sans cesse dans la bouche des ignorants, qui se la répètent sans se poser la moindre question sur son absurdité. L'expression latine dont elle provient, *"Exceptio probat regulam"* signifie que l'exception met la règle *à l'épreuve*, non qu'elle la *confirme*. Le malfaiteur qui détourna le sens de cet excellent dicton et qui lui fit dire très exactement le contraire usa d'un pouvoir pernicieux qui malheureusement n'est absent d'aucune époque.

Excès *n.* En morale, privauté que s'autorise, avec des sanctions appropriées, la loi de la modération.

Je te salue, O grand Excès — de Libations.
A ta dévotion je me mets à genoux,
Je t'entends m'exhorter à la sobriété —
Mon crâne est ton calice, ma panse ton bénitier.
Rien ni jamais, ni pleurs, ni prières ni conseils
Ne pourront jamais mieux venir me persuader,
Comme tu le fais si bien de ta puissante emprise
Le long de mon échine et sous l'os de mon crâne.
A ton ordre je m'abstiens de la coupe du plaisir,
A la brûlante grappe je ne me chauffe plus ;
Oui, je suis converti, car de la dure sellette
De pénitence, je ne peux plus me relever.
Ingrat est-il, celui qui ayant succombé
A ton autel voudrait encore sacrifier !

Excommunication *n.*

Voilà un mot, "excommunication",
Bien souvent entendu dans les discours d'Église,
Qui signifie l'éternelle damnation
De quelque pécheur aux opinions impies —

Ce rituel autorise Satan à le prendre,
Et interdit au Christ de vouloir le sauver.

Gat Huckle.

Excuser (s') *v.* Poser les fondations d'une future offense.

Exécutif *n.* Office du Gouvernement, dont le devoir consiste à imposer les souhaits du pouvoir législatif, et ceci tant que le département judiciaire n'aura pas jugé bon de les déclarer invalides et sans effet. L'extrait qui suit provient d'un livre ancien intitulé *Le Martien Abasourdi*— Pfeiffer & Co., Boston, 1803 :

LE MARTIEN : Ensuite, quand votre Congrès a voté la loi, elle va directement à la Cour Suprême pour être examinée, et pour que l'on puisse déterminer si elle est constitutionnelle ?
LE TERRIEN : Oh non ; la Cour Suprême n'intervient que si, alors qu'elle peut très bien être en application depuis des années, quelqu'un se met à contester le bien-fondé de cette loi envers lui — je veux dire, envers son client. Le Président, à condition qu'il soit d'accord, l'applique immédiatement.
LE MARTIEN : Ah, le pouvoir exécutif est en fait une partie du pouvoir législatif. Est-ce que vos policiers ont aussi à approuver les ordonnances locales qu'ils font respecter ?
LE TERRIEN : Pas vraiment — pour être exact, pas en tant que fonctionnaires. Mais, d'une manière générale, on peut dire que toute loi demande l'approbation de tous ceux qui tombent sous la coupe de cette loi.
LE MARTIEN : Je vois. La peine de mort n'est pas valable tant qu'elle n'a pas été signée par le meurtrier.
LE TERRIEN : Non attendez, vous poussez un peu trop loin. Ce n'est pas aussi systématique.
LE MARTIEN : Mais ce système qui demande une importante machine judiciaire pour ne censurer la validité des lois que

longtemps après qu'elles aient été mises en application, et seulement quand elles sont portées devant la Cour par des personnes privées — est-ce que cela ne crée pas une grande confusion ?

LE TERRIEN : Oui, en effet.

LE MARTIEN : Alors pourquoi est-ce que vos lois, avant d'être mises en application, ne sont pas validées, non pas par la signature de votre Président, mais par celle du Président de la Cour Suprême ?

LE TERRIEN : Il n'y a pas de précédent à une telle éventualité.

LE MARTIEN : Précédent. Qu'est-ce que c'est ?

LE TERRIEN : Il y a eu une définition faite par cinq cents légistes qui ont écrit trois volumes chacun. Comment voulez-vous le savoir ?

Exhorter *v.* Dans le sens religieux, passer la conscience d'autrui à la broche et la faire rissoler sur les charbons de la honte.

Exilé *n.* Personne qui sert son pays en résidant à l'étranger, sans être pour autant ambassadeur.

Un capitaine Anglais à qui l'on avait demandé s'il avait lu "L'Exil d'Érin," répondit : « Non, Monsieur, mais j'y ferais volontiers escale. » Des années plus tard, alors qu'on venait de le pendre pour piraterie après une carrière d'inégalables atrocités, cette note fut trouvée sur le journal de bord qu'il tenait à l'époque de sa réponse :

« 3 août 1842. Plaisanterie à propos de l'ex-Ile d'Erin. Froidement reçue. Guerre au monde entier ! »

Existence *n.*

Un rêve fugitif, horrible et fantastique
Où rien en vérité n'est ce qu'il paraît être :

D'où l'on s'éveille secoué par une bourrade
De la Camarde et par un cri : « O la bonne blague ! »[1]

Expectative *n.* Perspective généralement médiocre. Espoir généralement défendu.

Soufflez, soufflez, vents épicés —
Sur Ceylan portez votre haleine,
Où l'on affirme que sont ouvertes
Toutes les formes d'expectatives,
N'en laissez d'autre que la mort.

Evêque Sheber.

Expérience *n.* Lucidité qui nous permet de reconnaître comme une fâcheuse vieille connaissance la folie que nous venons de commettre.

A celui qui, errant à travers la brume et la nuit
Dans un putride marécage, tout recouvert de boue,
L'Expérience, telle l'aube qui point, vient lui révéler
Chaque trou d'eau dans lequel il n'est pas encore tombé.

Joel Frad Bink.

Expulsion *n.* Excellent remède pour la maladie de péroraison. Également efficace dans les cas de pauvreté extrême.

1. Allusion évidente aux mots amers de Macbeth :
«La vie n'est qu'un fantôme errant ; un pauvre comédien
Qui s'agite et se débat une heure sur la scène,
Et puis qu'on n'entend plus ; ce n'est qu'un récit
Fait par un idiot, plein de bruit et de fureur,
Qui ne signifie rien. »

F

Fâcheusement *adv.* D'une manière peu prometteuse, les auspices n'étant pas très favorables. Au temps des Romains, il était courant, avant d'entreprendre une action ou une entreprise importante, de demander aux augures ou aux prophètes d'État un avis sur son probable déroulement ; et le mode de divination qu'ils préféraient et qui leur inspirait le plus de confiance consistait à observer le vol des oiseaux — les augures qui en découlaient étant appelés *auspices*. Ce mot — toujours au pluriel — selon des journalistes et certains lexicographes mécréants, signifie aujourd'hui "patronage" ou "direction" ; comme dans les phrases « Les festivités furent organisées sous les auspices de L'honorable et Antique Ordre des Voleurs-de-Cadavres » ; ou, « Les rires fusèrent sous les auspices des Chevaliers de la Faim. »

Un jour, un esclave romain
Se présenta devant l'Augure.
« Peux-tu me dire, s'il te plaît, si — »
Mais déjà l'Augure avait fait
Un geste vif pour l'arrêter,
Et, souriant, déployé une main

Que des crispations agitaient.
Un *denarius* (monnaie latine)
Soigna le mal avec succès,
Alors l'esclave reprit : « Dis-moi,
S'il te plaît le choix du Destin,
Échec ou succès, de ce que
Je compte entreprendre ce soir.
Ce que c'est ? Sans importance —
Je voudrais avant tout savoir
Quel en est l'augure » — et tirant,
Dans un clin d'œil qui fit passer
Une ombre dans le ciel, un autre
Étincelant denarius,
Le glissa dans les mains expertes
De l'autre, qui lui murmura :
« Attends, tandis que j'interroge
Le Destin. » Alors le saint homme
Se releva et franchissant
La porte de l'arrière du temple
Cria « Hou hou ! » en agitant
Sa robe de cérémonie.

Aussitôt les couples sacrés
Des paons s'envolèrent en criant
Des branches où ils s'étaient perchés.
Sur le toit du temple, ils finirent
Par aller se poser ensemble,
Après quelques détours prudents
Pour examiner le danger.
Revenu à l'esclave, l'Augure
Lui dit : « Mon fils, l'estimation
Donnée par le vol des oiseaux
Va vers de fâcheux auspices. »

L'esclave se retira, déçu,
Abandonnant son plan secret —
Qui était (le rusé prophète

L'avait deviné) de sauter
La muraille et de se saisir
De l'un des oiseaux de Junon !
G.J.

Faiblesses *n.p.* Pouvoirs primitifs et indiscutables de la Tyrannie Féminine, à travers lesquels elle exerce une domination sur le mâle de son espèce, le contraignant au service de sa volonté et paralysant ses tentatives de rébellion.

Faire appel *v.* En termes de justice, demander que l'on remettre les dés dans le cornet pour un nouveau lancer.

Faire la critique d'un livre *v.*

Mettre votre intelligence (consistante sans aucun doute,
Quoique dans la vérité il n'y ait ni chair ni os)
A l'œuvre sur un livre — et si vous lisez à voix haute,
Vos propres capacités soudain se liront d'elles-mêmes.

Faire plaisir *v.* Poser les fondations d'une structure de contrainte.

Fantôme *n.* Signe extérieur évident d'une frayeur interne.

Il vit un fantôme.
En bordure — vision épouvantable ! —
Du chemin qu'il poursuivait.
Le temps de réagir,
Un tremblement soudain
Lui ôta l'usage de l'œil
Qui voyait le fantôme.
Il tomba comme tombent
Les bonnes intentions ;
Paralysé par la vision terrible.
D'un geste il balaya
De ses yeux les étoiles, et puis,

Il vit un poteau.
Jared Macphester.

Rendant compte du comportement singulier des fantômes, Heine mentionne l'ingénieuse théorie d'un individu qui soutient qu'ils sont aussi effrayés par nous-mêmes que nous le sommes par eux. Ce qui semble être peu probable, si j'en crois les tableaux de vitesses comparées qu'il m'a été possible d'établir à partir de mes propres expériences.

Il existe un sérieux obstacle à la croyance dans les fantômes. Un fantôme ne se montre jamais nu : il apparaît revêtu d'un suaire, ou "dans ses habits ordinaires". Croire en lui, dès lors, revient à croire que la mort n'a pas seulement le pouvoir de les rendre visibles quand il ne reste plus rien d'eux, mais que le même pouvoir est étendu aux fabrications textiles. Supposant que les produits du métier à tisser aient ce pouvoir, comment objecter qu'ils ne soient pas tentés de l'utiliser ? Et pourquoi ne voit-on jamais se promener un costume sans fantôme dedans ? C'est une objection qu'il est difficile d'écarter, et qui n'est pas sans mettre en doute les fondements mêmes d'une conviction pourtant florissante.

Fée *n.* Créature douée d'accessoires et de pouvoirs variés, qui habitait autrefois dans les taillis et les forêts. D'habitudes plutôt nocturnes, elle s'adonnait aussi à la danse et au vol des petits enfants. Les observateurs supposent que la race des fées est maintenant éteinte, mais trois d'entre elles furent aperçues en 1855 près de Colchester par un prêtre anglican, qui traversait un parc après avoir dîné chez le seigneur du manoir. Cette vision le commotionna, et il demeura trop ébranlé pour être en mesure de faire une relation vraiment cohérente de son aventure. En 1807, une assemblée de fées qui rôdait dans une forêt près d'Aix enleva la fille d'un paysan, que l'on avait vue entrer dans les bois avec un paquet de vêtements. Le fils d'un riche *bourgeois* disparut à peu près à la même période, mais revint par la suite. Il avait assisté à l'enlèvement et lui-même avait été poursuivi. Justinien Gaux, écrivain du XIVe siècle, affirme que le pouvoir de transformation des fées est tel qu'il en vit une se changer en deux armées ennemies et engager une bataille si sanglante que, le lendemain, après qu'elle eut recouvré son aspect d'origine et se fut enfuie, il resta sept cents cadavres sur le terrain, que les villageois se virent contraints d'enterrer. Il ne mentionne pas ce qu'il advint des blessés. A l'époque d'Henri III d'Angleterre, une loi fut promulguée qui menaçait de mort toute personne qui aurait "Occis, estropié ou molesté" une fée, et cette loi fut scrupuleusement respectée.

Félicitations *n.p.* Politesse de la jalousie.

Félon *n.* Personne dont la besogne est plus grande que la discrétion, et qui, en embrassant une cause plutôt qu'une autre, n'a pas fait un choix très heureux.

Femme *n.* Personne du sexe opposé, ou sexe ferme.

Le Créateur, quand il eut fait la Terre,
La recouvrit d'êtres vivants.
Du serpent au mulot, et jusqu'à l'éléphant,
Tous étaient bons, car tous étaient mâles.

Survint le Diable qui lui dit :
« S'ils suivent Ta loi indéfectible
De croissance, vie et trépas,
Ils vont tôt ou tard disparaître,
Et la planète redeviendra inhabitée
Si Tu n'introduis pas quelque reproduction » —

Puis détournant la tête dans son aile,
— Il n'avait pas de cape — il ricana
En aparté de la suggestion
Qu'il venait de faire au Père Tout-Puissant.
Ce dernier réfléchit longuement,
Secoua et lança les dés
Avec lesquels tout ici-bas
Se voit pesé et décidé ;
Enfin, penchant gravement le front,
Il entérina le décret du destin.

A nouveau de toutes parts sur la terre
La native poussière vola,
Les rivières jaillirent de leurs lits,
Et se mêlèrent en une pâte.
Quand il en eut assez (juste suffisamment,
Car la Nature est économe de ses biens)
Dieu se mit à pétrir l'argile,
Tandis que le Malin,
Subrepticement, en rejetait un peu.

Toutes les formes furent modelées
Dans leurs moindres détails,
Ébauches tout d'abord, et puis, par petites touches,
De plus en plus précises, enfin parachevées,
Jusqu'à l'entière confection
Du double de chaque créature,
Double femelle au grand complet
Sauf (plus d'argile, tout à coup !) le cœur.
« Pas de problème », dit Satan ; « je reviens
Sur l'heure avec les pièces nécessaires » —
Sitôt parti, il était de retour
Avec dans sa besace le nombre suffisant.

Cette nuit-là la Terre
Retentit du vacarme des cris et des disputes —
Dix millions d'êtres mâles étaient dotés de femmes.
Cette nuit-là la Paix,

Chassée, meurtrie, survola par hasard l'Enfer —
Dix millions de démons gisaient le torse ouvert !

G.J.

Fête *n.* Célébration. Une fête religieuse se distingue généralement par un abus de nourriture et de boissons, assez souvent en l'honneur de quelque saint personnage qui s'était distingué par son ascétisme. Dans l'Église Catholique, les fêtes sont dites "mobiles" ou "immobiles", mais les célébrants sont invariablement immobiles jusqu'à l'indigestion. Dans leurs premières manifestations, ces divertissements avaient pour prétexte les fêtes pour les morts ; il en était ainsi chez les Grecs, lors des *Nemeseia*, chez les Aztèques et les Péruviens, et il en est encore de même chez les Chinois ; alors que l'on aurait pu penser que les anciens morts, comme les modernes, était plutôt frugaux. Il y avait enfin, parmi les nombreuses célébrations des Romains, les *Novendiales* qui étaient célébrées, si l'on en croit Tite-Live, à chaque fois que des pierres tombaient du ciel.

Fiancé *p.p.* Par un anneau à la cheville, relié à une chaîne et à un boulet.

Fiancée *n.* Jeune personne qui a une belle perspective de bonheur derrière elle.

Fidélité *n.* Vertu particulière de ceux qui ne sont pas loin d'être trompés.

Fin *n.* Prise ultime de l'une ou l'autre main sur la Grande Falaise.

L'homme qui jouait du tambourin
S'affaiblissait de plus en plus :
Sur son visage pâle et blême
La mort avait posé son sceau.

« C'est la fin », dit l'homme expirant
Les doigts sans force sur l'instrument.
Et dans l'instant il était mort,
Et le tambourin en poussière.
Tinley Roquot.

Finance *n.* L'art ou la science de gérer des revenus ou des ressources, dans le meilleur des intérêts du gérant. La prononciation de ce mot avec un "i" prolongé et l'accent tonique sur la première syllabe est l'une des plus grandes et des plus précieuse découvertes de L'Amérique.

Fléau *n.* Dans les temps anciens, punition générale de tous les innocents en guise d'avertissement pour celui qui les gouverne, comme dans l'exemple bien connu de Pharaon le Rescapé. Aujourd'hui, le type de fléau que nous avons le bonheur de connaître se résume en des manifestations fortuites de la Nature, désagréables, mais démunies d'intentions.

Flibustier *n.* Sorte de conquérant dans une branche commerciale particulière, dont les annexions ne sont pas reconnues avec l'éclat qu'elles méritent.

Foi *n.* Croyance sans preuve dans ce qui est affirmé par quelqu'un qui parle sans savoir, ou qui pense sans comparer.

Foie *n.* Gros organe rouge intentionnellement fourni par la nature pour se faire de la bile. Les sentiments et les émotions, dont chaque anatomiste littéraire sait maintenant qu'ils résident dans le cœur, étaient autrefois supposés infester le foie ; et même Gascoygne, parlant de la facette émotionnelle de la nature humaine, l'appelait "notre part hépatique". Le foie est le plus beau don que le ciel fit à l'oie ; sans lui, cet oiseau serait incapable de nous fournir le *pâté de Strasbourg*.

Force *n.*

« Force n'est pouvoir », dit le maître —
« Que si la cause est juste ».
L'élève se tut mais pensa
Au souvenir des coups :
« Force n'est pouvoir, mais falloir ! »

Forma Pauperis *(latin)* Dans la peau d'un personnage infortuné — méthode à travers laquelle un plaideur sans argent est pour les hommes de loi autorisé, non sans égards, à perdre sa cause.

Lorsqu'Adam à la cour de Cupidon jadis
(Car Cupidon naquit avant le premier homme)
Vint plaider pour obtenir d'Eve les faveurs,
Il comparut vêtu de son simple appareil.

Eve nota : « Vous plaidez *in forma pauperis*,
Ce n'est pas recevable dans cette procédure. »
Ainsi furent refroidis les vœux du pauvre Adam :
Il s'en fut défrisé, penaud — et débouté.

G.J.

Fou *adj.* Atteint d'un haut degré d'indépendance intellectuelle ; qui ne se conforme pas aux standards de la pensée, de la parole et de l'action, déterminés par des magisters à partir de l'observation d'eux-mêmes ; qui diffère de la majorité ; en résumé, inhabituel. Il est à remarquer que les gens que l'on déclare fous le sont par des autorités qui n'ont pas à apporter la preuve qu'elles sont elles-mêmes parfaitement saines. En exemple, le présent (et illustre) lexicographe ne pourrait pas plus s'aventurer dans l'affirmation de sa propre santé mentale qu'un quelconque pensionnaire d'un asile du pays ; et, bien qu'il soit persuadé du contraire, au lieu d'être pris par le grand ouvrage dans lequel il lui semble avoir engagé toutes ses forces, il peut très bien être en train de taper ses mains sur les barreaux de la fenêtre d'un asile en déclarant être Noah Webster[1], pour l'innocent amusement d'un certain nombre de spectateurs hébétés.

Fou de la Cour *n.* Le plaignant.

Fourberie *n.* Faculté qui distingue un animal ou un individu faible d'un fort. Elle apporte à son possesseur certaines satisfactions mentales et une grande adversité matérielle. Un proverbe italien dit : « Le fourreur voit passer plus de peaux de renard que de peaux d'âne. »

Fourchette *n.* Instrument dont la destination première est de déposer des animaux morts dans la bouche. C'est le couteau qui, à l'origine, était employé pour cet usage, et il conserve pour certaines personnes la prépondérance sur l'autre couvert, qu'elles ne rejettent cependant pas, mais qu'elles préfèrent utiliser pour charger le couteau. L'immunité dont semblent jouir ces individus, qui n'ont pas été sur le champ frappés de mort subite, est l'une des preuves les plus incontestables de la pitié du Très-Haut pour ceux qui Le haïssent.

Foutre ! *n.* Expression qui était autrefois d'usage courant chez les Paphlagoniens, mais dont le sens exact n'est plus connu. Selon l'éminent Dr Dolabelly Gak, elle devait exprimer un bien-être, impliquant un très haut degré de félicité mentale. Le Professeur Groke au contraire pense qu'elle exprimait l'émotion d'un délice tumultueux, car elle apparaît fréquemment en combinaison avec l'expression "Dieu du Ciel !" qui a une connotation

1. Noah Webster était l'auteur de *An American Dictionary of the English Language*, publié en 1890.

générale de joie. Je ne me hasarderais pas à avancer un avis personnel s'écartant de l'une ou de l'autre de ces opinions, issues de si hautes autorités.

Fraise de cocher *n.* Forme particulière d'un nez qui ne doit rien au fruit, à moins qu'il ne soit distillé, ni au déplacement hippomobile, sauf s'il transporte le fruit de la distillation.

Francs-maçons *n.* Société secrète nantie de rites, cérémonies grotesques et costumes excentriques, laquelle, fondée à l'origine par des artisans de Londres sous le règne de Charles II, s'est vue ensuite rejointe par un grand nombre de morts des siècles précédents, dans un grand mouvement de dégénérescence des origines à nos jours, embrassant toutes les étapes humaines depuis Adam, et racolant de distinguées recrues jusque parmi les entités pré-génésiaques du Vide Chaotique. L'Ordre fut fondé à différentes époques par Charlemagne, Jules César, Cyrus le Grand, Salomon, Zoroastre, Confucius, Touthmôsis et Bouddha. Ses emblèmes et marques symboliques ont été retrouvés dans les catacombes de Paris et de Rome, sur les pierres du Parthénon et de la Muraille de Chine, dans les temples de Karnak et de Palmyre et dans les pyramides égyptiennes — toujours par des francs-maçons.

Frein de sûreté *n.* Dispositif mécanique qui entre immédiatement en action pour stopper la chute d'un ascenseur quand les dispositifs de soutien sont tout à coup défaillants.

> Je vis une fois une ruine humaine
> Dans un puits d'ascenseur,
> Avec ses membres éparpillés
> A l'endroit où il était tombé.

Et je dis, apostrophant
Cette étrange et triste épave :
« Votre position est si curieuse
Que je tremble pour votre échine ! »

Mais la ruine me répondit
En souriant tristement :
« Eh, je n'ai plus à trembler,
La chute date de quinze jours. »

Puis, pour plus d'éclaircissements
Sur sa pose, il me pria
De porter mon attention
Sur ses divers bras et jambes —

Une horrible confusion
Régnait parmi ses membres ;
Ils se mentaient, s'apostrophaient,
Se renvoyaient chacun la faute.

Je ne rapporte ces détails
Que pour montrer son triste état
Et je ne souhaite pas vraiment
M'appesantir sur le sujet.

Car il n'est rien de plus ignoble
Que ce que j'ai entendu
Des restes de cet homme
Dans ce puits d'ascenseur.

Cette histoire n'est bien sûr
Qu'une simple allégorie,
Le puits n'est que métaphysique
Et le tombeur ne tomba pas.

L'ascenseur de la Politique,
D'une manière figurée,
Élèvera un homme de bien
Si son talent n'est pas en manque.

Col. Bryan n'en manquait pas
(Car l'homme-buste c'est lui)
Et il monta superbement
Tant que sa tête toucha les nuées.

Puis la corde cassa au-dessus
Et il revint trop vite sur terre
Où sa valeur dépréciée
L'a privé de tout crédit.

Il est vivant mais ignoré
Et plus personne ne veut de lui.
Morale de cette triste histoire :
Graissez votre frein de sécurité.

Porfer Poog.

Froment *n.* Céréale dont on peut tirer un whiskey raisonnablement bon, non sans se donner un peu de mal, et qui permet également de faire du pain. Les Français sont réputés pour être les plus gros mangeurs de pain *per capita* avant toutes les autres populations, ce qui est naturel, car ils sont les seuls à savoir donner du goût à cette pâte cuite.

Frontières *n.* En géographie politique, ligne imaginaire entre deux nations, séparant les droits imaginaires de l'une des droits imaginaires de l'autre.

G

Gale *n.* Patriotisme de l'écossais.

Garder *v.*

> Il fit le legs de tous ses biens,
> Et puis glissa lentement dans la mort,
> Murmurant : « Au moins, et en tout cas,
> Je garderai mon nom sans tache. »
> Mais quand sur la tombe il fallut graver —
> De quel nom, déjà ? — les morts ne gardent rien.
>
> *Durang Gophel Arn.*

Gargouille *n.* Tuyau d'évacuation de l'eau de pluie sur l'avant-toit des constructions médiévales, généralement sous la forme grotesque et caricaturale d'un ennemi personnel de l'architecte ou du propriétaire du bâtiment. Cette habitude fut surtout pratiquée pour les églises et les autres édifices religieux, dont les gargouilles présentaient un véritable catalogue des hérétiques et libres penseurs locaux. Quelquefois, quand un nouveau doyen ou un nouvel évêque prenait ses fonctions, les vieilles gargouilles se voyaient remplacées par de nouvelles, en relation plus étroite avec les animosités personnelles des nouveaux intéressés.

Généalogie *n.* Liste des ascendants de quelqu'un, à partir d'un lointain ancêtre qui ne se souciait guère en son temps d'établir la sienne.

Généreux *n.* A l'origine, ce mot signifiait : "noble par la naissance" et pouvait s'appliquer à un grand nombre de personnes. Il signifie maintenant "noble par nature" et ne vaut plus un pet de lapin.

Gent féminine *n.* Espèce animale dont les créatures vivent dans le voisinage de l'Homme, et possèdent une aptitude rudimentaire à la domestication. Certains éminents zoologistes la créditent d'un vestige de docilité, qui aurait été acquis dans un stade antérieur de confinement, mais les naturalistes de la période post-susananthony, faute de la trace du confinement, leur opposent un doute sérieux et estiment qu'elle a conservé la même sauvagerie qu'à l'aube de la création. C'est, de toutes les races de bêtes de proie, l'espèce la plus répandue, et elle infeste toute les parties habitables du globe depuis les riantes montagnes du Groenland jusqu'aux calmes rives de l'Indus. La créature féminine est souple et gracieuse dans ses mouvements, spécialement la variété américaine (*Felis pugnans*) ; elle est omnivore et on peut lui demander de se taire. —*Balthasar Pober.*

Gentilhomme *n.* Article produit par la Nature pour les riches jeunes filles américaines qui ambitionnent d'encourir une nouvelle distinction sociale et de supporter la haute société.

Géographe *n.* Individu qui peut vous dire à brûle-pourpoint la différence qu'il y a entre l'extérieur et l'intérieur du globe.

Habeam, géographe de renom,
Natif de l'antique Abu-Keber,
Alors qu'il longeait la rivière Zam
Non loin du village de Xelam,
Se vit désorienté par le lacis de routes,
Se perdit, erra longtemps, le pauvre diable,
Et finit par trépasser dans la misère.
Il fut pleuré comme un mentor
Par les voyageurs reconnaissants.

Henry Haukhorn.

Géologie *n.* Étude de la croûte de la Terre — à laquelle, sans doute, il faudrait ajouter celle de l'intérieur à chaque fois que pousse à la surface un insupportable bavard. Les formations géologiques aujourd'hui reconnues sont les suivantes : Le Primaire, ou inférieur, qui est fait de rochers, d'os de mules embourbées, de tuyaux de gaz, d'outils de mineurs, de statues antiques auxquelles il manque le nez, de doublons espagnols et d'ancêtres. Le Secondaire est fait en grande partie de vers rouges et de taupes. Le Tertiaire comprend des rails de chemin de fer, des étendues de pavés, de l'herbe, des serpents, des chaussures moisies, des bouteilles de bière, des boîtes de tomate, des citoyens intoxiqués, des déchets, des anarchistes, des roquets hargneux et des imbéciles.

Gibet *n.* Lieu de représentation de pièces miraculeuses dans lesquelles l'acteur principal est transporté au ciel. Dans ce pays, le gibet est surtout remarquable pour le nombre de personnes qui en réchappent.

Que ce soit au gibet
Ou sur la roue sanglante,
La meilleure des manières

Qui conduit au trépas
Est — pour le supplicié
La plus expéditive.
Vieille Chanson.

Glouton *n.* Personne qui échappe aux maux de la modération en se livrant à la dyspepsie.

Gnome *n.* Dans la mythologie nordique, diablotin minuscule qui habite les parties intérieures de la Terre et qui exerce une surveillance spéciale sur les trésors minéraux. Bjorsen, qui mourut en 1765, affirme que les gnomes étaient assez courants durant sa jeunesse dans le sud de la Suède, et il les vit fréquemment courir sur les collines à la tombée de la nuit. Ludwig Binkerhoof en vit trois pas plus tard qu'en 1792 dans la Forêt Noire, et Sneddeker affirme qu'en 1803 ils chassèrent d'une mine de Silésie un groupe de mineurs. Fondant notre estimation sur les dates fournies par ces différents témoignages, nous supposons que la race des gnomes était très certainement éteinte vers 1764.

Gnostiques *n.* Secte de philosophes qui tentèrent d'établir une fusion entre les premiers Chrétiens et les platoniciens. Les premiers refusèrent d'entrer dans la combine et la tentative échoua, au grand chagrin des artisans de la fusion.

Gnou *n.* Animal du sud de l'Afrique qui, dans sa version domestique, ressemble à un cheval, un buffle et un cerf. Dans sa condition sauvage, il ressemble quelquefois à la foudre, à un tremblement de terre et à un cyclone.

Un chasseur de Kew, à la vue
D'un paisible et méditatif gnou
Dit : « Bientôt mes mains, dans son sang répandu,

Vont se plonger pour une tendre interview. »
Mais ce fut la bête qui jeta comme fétu
le malheureux chasseur, qui tout en volant dit :
« Il est heureux que la raison ait prévalu,
Et que j'aie retrouvé tout à coup mon sang-froid,
Car sinon j'aurais tué
Ce bien aimable gnou. »

Jarn Leffer.

Gorgone *n.*

La Gorgone était une jeune femme qui jadis
Transformait en statues de pierre les anciens Grecs
Qui osaient regarder son horrible figure.
Des ruines, nous les avons aujourd'hui exhumées,
Et la grossièreté de certaines d'entre elles
Du talent des sculpteurs nous laisse à désirer.

Goujat *n.* Homme dont les qualités, joliment disposées comme les fraises dans une boîte au marché — les plus belles par le dessus — ont subi l'ouverture par le mauvais côté. L'inverse d'un gentleman.

Goule *n.* Démon voué à la fâcheuse habitude de dévorer les morts. L'existence des goules a été contestée par cette sorte de gens qui préfère priver le monde de ses confortables croyances plutôt que de lui donner quelque chose d'intéressant à la place. En 1640, le Père Secchi vit une goule dans un cimetière de la région de Florence et l'effraya avec un signe de croix. Il la décrivit dotée de plusieurs têtes et d'une embarrassante profusion de membres, et il la vit à plusieurs endroits en même temps. Le brave homme revenait de souper et expliqua que s'il n'avait pas été "alourdi de nourriture", il aurait hardiment appréhendé la créature diabolique. Atholston raconte qu'une goule fut attrapée par quelques vigoureux paysans dans un cimetière de Sudbury et précipitée dans un trou d'eau (Il aurait quant à lui préféré voir une si exceptionnelle créature plongée dans une mare d'eau-de-rose). L'eau se changea d'un coup en sang « et ainsi resta jusqu'à nos jours ». Le trou a depuis été saigné par un drain. Si l'on remonte au début du XIVe siècle, une goule fut acculée dans la crypte de la Cathédrale d'Amiens et l'entière population cernait la place. Une vingtaine d'hommes armés, menés par un prêtre brandissant un crucifix, entrèrent et capturèrent la goule qui, croyant s'échapper par un stratagème, s'était transformée à l'image d'un citoyen respectable, mais fut néanmoins pendue, tirée à quatre chevaux et écartelée, au milieu d'hideuses orgies populaires. Le citoyen dont la goule avait pris l'image demeura si affecté par le sinistre événement qu'il disparut d'Amiens, et nul ne sait ce qu'il est advenu de lui.

Gouvernement monarchique *n.* Gouvernement.

Grâces (les) *n.p.* Trois aimables déesses, Aglaé, Thalie et Euphrosyne, attachées à Vénus et la servant sans recevoir de salaire. Elle étaient économiques pour le linge et le couvert, car elles ne mangeaient rien qui vaille la peine d'être mentionné et, leurs vêtements s'accordant au climat, ne portaient que ce que la brise avait la bonne fortune de faire flotter.

Grammaire *n.* Système de pièges délibérément préparé pour faire trébucher l'autodidacte, tout au long du chemin sur lequel il progresse vers la distinction.

Grand *adj.*

> « Je suis grand », dit le lion — « car je règne
> En monarque sur le bois et la plaine ! »

L'éléphant répliqua : « Je suis grand —
Aucun quadrupède ne prétend faire le poids ! »

« Je suis grande — qui peut rivaliser
Avec mon long cou ? » dit la girafe.

« Moi je suis grand », dit le kangourou —
« Regardez la puissance de mes sauts ! »

L'opossum dit : « Voyez, je suis grand
Par ma queue souple lisse et glacée ! »

Intervint une huître qui cuisait :
« Je suis grande car je suis savoureuse ! »

Chacun situe la grandeur dans ce dont
Il se distingue tout particulièrement,

Et Vierick est sûr qu'il domine ses semblables
Car de tous les ânes, il est le plus grand.[1]

Arion Spurl Doke.

Gravitation *n.* Tendance de tous les corps de s'approcher les uns des autres avec une force proportionnelle à la quantité de substance qu'ils contiennent — la quantité de substance qu'ils contiennent étant constatée par la force de leur tendance à s'approcher les uns des autres. Ceci étant une aimable et édifiante illustration de la manière dont la science, ayant fait de A la preuve de B, fait de B la preuve de A.

Gredin *n.* Idiot considéré sous un autre angle.

Grenouille *n.* Reptile muni de pattes comestibles. La première mention de cet animal dans la littérature

1. La gloire de Vierick n'est pas parvenue jusqu'à nous, mais chaque époque est assez riche en Vierick pour qu'il ne soit pas bien difficile de lui trouver un remplaçant.

profane date, chez Homère, du récit de la guerre des grenouilles et des souris. Certaines personnes ont émis des doutes quant à l'autorité d'Homère et la vraisemblance de cette histoire, mais l'industrieux, brillant et savant Dr. Schliemann, a définitivement répondu à la question en exhumant les ossements des grenouilles massacrées dans la bataille.[1] L'un des moyens de pression qui fut utilisé contre le Pharaon et en faveur des Israélites fut une pluie de grenouilles, mais le Pharaon, qui les aimait *fricassées*, se dit avec un remarquable stoïcisme oriental qu'il pouvait tenir le coup aussi longtemps que les Juifs et les grenouilles ; aussi changea-t-on de méthode. La grenouille est une chanteuse appliquée, avec un bonne voix mais peu d'oreille. Le libretto de son opéra favori, tel que l'a rédigé Aristophane, est bref, simple et définitif — "brekekex-koäx" ; la musique, à l'évidence, est due à l'éminent compositeur Richard Wagner. Les chevaux ont une grenouille dans chaque sabot — prévenante attention de la nature qui leur permet de s'illustrer dans les courses d'obstacles.

Grossièretés *n.p.* Langage malveillant proféré contre soi.

Guerre *n.* Sous-produit des arts de paix. Condition politique qui est surtout menaçante dans une période de bonne intelligence internationale. L'étudiant en histoire qui n'est pas préparé à s'attendre à l'inattendu peut à juste titre se vanter d'être inaccessible à cette vérité. « En temps de paix prépare la guerre » possède un sens plus profond que celui qui est généralement entendu ; il

1. On se souvient que Schliemann (1822-1890) fut le génial découvreur de sites décrits par Homère, et surtout de celui de Troie.

signifie, non pas que d'une manière générale toutes les choses terrestres ont une fin — ce processus d'évolution est la première des grandes lois éternelles — mais que le terreau de la paix est fertile aux graines de la guerre, propice à la germination et à une bonne pousse bien drue. C'était quand Koubilaï Khan décidait de son "grand dôme du plaisir" — quand, pour tout dire, arrivaient les temps de paix et de gras festins à Xanadu — qu'il

entendait de naguère
Les ancestrales voix prophétisant la guerre.

L'un des plus grands poètes, Coleridge, était un homme fort avisé et ce n'est pas pour rien qu'il écrivit ces lignes. Puissions-nous avoir un peu moins de « mains tendues à travers les océans », et un peu plus de cette défiance élémentaire qui est la sécurité des nations. La guerre n'aime rien tant que de venir comme un voleur dans la nuit ; les déclarations d'éternelle bonne entente fournissent la nuit.

Guillotine *n.* Machine qui, à juste titre, fait hausser les épaules à un français. Dans son magistral ouvrage, *Voies Divergentes de l'Évolution Raciale*, le docte Professeur Brayfugle argue sur l'importance de ce mouvement — le haussement d'épaules — chez les français, du fait qu'il descendent probablement des tortues et qu'il s'agit simplement d'une survivance de l'habitude de rétracter la tête dans la carapace. C'est avec répugnance que je m'écarte d'une autorité si éminente, mais selon mon opinion (abondamment développée et argumentée dans mon ouvrage intitulé *Émotions Héréditaires* — lib. II, c. XI), le haussement d'épaules est une piste trop ténue pour aboutir à une théorie aussi catégorique, d'autant plus que le geste était inconnu avant la Révolution.

Je ne doute pas un seul instant qu'il doive son origine à la terreur inspirée par la guillotine pendant la période de l'activité de cet instrument.

Guimbarde *n.* Instrument non-musical, dont on joue en le saisissant fébrilement avec les dents et en tentant de l'écarter avec le doigt.

H

Habeas Corpus *(Latin)* Texte de loi qui permet à un homme d'être jeté hors de prison quand il est détenu pour un crime qui n'est pas le bon.

Habitude *n.* Entrave à la liberté.

Hachette *n.* Jeune hache, que les Indiens nomment Tomahawk.

> « O enterre la hachette, irascible Peau Rouge,
> Car la paix est bénie, » disait le grand Homme Blanc.
> Le sauvage fut d'accord avec l'homme blanc et mit
> Avec les rites d'usage, l'arme au creux de son crâne.
>
> *John Lukkus.*

Hachis *x.* Il n'y a pas de définition pour ce mot — personne ne sait ce que hachis peut bien être.

Hadès *n.* Monde d'en-bas ; résidence des esprits trépassés ; endroit où vivent les morts. Au temps des anciens, l'idée de l'Hadès était très différente de celle de notre Enfer, et de nombreux personnages de qualité pouvaient y résider de manière tout à fait confortable. En fait, les Champs-Élysées eux-mêmes faisaient partie de l'Hadès, avant d'être ensuite déplacés à Paris.

Quand la version Jacobéenne du Nouveau Testament était en travaux, les pieux spécialistes qui étaient à l'ouvrage insistèrent par un vote majoritaire pour que le mot grec $\alpha\iota\delta\eta\varsigma$ fût traduit par le mot "Enfer". Mais un consciencieux membre de la minorité saisit secrètement l'enregistrement et fit un pâté d'encre sur le mot douteux partout où il pouvait le trouver. A la réunion suivante, L'Évêque de Salisbury, parcourant l'ouvrage, bondit soudain sur ses pieds et dit avec une émotion considérable : « Messieurs, quelqu'un a pavé l'Enfer ! » Des années plus tard, l'agonie du bon prélat fut adoucie par l'idée qu'il avait été l'instrument (aidé par la Providence) d'une importante, utile et immortelle contribution à l'imagination métaphorique.

Haine *n.* Sentiment approprié à la confrontation de la supériorité d'autrui.

Halo *n.* Très exactement, anneau lumineux encerclant un corps astronomique, mais qui est souvent confondu avec "auréole", ou "nimbe", un phénomène quelque peu similaire porté en guise de couvre-chef par les divinités et les saints. Le halo est une pure illusion d'optique, produite par une sorte d'humidité de l'air, comme est par exemple produit l'arc-en-ciel ; l'auréole quant à elle est conférée en signe de sainteté supérieure, à l'instar d'une mitre d'évêque, ou d'une tiare de Pape. Dans la peinture de la Nativité, par Szedgkin, un pieux artiste de Pesth, la Vierge et l'Enfant ne sont pas les seuls à porter le nimbe ; un âne, qui grignote par ailleurs le foin de la couche sacrée, est orné de la même manière et semble porter sa dignité inaccoutumée avec une sainte grâce, ce qui est tout à son honneur.

Harangue *n.* Discours d'un opposant, qui est aussi appelé harangue-outang.

Harmonistes *n.* Secte de Protestants maintenant éteinte, dont les membres vinrent d'Europe au début du siècle dernier et qui se distinguèrent par l'acidité de leurs controverses et dissensions internes.

Hâte *n.* Manière de procéder des mauvais exécutants.

Hébreu *n.* Juif mâle, à distinguer de la shebreu, une création tout à fait supérieure.[1]

Héritage *n.* Décharge de quelqu'un qui se carapate hors de cette vallée de larmes.

Hiberner *v.* Passer la saison d'hiver dans une retraite domestique. Pendant longtemps circulèrent d'étranges croyances à propos de l'hibernation de certains animaux. On pensait par exemple que l'ours hibernait durant tout l'hiver et subsistait en suçant machinalement ses pattes ; et qu'au printemps, il sortait de sa retraite dans un tel état de maigreur qu'il lui fallait s'y prendre à deux fois pour projeter une ombre. Il y a trois ou quatre siècles, en Angleterre, il n'y avait pas de fait mieux avéré que les hirondelles passaient les mois d'hiver dans le fond boueux des ruisseaux, s'accrochant les unes aux autres en grappes compactes. Elles ont apparemment été contraintes d'abandonner cette coutume à cause de l'encrassement des ruisseaux. Sotus Escobius découvrit en Asie Centrale

1. L'astuce était intraduisible, mais elle reste néanmoins abordable à condition de savoir que les pronoms anglais *he* et *she* correspondent en français à "il" et "elle".

une population tout entière qui hibernait. Et selon certains investigateurs, le jeûne du Carême pourrait bien avoir eu comme origine une forme modifiée d'hibernation, à laquelle l'Église donna une tournure religieuse ; cette perspective est cependant contestée avec vigueur par l'Évêque Haddock, qui fait autorité sur la question, et qui souhaite surtout que ne soit pas ternie la mémoire du Fondateur de sa famille.

Hier *n.* Enfance de la jeunesse, jeunesse de la maturité, passé révolu de la vieillesse.

> Mais hier, insouciant, je me voyais glorieux
> Tout au sommet de la mi-vie, portant mes yeux
> Sur l'encore longue pente, désolée, inconnue,
> Qui descendait vers l'ouest, envahie de ténèbres,
> Peuplée de voix ténues, murmurant d'ineffables
> Prophéties, et de feux transperçant de leurs braises
> Le crépuscule hanté de l'Ombre du Trépas.
>
> Eh oui, hier encore, mon âme était vibrante
> Et pensait arrêter l'ombre sur le cadran
> A son juste milieu ! Maintenant, Dieu du ciel,
> Je me tiens à l'écart de l'hideuse Certitude,
> Et aurais bien voulu n'avoir pas contemplé
> Ces rêves et ces visions d'un pays abhorré.
>
> *Baruch Arnegriff.*

Il fut dit qu'au cours de sa dernière maladie, le poète Arnegriff eut à subir les soins de sept docteurs successifs.

Hippogriffe *n.* Animal (aujourd'hui disparu) qui était moitié cheval et moitié griffon. Le griffon était lui-même une créature mixte, moitié lion et moitié aigle. L'hippogriffe était donc en fait un quart d'aigle, ce qui fait très exactement deux dollars et cinquante cents en or. L'étude de la zoologie est pleine de surprises.

Histoire *n.* Compte rendu hautement douteux d'événements historiques hautement futiles, causés par des chefs d'une haute scélératesse et des soldats particulièrement stupides.

De l'histoire romaine, le grand Niebuhr montra
Qu'au moins les neuf dixièmes n'étaient que des mensonges.
Ma foi je voudrais bien que soit déterminé,
Avant que d'accepter le grand Niebuhr comme guide,
Dans quel pourcentage il se trompe, et comme il ment.

Salder Bupp.

Histoires *n.p.* Récits, généralement mensongers. La véracité des histoires qui suivent, néanmoins, n'a jamais été sérieusement contestée.

Rudolph Block, de New York, se retrouva un soir à dîner à côté de Percival Pollard, le célèbre critique.

« Mr Pollard, » dit-il, « mon livre, *Biographie d'une vache morte*, a été publié dans l'anonymat, mais vous ne pouviez pas en ignorer la paternité. Pourtant, dans votre papier, vous en parlez comme l'ouvrage du Crétin du Siècle. Pensez-vous que ce soit une critique honnête ? »

« Mon cher, je vous présente mes excuses, » répondit le critique, « mais il ne m'était pas venu à l'esprit que vous ne souhaitiez pas vraiment que le public sache qui l'avait écrit. »

W.C. Morrow, qui habitait San José en Californie, avait la réputation d'écrire des histoires de fantômes qui donnaient exactement l'impression au lecteur qu'un fleuve de lézards glacés était en train de remonter le long de son échine et de se répandre dans ses cheveux. A cette époque, on affirmait que San José était hanté par l'esprit bien visible d'un célèbre bandit du nom de Vasquez, qui avait été pendu sur la place. La ville était mal éclairée, et le moins qu'on puisse dire est qu'on ne se bousculait pas dans les rues après le soir. Une nuit particulièrement sombre, deux gentlemen cheminaient dans un endroit isolé en dehors des limites de la ville, discutant avec force pour se donner du courage, quand ils tombèrent sur J.J. Owen, le journaliste bien connu.

« Qu'est-ce qui peut bien, Owen », dit l'un d'entre eux, « vous amener à un tel lieu dans une telle nuit ? Vous m'avez dit vous-même que c'était l'un des endroits favoris pour les apparitions de Vasquez ! Et vous croyez aux fantômes. N'êtes-vous pas saisi d'effroi, à être ainsi à l'extérieur ? »

« Mon ami », répondit le journaliste, avec un incoercible et lugubre claquement de dents, « je suis terrifié à l'idée d'être à l'intérieur. J'ai l'une de ces histoires de Will Morrow dans ma poche, et je ne me risquerais pour rien au monde dans un endroit où il y aurait assez de lumière pour pouvoir la lire. »

Le Contre-Amiral Schley et le Député Charles F. Joy se tenaient près du Monument de la Paix, à Washington, débattant de la question "le succès est-il un échec ?", quand Mr Joy s'interrompit tout à coup au milieu d'une phrase particulièrement éloquente, s'exclamant : « Ah ! Je crois que j'ai déjà entendu cette fanfare. Celle de Santlemann, il me semble. »

« Je n'entends pas de musique, » dit Schley.

« Évidemment, et moi non plus, » dit Joy ; « mais je vois le Général Miles descendre l'avenue, et c'est une apparition qui m'a toujours fait penser à une fanfare de village. L'on se doit d'analyser en l'occurrence très attentivement ses propres impressions, ou l'on se méprendra sur leurs origines. »

Le temps que l'Amiral digère cette subtile réflexion philosophique, le Général Miles était passé, spectacle d'une impressionnante dignité. Quand la fin du cortège eut disparu et que les deux observateurs se furent remis de la cécité passagère causée par son éclat —

« Il semble assez content de lui, » dit l'Amiral.

« Il n'est rien, » admit Joy pensivement, « qui puisse lui procurer une joie au moins à moitié égale. »

Le grand homme d'État Champ Clark vécut pendant un temps à deux kilomètres du village de Jebigue, dans le Missouri. Il vint un jour en ville sur sa mule habituelle, et, attachant la bête du côté ensoleillé de la rue en face d'un "saloon", entra dans l'établissement où, fidèle à ses convictions de teetotaliste, il entreprit d'informer le tenancier que le vin était un mauvais ami. Il faisait alors une chaleur extraordinaire. Un voisin ne tarda pas à entrer et, voyant Clark, lui dit :

« Champ, ce n'est pas convenable de laisser cette mule comme ça au soleil. Elle va rôtir, c'est sûr ! — elle fumait quand je suis passé à côté. »

« Oui, c'est normal, » dit Clark d'un ton léger, « elle fume comme un pompier. »

Le voisin prit une limonade, mais hocha la tête en répétant que ce n'était pas convenable.

Il faisait partie d'une conspiration. Il y avait eu un incendie la nuit précédente : une écurie à deux pas de là avait brûlé, et quelques chevaux y avaient gagné l'immortalité, parmi lesquels un jeune poulain, qui se trouvait maintenant doté d'une riche teinte de viande grillée. Quelques compères avaient escamoté la mule de Clark et lui avaient substitué la partie mortelle du poulain. A ce moment-là, un autre homme entra dans le saloon.

« Par pitié ! » dit-il dans un clin d'œil au tenancier, « déplacez cette mule, elle commence à renifler. »

« En effet, » s'interposa Clark, « cet animal possède la pire odeur de tout le Missouri. Mais s'il s'en fiche, vous devriez en faire autant. »

Enfin, et comme tout finit par arriver, Mr Clark sortit dans la rue, et là, fixa les restes puants et carbonisés de sa monture. Les compères n'eurent guère le loisir de se gausser de Mr Clark, car il regarda le corps avec cette impénétrable expression qui avait été pour beaucoup dans son ascension politique, puis s'en alla. Mais, alors qu'il rentrait à pied chez lui à la nuit tombée, il vit sa mule se tenant dans un silence plein de dignité sur le côté de la route, dans la clarté poudreuse de la lune. Mentionnant le nom d'Helen Blazes avec une vigueur inhabituelle, Mr Clark revint sur ses traces aussi promptement que cela lui était possible, et passa la nuit en ville.

Le Général H.H. Wotherspoon, président de l'Army War College, avait un babouin domestique de ce type que l'on appelle "nasique", un animal qui était d'une intelligence peu commune, même s'il ne se distinguait pas précisément par sa beauté. Revenant à son appartement un soir, le Général fut surpris et peiné de trouver Adam (tel était le nom de la créature, car le Général était darwiniste) assis à l'attendre et portant l'une des plus belles vestes d'uniforme de son maître, avec les épaulettes et tous les accessoires.

« Honteux ancêtre primitif ! » tonna le distingué stratège, « qu'est-ce que tu fais encore debout à cette heure ? — et avec ma veste sur le dos ! »

Adam se leva et, avec un regard plein de reproche, sauta sur le sol, trottina à travers la pièce jusqu'à une table, en revint avec la carte d'un visiteur : le Général Barry était venu et, à en juger par une bouteille de Champagne vide et plusieurs mégots de cigares, avait était honorablement traité tandis qu'il attendait. Le Général s'excusa auprès de son fidèle ancêtre et alla se coucher. Le lendemain, il rencontra le Général Barry, qui lui dit :

« Spoon, mon vieux, quand je t'ai quitté hier soir, j'ai oublié de te demander la marque de ces excellents cigares. Où est-ce que tu les trouves ? »

Le Général Wotherspoon ne daigna même pas lui répondre, et continua son chemin.

« Bon, excuse-moi, » dit Barry en le rattrapant ; « je blaguais, bien sûr. Ça ne faisait pas un quart d'heure que j'étais arrivé que je savais que ce n'était pas toi. »

Historien *n.* Bavard de haute volée.

Homéopathe *n.* L'humoriste de la profession médicale.

Homéopathie *n.* Doctrine médicale qui se situe à mi-chemin entre l'Allopathie et la Science Chrétienne. Comparées à cette dernière, toutes les autres sciences médicales sont nettement inférieures, car elle seule peut guérir les maux imaginaires, ce que les autres ne peuvent pas faire.

Homicide *n.* Extinction d'un être humain par un autre être humain. Les homicides sont de quatre sortes : félons, excusables, justifiables et louables, mais la différence n'est guère sensible pour la personne qui a été occise d'une manière ou d'une autre — la classification étant surtout destinée aux juges.

Homilétique *n.* Science de l'adaptation des sermons aux besoins spirituels, aux capacités et à la situation d'une congrégation.

> Si brillant était le prêtre en homiletique
> Que ses purges morales et tous ses vomitifs
> Destinés à soigner l'esprit étaient pesés,
> A travers la prescription la mieux adaptée,
> Sur l'examen très attentif et rigoureux
> De la langue et du pouls et du cœur et du souffle.
> Ensuite, de chacun ayant déterminé
> Les besoins, le saint homme imposait ses remèdes —
> Efficaces pilules et amers émétiques —
> D'une si grande vertu que les âmes affligées
> De tous les maux d'Adam en étaient soulagées.
> Mais la langue de la Médisance — fort bien chargée,
> Et fort nourrie de noire bile soutenait que
> Quand les patients semblaient avoir un peu d'argent,

Les poudres étaient en sucre, les vomitifs en miel.
Biographie de l'Évêque Potter.

Homme *n.* Animal si éperdu dans la merveilleuse contemplation de ce qu'il pense qu'il est, qu'il néglige ce qu'il devrait indubitablement être. Sa préoccupation majeure réside dans l'extermination des autres animaux, et de sa propre espèce, laquelle néanmoins prolifère avec une si insolente rapidité qu'elle infeste tout le monde habitable et le Canada.

Quand le monde était jeune et l'Homme était nouveau,
Que toutes choses étaient gracieuses,
La Nature n'avait pas dressé de distinctions
Entre le roi, le prêtre, le paysan.
Nous ne vivons plus sous les mêmes cieux,
Dans cette République,
Où nous avons ce vieux régime,
Car tous sont rois, quelque dénudées que soient
Leurs échines, quelque extrêmes que soient
Leurs faims. Et chacun jouit vraiment de sa voix
Pour accepter le tyran du choix de son parti.

Un citoyen qui ne votait pas,
Et qui donc était détesté,
Se retrouva un jour recouvert de goudron
(Avec des plumes disposées ci et là)
Par de dignes patriotes.
« Il en va de votre devoir, » criait la foule
« D'apporter votre suffrage
A l'homme de votre choix. » Humblement, il acquiesça,
Et reconnut ses coupables erreurs :
« C'est ce que j'aurais tant aimé pouvoir faire,
Chers patriotes, mais il ne s'est jamais présenté. »
Apperton Duke.

Homme de couleur *n.* Nègre qui vote comme nous.

Homme de loi *n.* Personne habile dans le détournement de la loi.

Honorable *n.* Affligé d'une entrave dans la portée de ses mains. Dans le corps législatif, il est d'usage d'honorer tous les membres du qualificatif d'honorable ; ainsi, « cet honorable gentleman n'est qu'un vil roquet. »

Hospitalité *n.* Vertu qui nous conduit à loger et à nourrir certaines personnes qui ne sont pas dans le manque de logement et de nourriture.

Hostilité *n.* Instinct particulièrement tranchant et spécialement adapté à la surpopulation du monde. L'hostilité est de type actif ou passif ; ainsi (et respectivement), les sentiments d'une femme pour ses propres amies, et ce qu'elle ressent pour le reste de son sexe.

Houri *n.* Femelle très avenante, qui peuple le Paradis Mahométan afin de rendre le séjour agréable pour les bons Musulmans, lesquels tirent de la croyance en cette délicieuse créature un certain mépris pour leurs épouses terrestres, à qui ils ne reconnaissent pas une âme. Parmi ces dignes femmes, les houris ne semblent pas jouir d'une très grande estime.

Huître *n.* Coquillage visqueux et glaireux, que la civilisation donne aux hommes la hardiesse de gober sans lui retirer ses entrailles ! Les coquilles sont quelquefois données aux pauvres.

Humanité *n.* La race humaine dans son ensemble, à l'exception des poètes anthropoïdes.

Humilité *n.* Attitude mentale qu'il est d'usage d'adopter en présence de l'exercice du pouvoir. Convient particulièrement pour un employé quand s'adresse un employeur.

Humoriste *n.* Fléau qui aurait fait fondre l'antique dureté du cœur de Pharaon, et qui l'aurait persuadé de renvoyer Israël avec ses meilleurs vœux, et promptement.

Voyez ! le pauvre humoriste,
Dont l'esprit torturé
Tire du spectacle du monde
De brillantes plaisanteries
Alors que tout le pousse
A ne voir que du noir —
Dont le frugal appétit
Ne souffre guère d'excès,
Enfin dont le cerveau,
Renouvelé chaque nuit,
Se consume chaque jour.

Mais il pense, hébergé
Dans d'identiques bouges,
Et seule une harpie
Accepterait de partager
Sa gracieuse compagnie.

Alexander Poke.

Hybride *n.* Fruit d'une démarche associative.

Hyène *n.* Bête sauvage qui fait l'objet d'une certaine considération dans des nations orientales pour son habitude de fréquenter la nuit les tombes des cimetières. Cependant, les étudiants en médecine le font aussi.

Hypocondrie *n.* Dépression de ses propres esprits.

Différents détritus sur un vague terrain,
Là où se déposaient les ordures du village,
Laissaient voir parmi les morceaux et les chiffons
Un tas — "Hypocondrie." Agrégé au dépôt.

Bogul S. Purvy.

Hypocrite *n.* Personne qui, professant des vertus qu'il ne respecte pas, rend évident l'avantage de sembler être ce qu'il dédaigne.

I

Ichor *n.* Fluide qui servait de sang aux dieux et aux déesses.

> Aphrodite la belle, touchée par Diomède,
> Se saisit du bouillant achéen et dit : « Vois,
> Mortel irréfléchi, qui donc tu as blessé —
> Te voilà tout blanchi par cet ichorchement ! »[1]
>
> *Mary Doke.*

Iconoclaste *n.* Briseur d'idoles.
Les adorateurs réagissent avec une assez grande indignation en faisant remarquer qu'il procède avec un esprit peu constructif, qu'il détruit mais ne rebâtit pas ; les pauvres infortunés, dans le chaos et la confusion de ses démolitions, se reconstruiraient bien de nouveaux dieux. Mais l'iconoclaste déclare : « Vous n'en aurez plus, parce que vous n'en avez pas besoin ; et si je vois un reconstructeur tourner sottement par ici, je lui aplatis le crâne et je m'assois dessus jusqu'à ce qu'il demande grâce. »

1. Ceci permettant par ailleurs de se remémorer que ichor se prononce "ikor".

Ignare *n.* Personne ignorante peu familiarisée avec certains domaines du savoir qui vous sont familiers, et qui ont des domaines de prédilection auxquels vous n'entendez rien.

Dumble était ignare,
Mumble était réputé pour son érudition.
Mumble dit un jour à Dumble :
« L'ignorance devrait tout de même se faire plus humble.
Il n'est pas une étincelle de votre connaissance
Qui soit enseignée dans un collège. »
Dumble dit à Mumble : « Vraiment,
Vous vous haussez un peu du col.
Pour toutes les choses enseignées dans les collèges
Et qu'assurément je ne maîtrise pas,
Vous-même êtes à côté. »

Borelli.

Illuminati *n.* Secte d'hérétiques espagnols de la seconde partie du XVIe siècle ; ainsi nommés parce qu'ils avaient un grand poids de lumière — *cunctationes illuminati.*

Illustre *adj.* Idéalement placé pour les flèches de l'esprit, de l'envie et du dénigrement.

Imagination *n.* Entrepôt d'idées, dont le poète et le menteur sont copropriétaires.

Imbécile *n.* Membre d'un grande et puissante tribu, dont l'influence dans les affaires humaines a toujours été prééminente. L'activité de l'imbécile ne s'est pas limitée à un domaine spécial de la pensée ou de l'action, mais en a « pénétré et réglé l'ensemble ». En toutes choses, il a le dernier mot ; ses décisions sont sans appel. Il domine les courants de l'opinion et du goût, détermine le temps de parole et circonscrit la conduite avec une limite à ne pas franchir.

Imbécillité *n.* Sorte d'inspiration divine, ou d'illumination sacrée, affectant les détracteurs de ce dictionnaire.

Immigrant *n.* Individu mal informé qui pense qu'un pays est meilleur qu'un autre.

Immodeste *adj.* Qui possède un solide point de vue sur sa propre valeur, couplé avec une faible opinion des mérites des autres.

Il était un homme en Ispahan
Il y a de cela bien longtemps,
Qui avait une tête prodigieuse,
Selon l'avis des phrénologistes.

En effet sa bosse de modestie
(Que Nature avait faite monstrueuse)
Perçait au-delà de ses cheveux
Tel un pic sortant de la forêt.

Si modeste était l'homme d'Ispahan
Affirmait-on inlassablement —
Que plus doux et plus humble, vous eussiez
Vainement cherché l'équivalent.

Puis l'enflure de cette bosse prodigieuse
S'accrut sous le ciel à un point tel
Qu'on ne l'appelait plus désormais
Autrement que l'homme au minaret.

Alors il n'y eut à Ispahan
Aucun homme aussi fier de sa tête,
Aussi intarissable à louer
La merveille que constituait sa bosse.

Jusqu'à ce que l'irascible Shah
Lui expédie un serviteur,
Muni d'un lacet, et qui lui dit :
« Voilà un petit cadeau pour vous. »

Le plus triste des hommes d'Ispahan,
Tout en se résignant soupira :
« J'eusse vécu, mon humilité
Aurait rendu ma gloire immortelle. »

Sukker Uffro.

Immoral *adj.* Inopportun. En examinant la longue liste et en considérant le grand nombre des exemples, il apparaît que les hommes que l'on considère généralement inopportuns finissent toujours par être considérés comme mauvais, vicieux et immoraux. Si les notions humaines du bien et du mal ont une autre origine que celle de l'opportunité ; s'ils ont une origine, ou ont eu une origine provenant de quoi que ce soit d'autre ; si les actions ont en elles-mêmes un caractère moral qui n'ait pas de rapport ni de dépendance avec l'opportunité, il en résulte ceci — que toute philosophie est un mensonge et toute raison une confusion de l'esprit.

Immortalité *n.*

Jouet dont les gens voudraient bien,
Et qu'ils implorent à genoux,
Réclament, disputent et s'arrachent,
Et qui s'il leur est accordé
Serait d'une telle grandeur
Qu'ils pourraient en mourir pour lui.

G.J.

Impartial *adj.*
Dans l'incapacité de déterminer aucun avantage personnel dans le choix d'une partie lors d'une controverse, ou dans l'adoption de l'une ou de l'autre de deux opinions contradictoires.

Impiété *n.* Votre irrévérence envers mon dieu.

Imposition *n.*
Action de bénir ou de consacrer par le contact des mains — cérémonie commune à de nombreux systèmes ecclésiastiques, mais pratiquée avec la plus franche franchise par la secte connue sous le nom de Voleurs.

« Voyez ! Par la sainte imposition de nos mains, »
Déclarent le curé, le prêtre et le derviche,
« Nous consacrons vos terres, vos biens et vos fortunes
A notre service ecclésiastique. Nul doute
Que vous allez vous répandre en imprécations
Contre une telle imposition. Mais faites donc. »

Pollo Doncas.

Imposteur *n.* Candidat rival à des honneurs publics.

Imprévoyance *n.* Provisions pour les besoins d'aujourd'hui à partir des revenus de demain.

Impunément *adv.* Dans l'état d'esprit intermédiaire entre le moment de la faute et le moment de la punition.

Impunité *n.* Prospérité.

Inadmissible *adj.* Inapte à être pris en compte. Se dit de certaines sortes de témoignages que les jurys sont engagés à ne pas prendre en considération, et que les juges rejettent, même dans les procédures où ils sont seuls à juger. Un témoignage de seconde main est inadmissible parce que la personne véritablement en question ne peut se présenter et prêter serment devant la cour pour interrogatoire ; cependant, des actes de la plus haute importance, militaires, politiques, commerciaux, etc., sont quotidiennement acceptés à partir de témoignages de seconde main. Il n'est pas de religion au monde qui ait d'autres fondements que des témoignages de seconde main. La Révélation est un témoignage de seconde main ; le fait

que les Écritures expriment la parole de Dieu n'est attesté que par l'affirmation d'hommes morts depuis longtemps, dont l'identité n'a pas été clairement établie, et dont nous n'avons aucune preuve qu'ils aient été entendus de manière incontestable. Selon les règles du témoignage telles qu'elles existent aujourd'hui dans ce pays, aucune des assertions contenues dans la Bible ne pourrait être soutenue devant une Cour de justice et reconnue comme admissible. Il ne peut pas être décemment prouvé que la bataille de Höchstädt a eu lieu, pas plus qu'il y ait eu une personne du nom de Jules César, ni un empire d'Assyrie.
Cependant, comme les comptes rendus de justice sont admissibles, il peut aisément être prouvé que des magiciens malveillants et détenant de grands pouvoirs ont existé et ont constitué un grand danger pour l'humanité. La certitude (par le biais de la confession) qu'un grand nombre de femmes pratiquaient la sorcellerie et qu'elles étaient condamnables, est établie sans aucune irrégularité ; elle est toujours irrejetable. Les décisions des juges là-dessus étaient parfaitement recevables en logique et en droit. Il n'existe rien dans aucune juridiction existante qui ne fut mieux prouvé que les accusations de magie et de sorcellerie, qui conduisirent tant de personnes à une horrible mort. S'il n'y eut jamais de sorcières et de sorciers, le témoignage humain et le bon sens humain sont l'un et l'autre dénués de valeur.

Incompatibilité *n.* Similarité de goûts dans l'état matrimonial, particulièrement de celui de la domination. L'incompatibilité peut néanmoins être ressentie avec la matrone à l'œil doux qui habite au coin de la rue. Elle porte généralement la moustache.

Incompossible *adj.* Qui ne peut exister si quelque chose d'autre existe. Deux choses sont incompossibles quand l'espace existant est suffisamment grand pour l'une mais insuffisant pour les deux — ce qui se passe avec la poésie de Walt Whitman et la clémence de Dieu pour l'Homme. L'incompossibilité, on le constatera bien souvent, n'est rien d'autre que de l'incompatibilité libérée.
A la place des mots orduriers du type « Foutez-moi le camp, si vous remettez les pieds ici, je vous défonce le portrait, » les mots, « Monsieur, nous sommes incompossibles, » représentent un avertissement d'une égale injonction, et sont par ailleurs d'une autre portée sur le plan de la courtoisie.

Inconstance *n.* Saturation chronique d'une aventure affective.

Incube *n.* Représentant d'une race parfaitement malséante de démons ; bien qu'elle ne soit probablement pas entièrement éteinte, elle est cependant considérée comme ayant désormais vécu ses plus belles nuits. Pour plus de détails sur les *incubi* et *succubi*, incluant les *incubæ* et les *succubæ*, voir le *Liber Demonorum* de Protassus (Paris, 1328), qui contient une foule de savoureuses informations, qui n'ont pas leur place dans un dictionnaire destiné à servir de livre de textes dans les collèges.
Victor Hugo raconte que, dans les îles anglo-normandes, Satan lui-même — sans doute tenté plus que tout autre par la beauté des femmes — jouait quelquefois à l'*incubus*, pour l'alarme et la plus grande confusion des excellentes femmes qui souhaitent rester loyales envers les vœux du mariage, dans la mesure du possible. Une certaine dame

demanda au prêtre de la paroisse de lui indiquer un moyen infaillible pour reconnaître dans l'obscurité l'intrépide intrus de l'époux légitime. Le saint homme lui dit qu'elle pouvait s'en rendre compte en cherchant les cornes sur le front ; mais Hugo ne fait pas assaut de galanterie en émettant quelques doutes sur l'efficacité de la méthode.

Indécision *n.* L'élément primordial du succès ; « car attendu que, » disait Sir Thomas Brewbold, « il n'est qu'une seule voie pour ne rien faire et de nombreux chemins pour faire quelque chose, parmi lesquels, assurément, un seul est le bon chemin, il s'ensuit que celui de l'indécision n'entraîne pas autant de malchance de s'égarer que tous ceux qui vont de l'avant » — démonstration parfaitement claire et satisfaisante sur le sujet.

« Votre prompte décision d'attaquer, » disait ce jour-là le Général Grant au Général Gordon Granger, « fut admirable ; vous n'aviez guère plus de cinq minutes pour vous décider. »

« Oui, monsieur, » répondit le subordonné victorieux, « c'est véritablement réconfortant de savoir ce qu'il faut faire en cas d'urgence. Quand je suis tout à coup obligé de choisir entre l'attaque et la retraite, je n'hésite pas une seule seconde — je joue à pile ou face. »

« Ne me dites pas que c'est ce que vous avez fait cette fois-ci ? »

« Si, général ; mais, pour l'amour du Christ, ne me faites pas de reproche : j'ai désobéi à la pièce. »

Index *n.* Doigt pointé qui, si on le suit, montre deux malfaiteurs.

Indifférent *adj.* Imparfaitement sensible aux distinctions entre les choses.

« Ennuyeux personnage ! » disait la femme d'Indolentio,
« Te voilà indifférent à tout ce qui fait la vie. »
« Indifférent ? » murmura-t-il avec un lent sourire ;
« Je le serais, chère amie, si ça en valait la peine. »
Apuleius M. Gokul.

Indigestion *n.* Mal que le patient et ses amis mélangent fréquemment avec des convictions d'une foi profonde et le souci du salut de l'humanité. Ainsi, le primitif Homme Rouge de l'ouest déclare non sans, il faut l'avouer, une certaine vigueur : « Panse garnie, petite prière ; grosse colique, loué soit Dieu. »

Indiscrétion *n.* Culpabilité féminine.

Inepties *n.p.* Matières sans intérêt comme celles des religions, des philosophies, des littératures, des arts et des sciences, et qui sont perpétrées par les tribus qui infestent les régions au plein sud de la Boréalie.

Inferiæ *(Latin.)* Au temps des Grecs et des Romains, sacrifices propitiatoires aux *Dii Manes*, ou au profit de l'âme des héros défunts ; car les pieux anciens n'avaient pas inventé assez de dieux pour satisfaire leurs besoins spirituels, et durent compléter par des divinités de fortune — comme un marin se fait un mât de fortune — qu'ils se confectionnaient avec des matériaux diversement appropriés.

Ce fut tandis qu'il sacrifiait un bœuf aux mânes d'Agamemnon que Laiaides, prêtre d'Aulis, eut la faveur d'une apparition éthérée de l'illustre guerrier, qui lui fit un récit prophétique de la naissance du Christ et du triomphe du Christianisme, lui donnant par ailleurs un rapide mais suffisant aperçu de ce qui se déroula ensuite jusqu'au règne de Saint Louis. Le récit s'arrêta brusquement là, interrompu par un intempestif chant du coq qui avait rappelé à l'ordre le fantôme du Roi des Hommes, et l'avait obligé à retourner dans l'Hadès. C'était une histoire très prisée pendant l'époque médiévale, et comme on n'en trouve aucune trace antérieure au Père Brateille, pieux mais obscur rédacteur de la cour de Saint Louis, il était difficile de ne pas être effleuré par le soupçon d'un caractère apocryphe, quoique l'avis de Monseigneur Capel soit radicalement différent ; devant lequel je m'incline — bien bas.

Infidèle *n.* A New York, personne qui n'a pas foi en la religion chrétienne ; à Constantinople, quelqu'un qui s'en réclame. Sorte de scélérat qui n'est pas assez révérencieux envers — et qui n'apporte qu'une contribution insuffisante aux : divinités, ecclésiastiques, pasteurs, chanoines, moines, mollahs, vaudous, prêtres, hiérophantes, prélats, oblats, abbés, nonnes, missionnaires, prédicateurs, diacres, frères, hadjis, archiprêtres, muezzins, brahmanes, hommes-médecine, confesseurs, éminences, mages, primats, prébendiers, pèlerins, prophètes, imams, bénéficiaires, clercs, directeurs de chorale, archevêques, évêques, abbés supérieurs, prieurs, prêcheurs, padres, abbesses, novices, moines mendiants, vicaires, patriarches, bonzes, santons, chapelains, chanoinesses, résidents, diocésains, doyens, sous-doyens, doyens ruraux, abdals, charmeurs de serpents, archidiacres, hiérarches, premiers de la classe, prêtre saliens, capitulaires, cheiks, talapoins, postulants, scribes, gourous, primiciers, bedeaux, fakirs, sacristains, vénérables, revivalistes, cénobites, vicaires perpétuels, célébrants, muphtis, lecteurs, novices, prieurs, aumôniers, rabbins, ulémas, lamas, camériers, huissiers à verges, derviches, lecteurs, gardiens d'églises, cardinaux, diaconesses, suffragants, acolytes, recteurs, curés, soufis, druides, papes, popes, et pom-pom girls.

Influence *n.* En politique, un chimérique *quo* donné en échange d'un substantiel *quid.*

Infortune *n.* Cette sorte de fortune qui ne nous rate jamais.

Infralapsarien *n.* Personne qui s'aventure dans la croyance qu'Adam n'éprouva pas le besoin de pécher jusqu'à ce que cela lui vînt à l'esprit — s'opposant au Supralapsarien qui soutient que la chute de l'infortuné était décidée depuis le début. Les Infralapsariens sont quelquefois appelés Sublapsariens, sans que cela représente un changement notable sur la clairvoyance et l'importance de leurs vues sur Adam.

Deux grands théologiens, un jour qu'ils se rendaient
A la chapelle, s'engagèrent dans une discussion —
Sévère logomachie, aux arguments fielleux,
A propos de ce qui causa la chute d'Adam.
« Prédestination, » criait l'un, « car le Seigneur
Avait clairement pensé et décrété sa faute. »
« Pas du tout, » disait l'autre, « ce fut son Libre-arbitre
Qui le mit sur la voie que Dieu avait choisie. »
Le débat en était arrivé à un point
Où il ne pouvait plus que finir dans le sang ;
Aussi rejetant leurs soutanes et leurs capes,
Animés par l'esprit, ils en vinrent aux poings.

Mais avant qu'ils n'aient pu prouver quoi que ce soit
Avec ces arguments, le combat fut troublé
Par l'arrivée d'un vieux professeur de Latin,
Le bâton à la main, et le sourcil froncé,

Qui renseigné sur la cause du débat (car,
Tout en se menaçant, ils n'avaient cessé de
Disputer de la liberté originelle),
Cria : « Marauds ! Cessez cette rixe inutile :
Cela ne mérite pas d'en arriver aux coups.
Vos deux écoles, je vous assure, mériteraient
Qu'on leur inflige de meilleurs qualificatifs.
Les Infralapsariens — famille de bouffons ! —
Veulent qu'Adam ait glissé sur le coup d'une erreur,
Les Supralapsariens — portée de jeunes chiots ! —
Soutiennent qu'il glissa car il devait glisser. »

Le résultat est bien le même qu'il ait glissé
D'une manière ou bien d'une autre, puisqu'il tomba.
Adam, moi je vous dit, n'eut nullement le temps
D'analyser sa faute ; il découvrait surtout
La vertu savonneuse de toute inclination.

G.J.

Ingrat *n.* Individu qui reçoit un avantage d'un autre, ou qui est un objet de charité.

« Les hommes sont tous ingrats, » ricana le cynique.
« Que non point, » répliqua l'aimable philanthrope ;
« Je rendis un jour un grand service à un homme
Qui ne me paya en retour ni de jurons
Ni d'imprécations. »

« Ah ça ! » dit le cynique, « conduisez-moi à lui —
Que je fasse amende honorable, et qu'il me donne
En retour sa bénédiction. » « Malheureusement —
Il ne peut vous bénir, car je dois vous l'apprendre,
Le pauvre homme est muet. »

Ariel Selp.

Injustice *n.* Fardeau qui, de tous ceux que nous chargeons sur d'autres et transportons nous-mêmes, est le plus léger dans les mains et le plus lourd sur l'échine.

Inné *adj.* Naturel, inhérent — comme les idées qui vont de soi, c'est-à-dire les idées que nous avons à la naissance, qui nous ont été préalablement attribuées. La doctrine des idées qui vont de soi est l'une des plus admirables croyances de la philosophie, étant elle-même une idée qui va de soi et par là inaccessible à la contestation, quoique Locke estimât sottement avoir réussi à lui "faire les gros yeux".

Parmi les idées qui vont de soi peuvent être citées la croyance dans la capacité de quelqu'un à diriger un journal, dans la grandeur de son pays, dans la supériorité d'un mode de civilisation, dans l'importance de ses affaires personnelles et dans le caractère passionnant de ses maladies.

Inopportun *adj.* Non prévu pour faire avancer ses intérêts.

Inscription *n.* Quelque chose écrit sur une autre chose. Les inscriptions sont de différentes sortes, mais assez souvent à but commémoratif, destiné à rappeler la gloire d'illustres personnages et de transmettre à des générations futures le souvenir de leurs exploits et de leurs vertus. Dans cette catégorie d'inscription il faut placer le nom de John Smith, écrit en gras sur le Monument de Washington. Les exemples suivants d'inscriptions ont été par ailleurs relevés sur des tombes (voir ÉPITAPHE) :

« Mon âme est dans le ciel,
Et mon corps dans la terre.
Mon corps s'élèvera
Pour rejoindre mon esprit
A la porte du ciel.
1878. »

« A la mémoire de Jérémie Tree. Fauché le 9 mai 1862, à l'âge de 27 ans, 4 mois et 12 jours. Indigène. »

« Elle supporta longtemps de longues afflictions,
Les médecins furent impuissants,
Jusqu'à ce que la mort libère notre chère disparue,
Ne laissant que ses restes.
Partie rejoindre Ananias dans les régions de la béatitude. »

« Sous cette tombe, je repose,
Silas Wood, dont la renommée
Avait traversé les frontières.
Dessous la terre, je m'interroge
Sur ce qu'il y avait de bien
A avoir été Silas Wood.
O, ne laisse pas l'ambition,
Homme, échapper à ta raison,
C'est le conseil de Silas Wood. »

Insectivore *adj.*

« Voyez, » criait le chœur admiratif des prêtres,
« Comme la Providence soigne ses Créatures ! »
« Son souci, » dit la mouche, « s'étend jusqu'aux insectes :
Elle nous a gratifié des grives et des moineaux. »
Sempen Railey.

Insensible *adj.* Doué d'une grande force d'âme pour supporter les maux qui s'abattent sur quelqu'un d'autre.

Quand Zénon apprit le décès de l'un de ses ennemis, on le vit agité d'un trouble profond. « Comment ! » dit l'un de ses disciples, « vous pleurez la mort d'un ennemi ? » « Ah, c'est vrai, » répondit le grand Stoïque ; « mais vous m'auriez vu sourire à la mort d'un ami. »

Insignes de l'ordre *n.p.* Marques de distinction, joyaux et costumes d'une quantité de groupements honorables et anciens tels que Les Chevaliers d'Adam ; Les Visionnaires de la Délectable Sottise ; L'Ordre Ancien des Troglodytes Modernes ; La Ligue de la Sainte Blague ; La Phalange d'Or des Phalangistes ; L'Aimable Société des Voyous Repentis ; L'Alliance Mystique des Magnifique Régaliens ; Les Chevaliers et Gentes Dames du Chien Jaune ; L'Ordre Oriental des Fils de L'Ouest ; L'Embrasement de l'Intolérable Étoffe ; Les Guerriers du Grand Arc ; Les Gardiens de la Grande Louche de Corne ; La Bande de Brutes ; L'Ordre Impénitent des Batteurs de Femmes ; La Légion Sublime des Flamboyants Concupiscents ; Les Adorateurs de la Chasse Chromée ; Les Éclatants Inaccessibles ; Les Fins-Fous-Fumeurs de l'Inimitable Étreinte ; Les Janissaires du Paon Munificent ; Les Grandissimes Emplumés du Temple Magique ; La Grande Cabale des Robustes Sédentaires ; Les Déités Associées de l'Industrie du Beurre ; Le Jardin des Galoches ; La Fervente Fraternité Des Hommes Qui Ont La Même Verrue ; Les Brillants Estomaqueurs ; Les Dames de l'Horreur ; L'Association Coopérative de Ceux qui Veulent Devenir Célèbres ; Les Ducs de l'Eden ; Les Disciples Militants de la Foi Secrète ; Les Chevaliers Champions du Chien Domestique ; Le Saint Troupeau ; Les Optimistes Résolus ; La Vieille Sodalité des Pourceaux Revêches ; Les Souverains Associés de la Mendicité ; Les Ducs-Gardiens de la Sainte Fosse d'Aisance ; La Société pour la Prévention de la Prévalence ; Les Rois de la Bibine ; L'Élégante Fédération des Personnes de Rang ; L'Ordre Mystérieux du Parchemin Indéchiffrable ; L'Éternelle Engeance des Chats Pouilleux ; Les Monarques du Mérite et du Désir ; Les Fils de l'Étoile du Sud ; Les Prélats du Glaive et du Baquet.

Insoumission *n.* Doublure d'argent au nuage de la servitude.

Insurrection *n.* Révolution qui a échoué. Tentative infructueuse pour substituer le désordre à un mauvais gouvernement.

Intelligence *n.* Sorte de substance mystérieuse sécrétée par le cerveau. Sa principale activité réside dans l'effort d'affirmer sa propre nature, la futilité de l'entreprise provenant du fait qu'elle ne possède rien d'autre qu'elle-même pour s'interpréter elle-même. Provient du latin *mens*,[1] ce qu'ignorait un brave marchand de chaussures qui, voyant qu'un lettré concurrent avait pris pour enseigne "*Mens conscia recti*", avait enluminé sa propre boutique des mots "*Men's, women's and children's conscia recti*".

Intention *n.* Prévalence dans l'esprit d'un ensemble d'influences sur un autre ensemble ; Effet dont la cause est l'imminence, immédiate ou lointaine, de l'exécution d'un acte involontaire.

Interprète *n.* Individu qui permet à deux personnes de langues différentes de se comprendre mutuellement, en répétant à chacune ce qu'il aurait été intéressant pour l'interprète que l'autre eût déclaré.

Interrègne *n.* Période durant laquelle une royauté est gouvernée par le souci de ne pas laisser refroidir le coussin du trône. Les tentatives pour en abaisser la température sont généralement couronnées de médiocres

1. C'est évidemment le mot anglais "mind" qui provient du mot latin *mens*.

résultats, face au zèle de nombreuses personnalités qui souhaitent le garder au chaud.

Inventeur *n.* Personne qui fait un ingénieux arrangement de roues, de leviers et de ressorts, et qui croit que c'est la civilisation.

Invraisemblance *n.*

Il raconta l'histoire d'une manière sérieuse
Avec une élégance tendre et mélancolique.
C'était invraisemblable, aucun doute là-dessus,
Si vous y pensiez véritablement,
Mais tout l'auditoire était fasciné,
sous le coup de son étonnement,
et avouait d'une seule voix qu'on n'avait jusque-là
Jamais ouï d'histoire aussi exceptionnelle —
Tous, sauf un qui restait de marbre,
Et qui s'assit sans réaction,
Comme s'il était sourd et muet,
Indifférent, calme et serein.

Ils se retournèrent alors contre lui
Et l'examinèrent avec étonnement —
Comme on regarde une bête curieuse ;
Mais il semblait ne pas se départir
De cette incroyable sérénité.

« Quoi ! » s'écria quelqu'un, vous n'êtes pas stupéfié
Par le récit de votre ami ? » Il se leva,
Jeta autour de lui un regard étonné,
Et commença à dire, tout en se dirigeant
vers la sortie et le vestiaire : « Oh non —
Pas tout à fait ; je suis moi aussi un menteur. »

Irréfléchi *n.* Insensible à la valeur de votre conseil.

« Laissez tomber, je vous assure, passez la main,
Ces joueurs vont finir par vous plumer tout vif. »

« Grands dieux, non ! ils ne font pas le poids. » « Par le ciel !
Comment pouvez-vous être aussi irréfléchi ? »

Bootle P. Gish.

Irréligion *n.* La première des grandes croyances du monde.

J

J est une consonne, mais certaines nations l'utilisent comme une voyelle — ce qui est d'une totale absurdité. Sa forme première, qui n'a été qu'assez peu modifiée, était celle de la queue d'un chien maté ; à l'origine, ce n'était pas une lettre mais un symbole, découlant du verbe latin *jacere*, "jeter", car quand on jette une pierre à un chien, la queue du chien prend la forme décrite. C'est l'exacte origine de cette lettre, telle que l'a exposée le réputé Dr. Jocolpus Bumer, de l'université de Belgrade, qui rassembla ses conclusions sur le sujet dans un ouvrage de quatre volumes et qui se suicida lorsqu'il lui revint à l'esprit que le J dans l'alphabet romain n'avait à l'origine pas d'incurvation.

Jaloux *adj.* Qui s'intéresse indûment à la préservation de quelque chose qui ne peut être perdu que s'il n'est pas bien gardé.

Jambe *n.*

C'était une paire de bottines qu'une dame achetait,
Et que le vendeur était en train de lacer
Jusqu'à une hauteur tout à fait remarquable —
Plus haut, je le suppose, qu'il n'aurait dû le faire —

Plus haut dans tous les cas qu'il serait convenable.
Car la Bible déclare, — mais, bon, laissons cela :
Il est peu glorieux de montrer du doigt
Les péchés d'autrui que l'on est peu enclin
A commettre soi-même.
Chacun sa faiblesse, et bien que la mienne
Soit de laisser libre cours au péché,
Je me garderai de jeter
La première pierre de la censure.
D'ailleurs, la vérité m'oblige à l'avouer,
Les bottines en question semblaient faites pour ça.

Comme il tirait sur les lacets elle gémit,
Et en rougissant dit, avec une grimace :
« Cette botte est trop haute, et un peu trop serrée,
Elle me blesse la... la... — elle me blesse la jambe. »
Le vendeur eut un charmant sourire,
Celui d'un enfant plein d'innocence ;
Puis en recomposant l'expression de ses traits
Se refaisant un visage digne et compassé,
Non sans se dire qu'il se souciait comme d'une guigne
De lui faire mal quand il lui effleurait la peau,
Répondit avec une grande retenue
De ton et de façons : « Madame, je me doute
Qu'elle ne vous blesse pas, en effet, le gigot. »

B. Percival Dike.

Jarretière *n.* Bande élastique qui permet d'éviter qu'une femme sorte de ses bas et aille désoler la contrée.

Je est le premier mot du langage, la première pensée de l'esprit, le premier objet de l'affection. C'est en grammaire le pronom de la première personne. On nous raconte que son pluriel est *nous*, mais le fait qu'il puisse y avoir plus qu'un seul moi-même est sans doute plus clair pour les grammairiens que pour l'auteur de cet incomparable dictionnaire. L'idée de deux moi-même est malaisée, même si elle est attrayante.

L'usage franc et néanmoins gracieux du "je" distingue un bon d'un mauvais écrivain ; ce dernier le porte avec l'aisance d'un voleur qui tente de dissimuler son butin.

Jeune fille *n.* Fraîche personne du sexe ferme, vouée à une conduite désordonnée et à des vues qui pourraient pousser jusqu'au crime. L'espèce possède une large distribution géographique, on la trouve partout où on la cherche, et on la déplore partout où on la trouve. La jeune fille n'est pas entièrement déplaisante à regarder, ni (en dehors de son piano et de ses opinions) insupportable à écouter, bien qu'elle reste inférieure à l'arc-en-ciel pour la beauté et que, dans la part de ce qui est audible chez elle, elle ne puisse rivaliser sur son terrain avec le canari — qui est par ailleurs plus facile à déplacer.

Une douce complainte chantait la jeune fille —
Un air d'amour aimable, gracieux et nostalgique :
« O, c'est pour le plus bel éphèbe,
Le meilleur joueur de football,
A la si belle musculature !
Capitaine de son équipe
Devrait-il être depuis longtemps !
O, sur la broche très bientôt
Il rôtira, et qui sera
A tourner la manivelle ? — moi ! »

Opoline Jones.

Jeunesse *n.* L'Age du Possible, quand Archimède trouvait un point d'appui, Cassandre avait un avenir et que sept cités se disputaient l'honneur de prendre Homère à charge.

La Jeunesse est un véritable Règne Saturnien, l'Age d'Or renouvelé sur terre, quand les figues poussaient sur les chardons, que les porcs accouraient à l'appel, recouverts de poils soyeux et se nourrissant de trèfle, que les vaches volaient, apportant le lait à chaque porte, que la Justice ne se manifestait que par ses ronflements, et que chaque graine d'assassin, réduite à l'état d'esprit, était envoyée hurlante dans la région de Baltimore ! — *Polydore Smith.*

Joug *n.* Ustensile, Madame, au nom latin duquel, *jugum*, nous devons l'un des mots les plus clairs de notre langage — un mot qui définit la situation matrimoniale avec clairvoyance, justesse et précision. Un millier d'excuses pour avoir refusé de l'endosser.

Jour *n.* Période de vingt-quatre heures, gaspillées pour la plupart. Ce temps est divisé en deux parties, le jour proprement dit et la nuit pas très propre — la première vouée aux vilaines actions du travail, la seconde consacrée aux autres sortes de vilaines actions. Deux types d'activité sociale qui tendent néanmoins à se chevaucher.

Journal intime *n.* Relation quotidienne de cette part de l'existence que l'on peut se confier à soi-même sans avoir à en rougir.

> Hearst tenait un journal dans lequel il marquait
> Ses réflexions philosophiques et ses pensées.
> L'Ange du Jugement, quand il vint à mourir,
> Rejeta les notes qui le concernaient et dit :
>
> « Je vous jugerai sur votre journal intime. »
> « Merci, c'est le reflet de ma vertu, » dit Hearst,
> Tendant, heureux et fier, un cahier usagé
> Qu'il venait de tirer d'un pli de son linceul.
>
> Lentement l'Ange tourna les pages et déchiffra,
> Chaque ligne stupide, chaque phrase indigente,

S'éclairant par moments ou bien s'assombrissant
Aux sentiments sans âme, aux pensées empruntées ;

Puis il ferma le vieux cahier et le rendit.
« Mon ami, » lui dit-il, « vous vous êtes égaré :
Au-delà de la tombe, je ne puis rien pour vous —
Pour les grands idéaux, le Ciel n'a qu'un placard,
Et pour les idioties, l'Enfer n'est pas l'endroit. »

Et l'Ange réexpédia l'individu sur terre.

"Le Philosophe Fou."

Journaliste *n.* Écrivain qui tente de trouver sa voie dans la vérité, et qui la disperse dans une tempête de mots.

« Le plus cher à mon cœur entre tous ceux que j'aime,
Es-tu, toi dont les lèvres sont "à jamais scellées",
Et qui ne viendras pas ici me contredire ! »
Ainsi chantait le gai journaliste tandis que
S'allongeait sous sa plume une ultime interview.

Barson Maith.

Justice *n.* Article que, dans un état plus ou moins satisfaisant, l'État concède au citoyen en récompense de son allégeance, de ses taxes et de sa contribution personnelle.

K

K est une consonne qui nous vient des Grecs, mais dont on peut retrouver une trace antérieure chez les Cérathiens, petite nation commerçante habitant la péninsule de Smero. Dans leur langage, elle était appelée *klatch*, ce qui signifiait "détruit". La forme de la lettre était exactement celle de notre H, mais l'érudit Dr. Snedeker explique qu'elle fut transformée dans sa forme actuelle pour commémorer la destruction du grand temple de Jarute par un tremblement de terre, *circa* 730 avant J.C. L'édifice était réputé pour les deux colonnes élevées de son portique, et l'une d'entre elles fut brisée au milieu par la catastrophe, tandis que l'autre resta intacte. Comme la forme première de la lettre est supposée avoir été suggérée par ces piliers, ainsi, en conclut le grand spécialiste, la forme suivante fut adoptée comme une simple et naturelle — et pas moins touchante — manière de conserver le souvenir national du désastre. On ne sait pas si le nom de la lettre fut transformé pour ajouter à la commémoration, ou si le nom était resté *klatch* pour laisser à la Nature le bénéfice du clin d'œil. Chacune de ces deux théories possédant une égale probabilité, je ne vois pas d'objection à les croire toutes les deux possibles, et le

Dr. Snedeker en arriva lui-même à une conclusion équivalente.

Ka'ba *n.* Large pierre qui avait été présentée par l'archange Gabriel au patriarche Abraham, et qui est conservée à la Mecque. Le patriarche avait peut-être fait venir l'archange pour du pain.

Kilt *n.* Costume quelquefois porté par les Écossais en Amérique, et par les Américains en Écosse.

Kleptomane *n.* Riche voleur.

L

Laideur *n.* Don fait par le ciel à certaines femmes, entraînant la vertu sans l'humilité.

Laitue *n.* Herbe du genre *lactuca*, « à travers laquelle », dit le pieux gastronome Hengist Pelly, « Dieu se plaît à récompenser le bon et à punir le méchant. Car par sa vertu l'homme juste discerne une manière de lui composer un assaisonnement à l'appétence duquel conspirent une multitude de savoureux condiments, liés entre eux par une quantité suffisante d'huile, l'ensemble faisant chanter le cœur du bienheureux et apportant la lumière sur son visage. Tandis que la personne indigne sombre au contraire dans la tentation de consommer la laitue sans huile, sans moutarde, sans œuf, sans sel ni ail, mais avec une misérable giclée de vinaigre gâtée par du sucre. D'où il s'ensuit que la mauvaise personne se retrouve transpercée par d'abominables douleurs dans ses boyaux, et qu'elle chante sa petite chanson. »

Langage *n.* Musique avec laquelle nous charmons les serpents qui gardent le trésor d'un autre.

Laocoon *n.* Célèbre composition de sculpture antique représentant un prêtre de ce nom et ses deux fils dans les anneaux de deux énormes serpents.[1] Le zèle et le talent avec lesquels le vieil homme et ses garçons contiennent les serpents et les gardent appliqués contre eux ont été très justement considérés comme l'une des plus puissantes illustrations artistiques de la domination de la matière brute par l'intelligence humaine.

Lauréat *n.* Couronné des feuilles du laurier. En Angleterre le Poète Lauréat devient officier à la cour du souverain, participe comme danseur à chaque fête royale et comme chanteur muet aux cortèges funéraires princiers. De tous les bénéficiaires de ce poste distingué, Robert Southey eut le plus grand talent pour droguer le Samson de la joie populaire afin de lui tondre les cheveux ; il possédait un sens pictural élevé, qui le rendait capable de noircir un deuil populaire au point qu'il lui donnait la couleur d'un crime national.

Laurier *n.* Le *laurus*, végétal dédié à Apollon, et défolié autrefois pour couronner le front des vainqueur et autres poètes bien cotés en cour (*Vide Supra*).

Lectures *n.* Ensemble de ce qu'une personne a lu. Dans notre pays cela se résume immanquablement en histoires d'Indiens, nouvelles en langage populaire et histoires drôles en argot.

> Par ses lectures, quelqu'un révèle
> Son origine et sa culture ;
> A travers ce qui le fait rire

1. La sculpture en marbre, connue sous le nom de "groupe de Laocoon", est au musée du Vatican.

Nous voyons ce qu'il deviendra.
Ne lisez rien, ne riez pas —
Le Sphinx s'était montré plus clair !

Jupiter Muke.

Lecteur d'épreuves *n.* Malfaiteur qui compense le fait de rendre votre écrit abscons en autorisant le compositeur à le rendre inintelligible.

Légal *n.* Compatible avec la volonté d'un juge dans sa juridiction.

Léonin *n.* Qui ne se rapporte pas à un lion de ménagerie. Les vers léonins sont ceux qui ont un mot à l'hémistiche qui rime avec celui de la fin, comme dans ce fameux passage de Bella Peeler Silcox :

L'électricité froide vient éclairer l'Hades.
Pluton avoue son désaccord : « O tempora ! O mores ! »

Il faut signaler que madame Silcox n'avait aucune notion de la manière dont on prononçait les langues latine et grecque. Les vers léonins sont ainsi appelés en l'honneur d'un poète nommé Léo, que les prosodistes semblent prendre un grand plaisir à considérer comme le premier qui découvrit qu'un couplet pouvait s'écrire sur une seule ligne.

Léviathan *n.* Animal aquatique démesuré, mentionné par Job. On a supposé qu'il s'agissait d'une baleine, mais le distingué ichtyologue Dr. Jordan, de l'Université de Stanford, déclare avec une vigueur particulière qu'il n'était autre qu'un membre d'une espèce rattachée à celle du gigantesque Têtard (*Thaddeus Polandensis*) ou Polliwig — *Maria pseudo-hirsuta.* Description exhaustive et histoire du Têtard dans la monographie essentielle de Jane Porter, *Thaddeus of Warsaw.*[1]

Lexicographe *n.* Douteux personnage qui, sous le prétexte d'enregistrer un certain niveau dans l'évolution d'une langue, fait tout ce qu'il peut pour en stopper la croissance, pour en corseter la souplesse et pour en réglementer l'usage. Car ce lexicographe, après avoir écrit son dictionnaire, en arrive à être considéré "comme une personne d'autorité", alors que sa tâche consistait à faire un constat, non à définir une loi. La servilité naturelle de l'entendement humain l'investissant d'un pouvoir judiciaire, étouffe la voix du bon sens et se soumet à une chronique qu'elle prend pour un code légal. Qu'un dictionnaire mentionne (par exemple) comme usuel un mot tel qu' "obsolète" et certains s'aventureront à l'utiliser, quel que soit leur besoin de ce mot ou l'intérêt de sa remise en faveur — ce qui accélère le processus d'appauvrissement et le délabrement du langage. A l'inverse, l'auteur imaginatif et hardi, convaincu que la langue se doit d'innover pour évoluer, compose des mots nouveaux ou utilise des mots anciens dans des sens peu usuels, mais ne fait pas d'émules et se voit immédiatement rétorquer que « ce n'est pas dans le dictionnaire » — alors qu'on peut rappeler qu'avant le premier lexicographe (Dieu lui pardonne !), aucun auteur n'avait jamais utilisé un mot qui *était* dans un dictionnaire. Aux temps bénis de la splendeur de la langue anglaise ; quand des lèvres des grands Élisabéthains tombaient des mots qui forgeaient leur propre sens et qui étaient gorgés de signification ; quand des hommes comme Shakespeare ou

1. Explication de texte : *Tadpole* (en anglais) : têtard. *Pole* : polonais. *Thaddeus* : prénom polonais. *Pollie* : diminutif de Marie. *Wig*, diminutif de *periwig* : perruque. *Warsaw* : Varsovie. Relire ensuite d'une traite.

Bacon étaient possibles, et que la langue, s'étiolant à un bout et dans le même temps se renouvelant à l'autre, connaissait une croissance et une vigueur prodigieuses — plus douce que le miel et plus forte qu'un lion —, le lexicographe était inconnu et le dictionnaire une création que son Créateur ne s'était pas encore arrogé le droit de créer.

Dieu dit : « Laissons l'esprit s'engluer dans la forme, »
Et les lexicographes se levèrent en foule !
Et la Pensée se dépouilla l'un après l'autre
De tous ses vêtements, dont ils prirent possession,
Et qu'ils cataloguèrent un à un dans les livres.
Vêtue de quelques branches, elle sanglote aujourd'hui :
« Rendez-moi mes habits, s'il vous plaît, je voudrais
Recouvrer ma liberté. » Ils veulent bien, reprennent
Leurs ouvrages et constatent, en haussant les épaules :
« Excusez-nous — ils sont complètement démodés. »

Sigismund Smith.

Libéralité *n.* Don de celui qui a beaucoup, permettant à celui qui n'a rien de faire le plein de ce qu'il peut obtenir.

Une simple hirondelle, dit-on, avale dix millions d'insectes chaque année. Je tiens le supplément de ces insectes pour un exemple remarquable de la libéralité du Créateur, dans son souci de l'existence de Ses créatures.

Henry Ward Beecher.

Liberté *n.* 1/. L'une des plus précieuses conquêtes de l'imagination. 2/. Suspension d'une petite demi-douzaine de contraintes parmi les innombrables moyens d'exaction qui sévissent. 3/. Principe que chaque nation se flatte de posséder en exclusivité. 4/. Indépendance. La distinction entre la liberté et l'indépendance n'a jamais été déterminée avec exactitude ; les naturalistes n'ont toujours pas été capables de découvrir un spécimen vivant de chaque.

La Liberté comme on le sait,
Poussa un cri à la défaite de Kosciuszko[1] ;
Elle crie hélas à tous les vents,
    Et je l'entends.
Elle crie chaque fois que des rois se rencontrent,
Que des parlements délibèrent,
Et choisissent de pesantes chaînes
    Pour l'entraver.
Et quand le peuple souverain est spolié,
Par ceux-là même, de son suffrage,
Sur le souffle pestilentiel
    Elle se lamente.
Quant à tous ceux qui se réservent le pouvoir
Pour écraser ou pour contraindre,
Ils se font un Éden, et à la Liberté
    Reste l'Enfer.

Blary O'Gary.

Le Peuple soulevé, tumultueux et hors de lui,
Criait devant le palais : « La Liberté ou la mort ! »
« Si vous devez mourir, » dit le Roi, « laissez-moi régner ;
Vous n'aurez plus, j'en suis sûr, aucune raison de vous plaindre. »

Martha Braymance.

LL.D. Lettres qui indiquent le grade de *Legumptionorum Doctor*, celui d'un homme qui maîtrise le Droit et qui est particulièrement habile dans ce domaine. Il existe

1. Patriote polonais, Tadeusz Kosciuszko (1746-1817) avait participé à la guerre de l'Indépendance américaine. Puis il avait dirigé l'insurrection de Cracovie contre les Russes, avant d'être vaincu et emprisonné.

néanmoins quelques doutes sur l'origine du sigle, qui était au départ *££.d.*, et que l'on ne donnait qu'aux gentlemen qui se distinguaient par leur prospérité. Au moment où ces lignes sont écrites, l'Université de Columbia examine l'opportunité de créer un autre grade pour le clergé, à la place du vieux D.D. — *Damnator Diaboli.* La nouvelle distinction pourrait être dénommée *Sanctorum Custus*, et s'écrire *$$c*. Le nom du révérend John Satan a été suggéré comme celui d'un bénéficiaire possible par un amoureux des accords parfaits, qui fait par ailleurs remarquer que le professeur Harry Thurston Peck a profité assez longtemps des avantages d'une distinction.

Logique *n.* Art de penser et de raisonner en strict accord avec les limitations et les incapacités de l'humaine incompréhension. Toute la logique est basée sur le syllogisme, qui présente une proposition majeure, une proposition mineure et une conclusion — ainsi :

Proposition Majeure : Soixante hommes peuvent faire un ouvrage en soixante fois moins de temps qu'un seul homme.

Proposition Mineure : Un homme peut creuser un trou pour un poteau en soixante secondes ; donc —

Conclusion : Soixante hommes peuvent creuser un trou pour un poteau en une seconde.

Ceci peut prendre le nom de syllogisme arithmétique, dans lequel, en combinant la logique et la mathématique, nous jouissons d'une double certitude et somme deux fois comblés de bonheur.

Logomachie *n.* Guerre dans laquelle les armes sont des mots, et les blessures ne sont infligées qu'à l'outre tendue de l'amour-propre — sorte de conflit dans lequel le vaincu est inconscient de sa défaite et le vainqueur privé de la récompense du succès.

Il fut dit que le pauvre Salmasius
Fut tué par la plume de Milton.
Était-ce vrai ? Comment le savoir ?
A lire Milton, nous-mêmes rendons l'âme.

Loi *n.*

Un jour la Loi siégeait au tribunal,
Et la Pitié gémissait, éplorée.
« Va-t-en ! » cria l'autre, « fille chicanière !
Ne reviens plus me casser les oreilles.
Tu n'as rien à faire devant cette Cour,
Sur tes genoux et te tordant les mains. »

Comparut la Justice. La Loi cria :
« Et de quel droit ? — le diable vous emporte ! »
« *Amica curiæ*, » répondit l'autre —
« Amie de la cour, si vous préférez. »
« Rejetée ! » tonna la Loi — « Sortez d'ici —
« Mais pourquoi ? » « Inconnue du tribunal ! »

G.J.

Longanimité *n.* Disposition à endurer l'outrage avec une douce indulgence tandis que se rumine un plan de revanche.

Longévité *n.* Prolongation inconfortable de la peur de la mort.

Loquacité *n.* Affection qui redouble chez le malade incapable de refréner sa langue quand vous souhaitez prendre la parole.

Lord *n.* Dans la société américaine, touriste anglais d'une condition supérieure à celle du marchand de quatre-saisons, tel Lord Onnance, Lord Upérou, Lord

Uncolloque etc, etc. Le voyageur britannique plus ordinaire gagne le sobriquet de "Sir", comme dans Sir 'Adégout, Sir Ti-du-Ruisseau.
Par ailleurs, le mot "Lord" est quelquefois utilisé pour qualifier l'Etre Suprême ; mais c'est dans un emploi qui relève plus de la flatterie que d'une véritable vénération.

Miss Sallie Ann Splurge avait épousé,
Non sans ferveur, un Lord anglais et vagabond —
Sous la bénédiction de son artiste de père
Qui s'adonnait à la pratique du Dessin.

Lord Cadde, il faut l'avouer, n'avait aucun respect
Pour la manie inoffensive du vieil homme ;
Il avait quant à lui renoncé aux folies
De la jeunesse et découvrait les vices de l'âge.
Sa cupidité, très vite, avait fait le siège
De la prodigalité du beau-père, au point
Que celui-ci, voyant disparaître son bien,
En perdit même le goût de l'expression graphique,
Et en vint à se dire que pour refaire fortune,
Il lui restait à devenir lui-même un Lord.

Il jeta aux orties sa belle garde-robe,
S'attifa aussitôt de vêtements serrés ;
Se rasa jusqu'au sang, s'accrocha aux oreilles
Des chasse-mouches usés, mais d'un effet certain.
Il se peignit la nuque d'un beau rouge incarnat
Et recouvrit le tout d'un vernis adéquat.
Il se vissa dans l'œil un splendide monocle,
Se recouvrit le chef du typique melon,
Et se chaussa les pieds de chaussures sans talon.
Son langage bannit les américanismes,
Il se boucha le nez pour prononcer les A,
Susurra chaque mot au point de babiller
Comme un petit enfant qui se met à parler.
D'un exquis enchantement était l'H dans sa bouche

Au point qu'il en pleuvait tout autour à ses pieds !
Mr. Splurge, hardiment, en refaisant peau neuve,
Redora son blason en devenant Lord Splurge.

Les Dieux, hélas contrarièrent ses projets,
Le firent changer d'avis et prendre en horreur
Sa belle seigneurie ; car en s'aventurant
Dans les contrées privées des nobles gentlemen,
Il en avait rencontré le seul prédateur.
Séduite par sa nouvelle allure, Lady Cadde
Était tombée, misère ! — Amoureuse de son père !

G.J.

Louanges *n.* Hommage à une personne qui jouit des avantages cumulés du pouvoir et de la richesse, ou de la considération du trépas.

Loup-garou *n.* Loup qui était au départ, ou qui est épisodiquement, un homme. Tous les loups-garous sont des suppôts du diable qui ont accepté une forme bestiale pour assouvir un bestial appétit, quoique quelques-uns, transformés par la sorcellerie, semblent aussi humains qu'il est possible de l'être en conservant le goût de la chair humaine.
Quelques paysans de Bavière ayant attrapé un loup dans la soirée, l'attachèrent par la queue à un poteau et allèrent se coucher. Le lendemain matin, il n'y avait plus rien ! Profondément étonnés, ils consultèrent le prêtre du lieu, qui leur dit qu'ils avaient sans aucun doute eu affaire à un loup-garou, lequel avait profité de la nuit pour recouvrer sa forme humaine. « La prochaine fois que vous prenez un loup, » dit le saint homme, « prenez bien soin de l'attacher par la patte, et le lendemain vous retrouverez un Luthérien. »

Lunarien *n.* Habitant de la lune, à distinguer du lunatique qui est habité par la lune. Les Lunariens furent décrits par Lucien, Locke et de nombreux observateurs, sans que s'accordent leurs points de vue. Par exemple, Bragellos donne comme formelle leur ressemblance avec l'homme, tandis que le Professeur Newcomb affirme qu'ils sont beaucoup plus proches des sauvages du Vermont.

Lundi *n.* Dans les pays chrétiens, lendemain du jour du tiercé.

Lycée *n.* 1/. École antique où l'on s'entretenait de morale et de philosophie. 2/. École moderne où l'on discute de football.

Lyre *n.* Antique instrument de torture. Le mot est aujourd'hui utilisé dans un sens figuratif pour désigner une faculté poétique, comme dans ces lignes enfiévrées de notre grand poète, Ella Wheeler Wilcox :

A cheval sur le Parnasse j'empoignais ma lyre,
Et doucement j'en effleurais les fines cordes.
Le pâtre qui dormait pendu à sa houlette
Avec un bâillement daigna lever les yeux.
J'attends mon heure, et il viendra le moment où
Avecque la violence et la force d'un Titan,
Je frapperai les cordes avec fureur et, O,
Le monde aura souffert, que je n'en aie fini !

Farquharson Harris.

M

Machination *n.* Méthode employée par un adversaire pour faire échouer nos propres honorables efforts vers un objectif clair et estimable.

Si évidents sont les profits de la machination
Qu'ils représentent presque une morale obligation,
Et d'honnêtes loups qui n'y penseraient pas sans dégoût
Ne dédaignent pas d'endosser la peau de mouton.
Ainsi continue de prospérer l'art diplomatique,
Et Satan de s'incliner bien bas, la main sur le cœur.

R.S.K.

Macrobien *adj.*[1] Qui est oublié des dieux et qui vit jusqu'à un grand âge. L'histoire en est prodigue, depuis Mathusalem jusqu'au Vieux Parr, mais quelques exemples notables de longévité sont moins bien connus. Un paysan de Calabre du nom de Coloni, né en 1753, vécut si longtemps qu'il eut ce qu'il considéra comme une vision fugitive de l'aube de la paix universelle. Scanavius raconte qu'il avait connu un archevêque qui était si vieux qu'il pouvait se souvenir d'une époque où

1. De *makros*, "grand", et de *bios*, "vie", qui vit longtemps ; l'adjectif est peu usité en français.

il ne méritait pas la corde. En 1566, un drapier de Bristol, en Angleterre, déclara qu'il avait vécu cinq cents ans, et que pendant tout ce temps il n'avait pas proféré un seul mensonge. Il y a des exemples de longévité (*macrobiosis*) dans notre propre pays. Le Sénateur Chauncey Depew est assez vieux pour jouir d'un peu de bon sens. L'éditeur de *The American*, un journal de New York, a une mémoire qui remonte à une période où il était une véritable fripouille, mais sans les détails. Le Président des États-Unis est né il y a si longtemps qu'un bon nombre de ses amis d'enfance ont connu des promotions dans la politique et dans l'armée sans l'assistance d'un mérite personnel. Les vers suivants sont l'œuvre d'un macrobien :

Quand j'étais jeune tout était beau,
Agréable et ensoleillé.
Dans l'air flottait un scintillement,
Et sur la surface des flots.
Chaque blague était fine et drôle,
Et les honnêtes politiciens
Se comportaient avec droiture ;
A la lecture des journaux
On pouvait autrefois se fier.
Les hommes se tenaient assez bien,
Les femmes bavardaient sans excès.

Alors l'été se prolongeait
Bien au-delà d'une saison !
L'hiver étincelant passait
Dès que commençait à pointer
Le premier brin de perce-neige.
Quel nom voulez-vous que l'on donne
A la triste année d'aujourd'hui,
Qui vient à peine de commencer
Qu'on la voit déjà terminée ?

Quand j'étais jeune, l'an s'attardait,
De mois en mois, jusqu'à Noël.

Le monde s'est défiguré
En quelque chose de morne et triste
Et il semble que tout conspire
A rendre chacun fatigué.
Le Bonhomme du Temps — peut-être,
En est en partie responsable
Le fond de l'air n'est plus le même :
Impur il vous donne la toux
Et pur il vous coupe le souffle.
Fenêtres closes, c'est l'asphyxie,
Ouvertes, les refroidissements.

Il est possible, je le concède,
Que ce nouvel état des choses
Semble plus sombre à première vue
Qu'il ne le soit réellement,
Et qu'il donne en compensation
De nouveaux bienfaits déguisés
Que l'œil humain n'aperçoit pas
Mais qui seraient très évidents
Aux yeux des anges du firmament.
Si l'âge est un tel don, merci !
Il est paré de main de maître !

Venable Strigg.

Madeleine *n.* Personne dont on dit qu'elle donna son nom à la région de Magdala[1]. Ceci n'a d'ailleurs que l'autorité de l'ignorance, Marie-Madeleine étant une autre personne que la sainte pénitente mentionnée par Saint Luc. Le fait est toutefois officiellement reconnu par les gouvernements de Grande-Bretagne et des États-Unis. En Angleterre, le nom se prononce Maudlin, et avec

1. Aujourd'hui Migdal, en Galilée.

Maudlin pour Magdeleine et Bedlam pour Bethlehem, les anglais peuvent à juste titre se considérer comme les plus grands de tous les schismatiques.

Magie *n.* Art de convertir la superstition en monnaie sonnante et trébuchante. Il existe d'autres activités artistiques qui ont le même objet, mais le discret lexicographe ne les mentionnera pas.

Magnétisme *n.* Quelque chose qui agit par l'effet d'un aimant (voir la définition de ce mot).
Ces définitions exactement concomitantes sont le résultat condensé du travail d'une centaine d'éminents scientifiques, qui ont porté sur le sujet une lumière définitive, et ont fait progresser d'une manière inestimable le champ de la connaissance humaine.

Magnifique *n.* Qui possède une grandeur ou une splendeur supérieure à celle à laquelle le spectateur est accoutumé, comme les oreilles de l'âne pour le lapin, ou l'éclat du ver luisant pour l'asticot.

Magnitude *n.* Taille. La magnitude étant purement relative, rien n'est véritablement grand et rien n'est véritablement petit. Si tous les éléments de l'univers enflaient tout à coup d'un millier de fois, rien ne serait plus grand que ce qu'il était auparavant, mais si l'un des éléments restait inchangé, tous les autres seraient plus grands.
Les espaces et les masses de l'astronome, pour un esprit familiarisé avec les relations de taille et de distance, ne sont pas plus impressionnantes que ceux du biologiste, l'œil rivé au microscope. Pour ce que nous en savons aujourd'hui, l'univers visible pourrait très bien être une parcelle d'atome, avec ses ions constituants, flottant dans le fluide vital (éther luminifère) de quelque animal. Les

infimes créatures peuplant les corpuscules de notre propre sang, peut-être, sont saisies d'une grande émotion à la pensée des incommensurables distances qui séparent leurs propres univers.

Main *n.* Instrument singulier se trouvant à l'extrémité d'un bras humain, et souvent enfoncé dans la poche de quelqu'un d'autre.

Maison *n.* Édifice creux érigé afin d'abriter l'homme, le rat, la souris, la blatte, le cancrelat, la mouche, le moustique, la puce, le bacille et le microbe. *Maison d'arrêt* : lieu de récompense pour les services personnels et politiques, et de détention pour les offenseurs et détrousseurs. *Maison de Dieu* : construction coiffée d'un clocher et d'une croix funéraire. *Chien de maison* : fauve puant confiné dans les alentours du logis pour agresser les passants et terroriser les intrépides visiteurs. *Servante de maison* : jeune personne du sexe opposé vouée à être diversement désagréable et ingénieusement sale dans l'endroit où il plut à Dieu de la placer.

Majesté *n.* Titre et état d'un roi. Regardé avec un juste mépris par les Plus Éminents Grands Maîtres, Grands Chanceliers, Grands Incombants et Potentats Impériaux des ordres honorables et anciens de l'Amérique républicaine.

Mâle *n.* Membre du sexe inférieur, ou négligeable. Le mâle de la race humaine est avant tout considéré (par la femelle) comme un producteur. Et l'espèce présente deux variétés : bons pourvoyeurs et mauvais pourvoyeurs.

Malfaiteur *n.* Facteur principal dans le progrès de la race humaine.

Malheur *n.* Un peu plus qu'un souci ordinaire, et qui nous rappelle avec force que les rouages de cette existence ne sont pas sous notre contrôle. Les malheurs sont de deux catégories : infortunes pour soi-même, coups de chance pour les autres.

Malthusien *n.* Qui se rapporte à Malthus et à ses doctrines. Malthus croyait à la limitation artificielle de la population, mais découvrit que cela ne pouvait pas passer uniquement par la parole. L'un de ceux qui mirent en œuvre avec le plus d'efficacité les idées de Malthus fut Hérode de Judée, soutenu dans sa démarche par tous ses vaillants soldats.

Mammifères *n.p.* Famille d'animaux vertébrés dont les femelles allaitent naturellement les petits, mais dont la version instruite et civilisée utilise une nourrice ou un biberon.

Mânes *n.* La partie immortelle des Grecs et des Romains morts. Elles restaient dans un état de vague inconfort tant que les corps dont elles étaient issues n'étaient pas brûlés ou inhumés ; et elles ne semblaient pas jouir d'une félicité particulière après cela.

Manger *v.* Accomplir successivement (et avec succès) les fonctions de mastication, humectation et déglutition.

« J'étais dans le salon, en train de savourer mon dîner, » disait Brillat-Savarin, commençant une anecdote. « Comment ! » l'interrompit Rochebriant ; « vous dîniez dans le salon ? » « Je vous fais observer, Monsieur, » expliqua le gastronome, « que je n'ai pas dit que j'étais en train de prendre mon repas, mais de le savourer. J'avais dîné une heure auparavant. »

Manichéisme *n.* L'ancienne doctrine persane d'un

incessant conflit entre Dieu et le Diable. Quand Dieu renonça au combat, les Persans rejoignirent la victorieuse opposition.

Manne *n.* Nourriture miraculeuse donnée aux Israélites dans le désert. Quand la distribution cessa, ils s'arrêtèrent et cultivèrent le sol, l'enrichissant, en règle générale, avec les corps des occupants précédents.

Mari *n.* Personne qui, après avoir dîné, est chargée de s'occuper de l'assiette.

Mariage *n.* État ou condition d'une communauté comportant un maître, une maîtresse et deux esclaves, l'ensemble ne faisant que deux personnes.

Martyr *n.* Personne qui se déplace le long d'une ligne de moindre résistance conduisant à une mort désirée.

Masque à gaz *n.* Appareil appliqué sur le nez et la bouche d'un habitant de Londres, destiné à filtrer l'univers visible sur son chemin vers les poumons.

Matériel *n.* Qui possède une réelle existence, à distinguer de ce qui n'en possède qu'une imaginaire. Important.

Les choses matérielles
Je les connais, je les vois, je les sens ;
Tout le reste m'est immatériel.

Jamarach Holobom.

Maudire *v.* Rosser énergiquement d'une bonne volée verbale. C'est une opération qui, en littérature et particulièrement dans le drame, se révèle généralement fatale à la victime. Néanmoins, le fait de proférer de solides jurons n'a pas d'autre conséquence que la soustraction d'un petit pourcentage, lorsque l'on discute des taux de son assurance-vie.

Mausolée *n.* Sottise finale et grotesque du riche.

Mayonnaise *n.* L'une des sauces qui tient lieu pour les Français de religion d'État.

Me *pro.* Je, réduit à la fâcheuse situation de complément d'objet direct. En anglais, le pronom personnel possède trois formes, la dominante, l'accablée, l'oppressive. Chacune renfermant les trois.

Méandre *n.* Sinuosité, errement sans but. Le mot vient de l'ancien nom de la rivière passant à plus de deux cents kilomètres au sud de Troie, et qui virait et se tordait en se démenant pour se mettre hors de portée d'oreille, quand les Grecs et les Troyens s'exclamaient sur leurs exploits.

Mécréant *n.* Personne d'un haut niveau d'indignité. Étymologiquement, le mot signifie "qui ne croit pas", et son sens actuel peut être considéré comme la plus noble contribution de la théologie au développement du langage.

Médaille *n.* Petit disque de métal, donné en récompense pour des vertus, des talents ou des services plus ou moins authentiques.

On raconte que Bismarck, qui avait été récompensé d'une médaille pour avoir galamment sauvé une personne qui se noyait, répondait, quand on lui demandait son origine : « J'ai quelquefois sauvé des vies. » Et quelquefois pas du tout.

Médecin *n.* Personne sur laquelle nous projetons tous nos espoirs quand la fièvre et les noires humeurs se portent bien.

Médecine *n.* Pierre jetée du haut du Bowery pour tuer un chien dans Broadway.

Médire *v.* Faire le portrait d'un homme comme il est, quand il n'est pas là.

Mégère *n.* Vieille dame que vous n'aimez pas particulièrement ; aussi appelée harpie. Mégère, au départ, n'était pas un mot de reproche : Drayton parle d'une « belle mégère, tout sourire, » renchérissant sur Shakespeare qui avait écrit « douce jeune fille ». Aujourd'hui, il ne serait pas approprié d'appeler l'élue de votre cœur "mégère" — laissez l'usage de ce compliment à son petit-fils.

Mendier *v.* Demander quelque chose avec une énergie proportionnelle à la certitude de ne rien recevoir.

Père, qu'est-ce donc là ?
Un mendiant, mon enfant,
Hagard, misérable, répugnant — insociable !
Vois les regards qu'il jette à travers les barreaux !
Il y a de la bête dans ce citoyen-là.
Pourquoi, père, l'ont-ils enfermé là ?
Parce que,
N'écoutant que sa panse, il a violé les lois.
Sa panse ?
Oui mon garçon, il était affamé —
Un état qui sans doute n'incite pas à la joie.
Des journées sans manger, et ce qu'il réclamait,
C'était « Du pain ! Du pain ! »
Pourquoi pas de la viande ?
Ses pauvres vêtements étaient toute sa fortune ;
Mendier est interdit — c'est d'ailleurs indécent.
Ne voulait-il pas travailler ?

Il le voulait,
Mais on lui dit : « Va-t-en ! Tu es indésirable ! »
Je te raconte cela pour te montrer combien
Ce qu'il fit en réponse était un geste bas.
La revanche est un acte qui n'est pas sans noblesse,
Mais pour ces peccadilles —
Que fit donc ce mendiant ?

Il a volé deux pains pour se caler la dent
Et se remplir la panse qui lui battait les flancs.

Cher père, est-ce là vraiment tout ?

En deux mots :
On le mit en prison et on va l'envoyer
Dans un endroit... eh bien, là où la compagnie
Est meilleure que la nôtre et là où il y a —

Cher père, du pain pour ceux qui ont faim ?

Hum — des toasts.

Atka Mip.

Mensonge *n.* Père de la plus respectable des familles, qui comprend l'Enthousiasme, l'Affection, l'Abnégation, la Foi, l'Espérance et la Charité ainsi que de nombreux autres rejetons.

Mes hommages, Mensonge ! N'est-ce pas grâce à toi
Que le monde se retrouve le cul par-dessus tête ?
Car le Vice par d'habiles stratagèmes revendique
Les oriflammes de la Vertu abandonnée.

Mumfrey Mappei.

Mensonger *n.* Relevant de la rhétorique.

Menteur *n.* Personne qui pratique l'expression de la vérité avec une conscience assez lâche.

Mesmérisme *n.* Hypnotisme qui ne portait pas encore de beaux atours, ne possédait pas d'équipage et ne conviait pas l'Incrédulité à dîner.

Métropole *n.* Forteresse de provincialisme.

Mien *pro.* Qui m'appartient si j'arrive à le retenir ou à l'attraper.

Millénaire *n.* Période d'un millier d'années, quand le couvercle peut être revissé avec tous les réformistes[1] en dessous.

Ministre *n.* Personne qui agit avec un grand pouvoir et une faible responsabilité. En diplomatie, dignitaire envoyé dans un pays étranger comme une incarnation visible de l'hostilité de son souverain. Sa qualification principale est à un degré d'allégations plausibles juste en dessous de celles d'un ambassadeur.

Miracle *n.* Acte ou événement sortant de l'ordre naturel et inexplicable, comme le fait de battre un carré de roi et un as avec un carré d'as et un roi.

Miroir *n.* Surface vitreuse sur laquelle est reflétée une image fugitive pour la plus grande désillusion de l'homme.

Le Roi de Mandchourie possédait un miroir magique dans lequel chacun pouvait voir, non pas sa propre image, mais celle du souverain. L'un des courtisans qui avait longtemps joui de la faveur du roi et qui pour cette raison s'était enrichi plus que tout autre sujet du royaume, dit au monarque : « Donnez-moi, je vous prie, ce merveilleux miroir, afin que, quand je suis éloigné de votre auguste présence, je puisse néanmoins rendre hommage à votre ombre visible, me

1. Le terme de "réformistes" ne doit pas tromper : il s'agissait de conservateurs refusant le progrès. Bierce les opposera plus loin aux "réformateurs".

prosternant le soir et le matin dans la gloire de votre face auguste, que rien n'égale en divine splendeur, O Soleil Éclatant de l'Univers ! »

Charmé par le discours, le roi commanda que le miroir fût porté dans le palais du courtisan ; mais plus tard, s'étant rendu chez lui sans prévenir, il le retrouva dans une pièce qui servait de débarras. Et le miroir était recouvert de poussière et de toiles d'araignées. Ceci le plongea dans une si violente colère qu'il ne put retenir son poing, fracassant le verre et se blessant cruellement. Sa rage décuplant avec son infortune, il ordonna que soit jeté en prison l'ingrat courtisan, et que le miroir soit réparé et ramené dans sa demeure ; il fut obéi en tous points. Mais quand le roi se regarda à nouveau dans le miroir, il vit non son image comme auparavant, mais très précisément la tête d'un âne couronné, avec un bandage sanglant autour d'un sabot — ce que les artisans et tous ceux qui y avaient jeté un coup d'œil avaient également aperçu, mais qu'ils s'étaient gardés de faire remarquer. Touché par la sagesse et la charité, le roi redonna au courtisan sa liberté, relégua le miroir à l'arrière du trône et régna de nombreuses années dans la justice et l'humilité ; et le jour où il glissa du sommeil dans la mort, alors qu'il était toujours sur le trône, la cour rassemblée put admirer dans le miroir la figure lumineuse d'un ange, que l'on peut encore y voir aujourd'hui.

Miséricorde *n.* Poignard qui, dans les batailles médiévales, était utilisé par la piétaille des soldats afin de rappeler à un chevalier désarçonné qu'il était mortel.

Miss *n.* Étiquette que nous collons sur les femmes non-mariées pour montrer qu'elles sont sur le marché. Miss, Missis (Mrs.) et Mister (Mr.) sont sans conteste les trois mots les plus disgracieux de la langue anglaise, dans leur prononciation comme dans ce qu'ils signifient. Deux d'entre eux sont des corruptions de Maîtresse, l'autre de Maître. Dans notre pays qui se distingue par l'abolition générale des titres sociaux, ils persistent miraculeusement pour nous empoisonner. Si nous devons vraiment en conserver l'usage, soyons au moins cohérents et trouvons un mot pour qualifier l'homme non-marié. Je suggère, quant à moi, Mush[1], abréviation Mh.

Mitraille *n.* Argument que l'avenir prépare pour répondre aux exigences du Socialisme Américain.

Mode *n.* Despote dont les impérieuses lubies mènent au ridicule.

Jadis un roi avait perdu
Un œil lors de quelque exercice ;
Les courtisans aussitôt crurent
Séant d'en adopter la mode.

Et tous de s'efforcer de maintenir
Une paupière baissée, pour ainsi plaire
Au roi ; qui jura qu'il étranglerait
De ses deux mains le prochain grimacier.

Mais que pouvaient-ils faire ? Persévérer
Était fort dangereux ; ils n'osaient pas
Fermer un œil — et n'osaient pas non plus
Jouir d'une meilleure vision que leur seigneur.

Un malin devant leur larmoyant désarroi,
Trouva la solution : il enduisit de colle
Des morceaux de papier et sitôt aveugla
La moitié de la clairvoyance de la cour.

Plus de grimaces de courtisans,
La colère du roi retomba.

Ce jour-là naquit l'étiquette,

1. Mush : bouillie de maïs.

Ou bien je dis n'importe quoi.
Naramy Oof.

Modestie *n.* Qualité d'un attrait certain que les femmes obtiennent à l'issue d'une longue étude et de sévères expérimentations sur le mâle soupirant, et dans laquelle ce dernier est censé retrouver la candide simplicité de la jeunesse.

Mœritherium *n.* Race disparue de pachydermes qui florissait quand le Ptérodactyle était à la mode. Ce dernier était originaire d'Irlande, et son nom avait toutes les chances de se prononçer ou de s'écrire Terry Dactyl ou Peter O'Dactyl.

Moitié *n.* L'une des deux parts égales en quoi une chose peut être divisée, ou considérée comme divisée. Au XIVe siècle, une violente discussion naquit parmi les théologiens et les philosophes sur le sujet de savoir si l'Omniscience pourrait partager un objet en trois moitiés ; et le bon père Aldrovinus annonça publiquement dans la cathédrale de Rouen que Dieu démontrerait l'affirmative de la proposition par quelque signal et moyen irréfutable, particulièrement orienté (si cela Lui agréait) vers la personne de ce fieffé blasphémateur, Manutius Procinus, qui soutenait la négative. Procinus, toutefois, échappa de peu à la mort après une piqûre de vipère.

Molécule *n.* Particule ultime et indivisible de la matière. Elle doit se distinguer du corpuscule, autre particule ultime et indivisible de la matière, par une assez grande ressemblance avec l'atome, qui est également une particule ultime et indivisible de la matière. Il existe trois grandes théories scientifiques de la structure de l'univers, la moléculaire, la corpusculaire et l'atomique. Une quatrième affirme, avec Hæckel, la condensation ou la précipitation de la matière à partir de l'éther — dont l'existence est prouvée par la condensation ou la précipitation. La direction actuelle de la pensée scientifique s'engage dans la théorie des ions. L'ion diffère de la molécule, du corpuscule et de l'atome par le fait que c'est un ion. Une cinquième théorie est soutenue par des crétins, mais il serait bien douteux qu'ils en sachent plus sur le sujet que l'ensemble des autres.

Momie *n.* Antique égyptien, jadis très largement utilisé comme une médecine,[1] et maintenant engagé dans l'art en devenant un excellent pigment. Il apporte également sa contribution dans les muséums en satisfaisant la curiosité vulgaire qui y trouve l'occasion de distinguer l'homme des animaux inférieurs.

> L'art d'embaumer, semble-t-il, avait pour objet
> D'attester pour les dieux le respect de la mort.
> Nous pillons les sépultures, pour en retirer
> Un produit à broyer pour faire de la peinture,
> A mettre à distiller pour composer des drogues,
> A exhiber crûment contre de la monnaie,
> Pour qu'une foule honteuse vienne s'en amuser.
> Dites-moi, O dieux, au bout de combien de temps
> Y a-t-il prescription pour le respect des morts ?
>
> *Scopas Brune.*

Monade *n.* Particule ultime et indivisible de la matière

1. Il est aujourd'hui assez ahurissant de penser que l'Europe a littéralement pillé les cimetières égyptiens pour faire des potions avec les corps momifiés. L'intérêt — douteux — résidait dans les huiles, goudrons, extraits d'herbes et produits de macération dont les corps étaient imprégnés.

(voir MOLÉCULE). D'après Leibniz, si tant est qu'il ait voulu clairement se faire comprendre, la monade possède un corps sans grande matérialisation et une intelligence sans manifestation — Leibniz la perçut par le pouvoir inné de la réflexion. Il fonda dessus une théorie de l'univers, que la créature supporte sans se plaindre, car elle est de bonne éducation. Si petite soit-elle, la monade contient tous les pouvoirs et les possibilités nécessaires pour son évolution dans un philosophe allemand de première classe — une petite entité tout à fait industrieuse. Elle ne doit pas être confondue avec le microbe, ou le bacille ; par son incapacité à la rendre visible, un bon microscope démontre bien qu'il s'agit d'une particule d'une espèce totalement différente.

Monarque *n.* Personne qui règne effectivement. Le monarque autrefois décidait des lois, comme l'attestent les dérivés de son nom, et ce que de nombreux sujets eurent l'occasion de découvrir. En Russie et en Orient le monarque a conservé une considérable influence sur les affaires publiques et sur la disposition des têtes humaines, mais en Europe occidentale, l'administration est le plus souvent prise en charge par des ministres, l'auguste personne conservant la préoccupation du statut de sa propre tête.

Monosyllabique *adj.* Composé de mots d'une syllabe pour l'usage de nabots littéraires qui ne se lassent pas de témoigner de leur délectation à composer des œuvres fades et gluantes de sentimentalité. Les mots sont généralement saxons — tirés du langage d'un peuple barbare dénué d'idées et uniquement capable des émotions et des sentiments les plus élémentaires.

Monseigneur *n.* Haut titre ecclésiastique, dont le Fondateur de notre religion méconnut les avantages.

Monument *n.* Structure destinée à commémorer quelque chose qui ne demande aucune commémoration, ou bien ne peut pas être commémoré.

Les restes d'Agamemnon accompagnèrent la ruine
De son royal monument.

Mais la gloire d'Agamemnon n'en connut pas de diminution notable. L'habitude du monument trouva son *reductiones ad absurdum* dans les monuments "à l'homme inconnu" — c'est-à-dire des monuments qui perpétuent le souvenir de ceux qui n'en ont pas laissé.

Moral *adj.* Qui se conforme à une règle locale et changeante du bien. Qui reste dans la convenance générale.

Il existe, rapporte-t-on, une chaîne de montagnes dans l'Est, sur l'un des côtés de laquelle certaines conduites sont immorales, alors qu'elles sont tenues en haute estime sur l'autre côté ; ce à quoi le montagnard est parfaitement accoutumé, car il lui est donné de descendre indifféremment d'un côté ou de l'autre et d'y agir selon l'usage, sans aucune offense. — *Les Méditations de Gooke.*

Mort *adj.*

Parti avec son dernier souffle ; parti
Comme le reste ; la folle humanité
Court jusqu'à sa fin ; et le but ultime
Que l'on poursuit se révèle être un trou !

Squatol Johnes.

Mot *n.* Observation courte et brillante, volontiers piquante, et rarement consignée ; ce que le Philistin se plaît à appeler une "plaisanterie".

Mouchoir *n.* Petit carré de soie ou de lin, utilisé pour diverses taches dégoûtantes autour de la figure, et particulièrement utile lors de funérailles pour cacher l'absence des larmes.

Le mouchoir est une invention récente ; nos ancêtres n'en connaissaient pas l'usage et le remplaçaient par la manche. Son introduction par Shakespeare dans le drame d'*Othello* est un anachronisme : Desdémone se torchait le nez avec le bas de sa jupe, comme le Docteur Mary Walker et d'autres réformistes le font de nos jours avec le revers de leurs vêtements — prouvant que les révolutions vont quelquefois à l'envers.

Mousquetaire *n.* Gant allongé qui couvre une partie du bras. Porté dans le New Jersey. Médiocre vestige de ce qu'était réellement un mousquetaire.

Mulâtre *n.* Enfant de deux races, rejeté avec honte par les deux.

Multitude *n.* Foule ; source de la sagesse et de la vertu politique. Dans une république, objet de l'adoration du politicien. « Dans la multitude des conseils réside la sagesse, » dit le proverbe. Si un certain nombre d'hommes d'une sagesse égale sont plus sages que chacun d'entre eux, il faut convenir qu'ils obtiennent le supplément de sagesse par l'acte lui-même de se rassembler. D'où cela viendrait-il ? A l'évidence de nulle part, et c'est évidemment absurde — comme si l'on disait qu'une chaîne de montagnes est plus haute que chaque montagne qui la compose. Une multitude a la sagesse de son membre le plus avisé si elle suit son avis ; sinon, elle n'est pas plus sage que son composant le plus écervelé.

Mustang *n.* Cheval indocile des plaines de l'ouest. Dans la société anglaise, femme américaine d'un aristocrate anglais.

Myrmidon *n.* Suivant d'Achille — particulièrement quand il se retire du combat.

Mythologie *n.* Ensemble des croyances d'un peuple primitif concernant ses origines, sa préhistoire, ses héros, ses dieux, etc., à ne pas confondre avec les récits véridiques qui sont inventés par la suite.

N

Naissance *n.* Le premier et le plus terrible de tous les malheurs. La naissance, à ce qu'il semblerait, ne se manifeste pas toujours de la même manière. Castor et Pollux naquirent d'un œuf. Pallas sortit d'un crâne. Galata fut au départ un bloc de pierre. Peresilis, qui écrivit au Xe siècle, affirme qu'il sortit de la terre à l'endroit où un prêtre avait renversé de l'eau bénite. Il est bien connu qu'Arimaxus remonta d'un trou creusé dans le sol par la foudre. Leucomedon était le fils d'une caverne du mont Étna, et j'ai vu personnellement un homme sortir d'une cave à vin.

Nectar *n.* Boisson servie aux banquets des divinités de l'Olympe. Le secret de sa préparation est perdu, mais les Kentuckiens modernes estiment qu'ils sont arrivés à deux doigts de la reconstitution de son ingrédient principal.

Junon but une coupe de nectar,
Et la boisson ne l'affecta en rien.
Puis Junon but une coupe de rye —
Et elle se fit à elle-même bye-bye.

J.G.

Négociant *n.* Personne engagée dans une démarche

commerciale. Une démarche commerciale est une action dans laquelle la chose démarchée est un dollar.

Nègre *n.* La *pièce de résistance* du problème politique américain. En le représentant par la lettre *n*, les Républicains commencent à construire leur équation ainsi : « posons *n* = l'homme blanc. » Ceci, toutefois, ne semblant pas donner un résultat satisfaisant.

Négrillon *n.* Enfant du *Procyanthropos*, ou *Americanus dominans*. Il est petit, noir et accablé de fatalités sociales.

Népotisme *n.* Affecter votre grand-mère au service, pour la bonne réussite de la soirée.

Newtonien *n.* Qui adopte une philosophie de l'univers inventée par Newton, lequel découvrit qu'une pomme tombera inévitablement sur le sol, mais fut incapable de dire pourquoi. Ses disciples et successeurs ont assez progressé pour être capables de dire quand.

Nez *n.* Proéminence de la figure. Faisant le constat que les grands conquérants ont de grands nez, Getius, dont les écrits sont antécédents à l'ère de l'humour, appelle le nez l'organe pacificateur. Il a été observé que le nez de quelqu'un n'est jamais aussi heureux que lorsqu'il peut se fourrer dans les affaires des autres, ce qui a conduit certains physiologistes à la conclusion que le nez est dénué d'odorat.

Un homme était muni d'un nez
Qui faisait que, où qu'il allât,
Les gens criaient par devant lui :
« Pour nos oreilles, nous n'aurons pas
Assez de coton si jamais

Il se mouche avec un tel groin ! »

Demande fut faite aux juristes
Pour commandement. « Débouté, »
Dit le Juge : « l'organe en question,
Quoi qu'il puisse laisser présager,
Par le fait qu'il en passe les bornes,
Échappe à ma juridiction. »

Arpad Singiny.

Nihiliste *n.* Russe qui refuse l'existence de toute chose en dehors de Tolstoï. Le fondateur du mouvement est Tolstoï.

Nirvana *n.* Dans la religion bouddhique, état de complète félicité récompensant les sages, principalement ceux dont la sagesse est suffisante pour le concevoir.

Noces *n.* Cérémonie dans laquelle deux personnes s'engagent à devenir une, une s'engage à devenir rien du tout, et rien ne s'engage à devenir supportable.

Nommer (un candidat) *n.* Charger de la plus lourde évaluation politique. Pousser en avant la personne appropriée pour recevoir les crachats gluants et les sanglantes vomissures de l'opposition.

Non-américain *adj.* Méchant, insupportable, païen.

Note soutenue *n.* Point d'orgue de votre repas au restaurant, pendant la saison des parasols.

Notoriété *n.* Gloire du concurrent de quelqu'un dans les honneurs publics. Cette sorte de renommée reste la plus facilement accessible et acceptable pour la médiocrité. Échelle de Jacob conduisant à la scène de l'opéra-comique, avec des angelots qui montent et qui descendent.

Noumen *n.* Ce qui existe, différent de ce qui semble tout simplement exister, et qui se nomme phénomène. Le noumen est un petit peu difficile à déterminer ; il ne peut être appréhendé que par un processus de raisonnement — qui est un phénomène. Néanmoins, la découverte et l'exposition du noumen offre un champ étendu pour ce que Lewes appelle « les infinis et variés plaisirs de la pensée philosophique ». Hourra (donc) pour le noumen !

Nouvelle *n.*[1] Histoire courte et très touffue. Sorte de composition entretenant la même relation avec la littérature que le panorama avec l'art. Comme elle est trop longue pour être lue d'une traite, les impressions ressenties dans ses parties successives sont successivement effacées, comme dans le panorama. L'unité, synthèse ou effet, est impossible ; car, en dehors des dernières pages lues, ce qui reste à l'esprit se résume à la simple intrigue de ce qui s'est passé auparavant. La nouvelle est au roman ce que la photographie est à la peinture. Ses caractéristiques se rapprochent du simple constat photographique et la situent clairement dans la catégorie du compte rendu ; tandis que l'esprit ailé du romancier lui permet de monter sans contrainte dans les nuées de l'imagination, à l'altitude qu'il lui convient d'atteindre ; et les trois première grandes règles de la littérature restent imagination, imagination et imagination. L'art d'écrire des nouvelles, pour ce qu'il fut, est mort partout depuis longtemps excepté en Russie, où il est neuf. Paix à ses cendres — certaines réalisant des ventes confortables.

Novembre *n.* Le onze douzième d'une lassitude.

1. En américain, *novel* qualifie une grande nouvelle, qui se différencie de la *short story*, nouvelle courte.

O

Objecteur de conscience *n.* Quaker mort.

Objectif *n.* Le devoir que nous assignons à nos désirs.

« Mais courage ! N'as-tu pas d'objectif dans la vie ? »
Lui demandait-elle tendrement.
« Un objectif ? Eh bien, ma chère ;
Pour te l'avouer — mon coup est déjà parti. »
G.J.

Observatoire *n.* Endroit où les astronomes refont des conjectures sur les affirmations de leurs prédécesseurs.

Obsolète *adj.* Qui n'est plus d'usage pour les timides. Se dit d'un grand nombre de mots. Un mot qu'un lexicographe a déclaré obsolète devient par la suite un éternel objet de crainte et de répulsion pour l'écrivain idiot : cependant, s'il s'agit d'un excellent mot qui ne possède pas d'équivalent dans le langage moderne, il est encore assez bon pour le bon écrivain. En fait, l'attitude d'un écrivain face aux mots "obsolètes" n'est pas moins une excellente indication de sa capacité littéraire que n'importe quoi d'autre en dehors de la nature de son ouvrage. Un dictionnaire de mots obsolètes et désuets serait non seulement d'une belle richesse en éléments forts et doux du langage ; il serait d'un grand enrichissement du vocabulaire de chaque écrivain compétent qui ne s'est pas trouvé être un lecteur compétent.

Obstiné *adj.* Inaccessible à la vérité, comme cela est manifeste dans nos puissantes et magnifiques plaidoiries. Le symbole populaire et imagé de l'obstination est la mule, un animal d'une haute intelligence.

Occasionnel *adj.* Qui nous afflige plus ou moins fréquemment. Ceci, toutefois, n'est pas exactement le sens qui est entendu dans l'expression "vers occasionnels", lesquels sont des vers écrits pour une "occasion" comme un anniversaire, une célébration ou tout autre événement. En vérité, ils nous affligent un peu moins que d'autres formes de poésie, mais leur nom ne fait pas référence à une irrégulière répétition.

Occident *n.* Partie du monde qui se trouve à l'ouest (ou à l'est) de l'Orient. Elle est principalement habitée par les Chrétiens, puissante sous-tribu des Hypocrites, dont les principales activités sont le meurtre et l'escroquerie, qu'ils se complaisent à appeler "guerre " et "commerce". Celles-ci étant également les principales activités de l'Orient.

Océan *n.* Masse d'eau occupant à peu près les deux tiers d'un monde destiné à l'homme — lequel est dépourvu de branchies.

Offensif *adj.* Qui génère de désagréables émotions et sensations, telle l'avance d'une armée contre ses ennemis.

« Est-ce que la tactique de l'ennemi est à l'offensive ? » demanda le roi. « Cela semble tout à fait probable ! » répondit l'infortuné général. « Sinon les salopards ne seraient pas en train de sortir de leurs abris ! »

Officier Municipal *n.* Criminel ingénieux qui couvre ses indélicatesses en prétendant que les voleurs sont légion.

Oie *n.* Oiseau qui fournit les plumes pour l'écriture. Les plumes, par un procédé occulte et naturel, sont pénétrées et baignées à différents degrés des énergies intellectuelles et du caractère émotionnel de l'oiseau, ce qui fait que, quand elles sont encrées et agitées mécaniquement par une personne nommée "auteur", il en résulte une transcription très belle et très précise des sentiments et des pensées du volatile. La différence entre les oies, telle qu'on la découvre par cet ingénieux moyen, est considérable : certaines ne font guère preuve que de triviaux et insignifiants talents, mais il s'en trouve pour être indubitablement de remarquables volailles.

Oindre *v.* Graisser un roi ou tout autre dignitaire à l'épiderme déjà suffisamment glissant.

> Tels des souverains oints par le clergé,
> Des porcs bien gras font le bonheur du peuple.
>
> *Judibras.*

Oisiveté *n.* Ferme modèle où le diable expérimente les graines de nouveaux péchés et aide à l'épanouissement des vices naturels.

Oléagineux *n.* Huileux, coulant, lisse.

Disræli un jour décrivit les manières de l'Évêque Wiberforce comme « Onctueuses, oléagineuses, saponacées. » Et le bon prélat y gagna dès lors le surnom de Sam le Savon. Pour chaque homme il y a quelque chose dans le vocabulaire qui viendrait lui coller comme une seconde peau. Reste, pour ses ennemis, à le trouver.

Olympien *n.* Relatif à une montagne en Thessalie, autrefois habitée par des dieux, servant aujourd'hui de reposoir pour des vieux papiers jaunis, des bouteilles de bière et des boîtes de sardines éventrées, attestant du passage du touriste et de son appétit.

Le touriste niais vient gribouiller son nom
Sur les pauvres colonnes du temple de Minerve,
Où Jupiter un jour fit tonner sa colère,
Et vient marquer les abus de son appétit.

Averil Joop.

Onction *n.* Acte de huiler ou de graisser. Le rite de l'extrême-onction consiste à toucher, avec de l'huile consacrée par un évêque, différentes parties du corps d'une personne en train de mourir.

Marbury relate qu'après que l'extrême-onction eut été administrée à un méchant noble anglais, on découvrit que l'huile n'avait pas été convenablement consacrée et qu'il n'était pas possible d'en obtenir une autre. Quand on l'en informa, le moribond dit avec colère : « Alors je suis damné si je meurs ! » « Mon fils, » dit le prêtre, « c'est bien ce que nous craignons. »

Opéra *n.* Pièce représentant la vie dans un autre monde, dont les habitants n'ont pas de discours mais des chansons, pas de mouvements mais des gestes, pas de postures mais des attitudes. Tout jeu est simulation, et le mot *simulation* provient de *simia*, le singe ; mais dans l'opéra l'acteur prend pour modèle *simia audibilis* (ou *Pithecanthropos stentor*) — le singe qui glapit.

L'acteur singe l'humain — au moins dans son aspect ;
Le chanteur d'opéra singe le singe.

Opiacé *adj.* Qui déverrouille la porte de la geôle de l'Identité. Elle donne sur la cour de la prison.

Opportunité *n.* Occasion favorable pour saisir une déception.

Opposer (s') *n.* Assister, avec objections et obstructions.

Isolé reste-t-il celui qui veut railler
Avec frivolité le sexe le plus tendre !
Garde-toi, Homme Intègre, de la légèreté ;
Seuls les Respectueux méritent le beau sexe.
Percy P. Orminder.

Opposition *n.* En politique, le parti qui empêche le gouvernement d'aller battre la campagne avec incohérence, en lui coupant les jarrets.

Le Roi de Ghargaroo, qui s'était rendu à l'étranger pour étudier les sciences du gouvernement, désigna une centaine de ses plus gras sujets comme membres d'un parlement destiné à légiférer sur les impôts et les taxes. De quarante d'entre eux, il fit le Parti d'Opposition, et expliqua soigneusement au Premier Ministre qu'il entrait dans leur devoir de s'opposer à toute mesure royale. Malgré cela, la première d'entre elles fut votée sans qu'il manque une seule voix. Fortement courroucé, le Roi opposa son droit de veto, informant l'Opposition que s'ils continuaient dans cette voie, ils répondraient de leur obstination sur leurs têtes. Les quarante, aussitôt, s'éviscérèrent ensemble.

« Que pouvons-nous faire maintenant ? » demanda le Roi. « Des institutions libérales ne peuvent pas être maintenues sans un parti de l'Opposition. »

« Splendeur de l'Univers, » répondit le Premier Ministre, « il est vrai que ces chiens de l'ombre ont déserté leur poste, mais rien n'est perdu. Confiez donc cette question à votre indigne ver de terre. »

Alors le Ministre fit embaumer et rembourrer de paille le corps entier de l'Opposition de sa Majesté, le ramena à ses sièges officiels où il le fit clouer. Dès lors, contre chaque décision, quarante votes étaient recueillis et la nation prospéra. Mais un jour un décret imposant une taxe sur les verrues fut repoussé — les membres du Parti Gouvernemental n'ayant pas été cloués à leurs sièges ! Ceci entraîna le Roi dans une telle rage que le Premier Ministre fut mis à mort, le Parlement dissous à l'aide d'une batterie d'artillerie, et que le gouvernement du peuple, par le peuple, pour le peuple, vécut à Ghargaroo.

Optimisme *n.* La doctrine ou la croyance que tout est beau, incluant ce qui est laid, que tout est bon, spécialement ce qui est mauvais, et que tout est bien même quand c'est mal. Elle est soutenue avec une grande ténacité par ceux qui sont accablés par une indéfectible malchance, et qui ne se présentent pas sans une invariable grimace ressemblant à un sourire. Étant une foi aveugle, elle est inaccessible à la lumière de la réfutation ; elle reste une maladie de l'esprit qui ne cède à pas d'autre traitement que le trépas. Elle est héréditaire, mais heureusement non contagieuse.

Optimiste *n.* Adepte de la doctrine selon laquelle le noir est blanc.

Un pessimiste implorait Dieu.

« Ah, vous souhaitez recouvrer votre espoir et votre gaîté, » dit Dieu.

« Non, répondit le solliciteur, « je souhaite que vous créiez quelque chose qui puisse les justifier. »

« Le monde est entièrement créé, » dit Dieu, « mais il y a

peut-être quelque chose qui vous a échappé — la mortalité de l'optimiste. »

Orphelin *n.* Personne vivante que la mort a privée de la possibilité d'ingratitude filiale — une privation qui en appelle avec une particulière éloquence à tout ce qui est compatissant dans la nature humaine. Quand il est jeune, l'orphelin est envoyé dans un refuge où, par un délicat dressage de son rudimentaire sens de l'orientation, il apprend à reconnaître où est sa place. Il est ensuite instruit dans l'art de la dépendance et de la servitude et finalement laissé libre de conquérir le monde en tant que décrotteur de bottes ou souillon de cuisine.

Orthodoxe *n.* Bœuf portant le joug de la religion populaire.

Orthographe *n.* La science qui épelle avec l'œil à la place de l'oreille. Défendue avec plus de chaleur que de lumière par quelques échappés d'asiles. Ils ont eu à céder du terrain depuis le temps de Chaucer, mais restent plus ou moins sur la défensive pour ce qui doit être concédé dans l'avenir.

Un réformateur de l'orthographe, poursuivi
Pour une peccadille fut cité à la cour.
Le juge dit : « Entrez, maistre, je vous escoute,
Chascun aimeroit ici-mesme de vous congnoistre
Pourquoi nous fault-il changer nostre beau langage ? »

Oubli *n.* État ou statut dans lequel les coupables cessent de s'agiter et les rabat-joie sont au repos. Endroit où l'on enterre les gloires éternelles. Chambre froide pour les hautes espérances. Lieu où les auteurs ambitieux retrouvent sans fierté leurs ouvrages et sans jalousie ceux de meilleurs auteurs qu'eux. Dortoir dépourvu de sonnerie de réveil.

Ouragan *n.* Démonstration atmosphérique jadis assez courante, mais à laquelle on préfère maintenant la tornade ou le cyclone. L'ouragan est encore très populaire aux Indes, et il est encore prisé par les capitaines à l'ancienne mode.

Ovation *n.* Dans la Rome ancienne, cortège officiel et de pure forme qui honore celui qui a été nuisible aux ennemis de la nation. Petit "triomphe". Dans notre monde moderne, le mot est improprement utilisé pour signifier l'expression libre et spontanée d'un hommage populaire au héros de l'endroit et du moment.

« J'ai reçu une ovation ! » dit le comédien,
Et j'avais à l'esprit cette chose curieuse,
Qu'il avait mené le public et les critiques
Par l'oreille.

Le lexique latin fait de son choix de mot
Un contresens absurde quoique assez amusant ;
Le mot latin "ovum" dont il provient l'explique.
C'est un œuf.

Dudley Spink.

P

Païen *n.* Créature dans les affres de l'ignorance qui a la folie de ne célébrer que ce qu'il peut voir et toucher. Selon le Professeur Howison, de l'Université de l'État de Californie, les Hébreux étaient des païens.

« Les Hébreux n'étaient que de satanés païens ! »
Dit Howison, le grand philosophe Chrétien.
Je ne suis quant à moi qu'un vulgaire agnostique,
Pour vous servir, et qui souvent m'adonne au crime
De tourner les discussions religieuses en rimes.

Estimant qu'Howison et hébreux ne pouvaient
S'accorder sur un *modus vivendi* — pas eux ! —
Alors le Ciel eut l'idée de me créer, moi,
Et se garda de me pousser dans une voie
Qui eût été partie prenante dans la bagarre.

Ainsi à l'être et l'âme, mon credo se résume,
Mais en vérité devant ceci je l'avoue :
Qui diffère de moi par sa foi est un 'iste,
Un 'logue, un 'ophe, un 'eur, un 'ant ou bien un 'ien —
Et devant de tels personnages je ne suis rien !

Laissons Howison faire des effets de menton
A propos de la tolérance — c'est une bonne chose,
Mais il n'est pas homme à craindre l'holocauste,

Et il semble poursuivre — je le sens par l'odeur —
Quelque mystérieux et personnel Enfer !
Bissell Gip.

Paix *n.* Dans les affaires internationales, période de duperie entre deux périodes de combats.

Mais quel est donc cet insupportable vacarme
Qui m'accable les oreilles ?
C'est la hélante voix, toute pleine d'espoir,
Et des miasmes de la paix.

Ah, Paix Universelle, ils tâchent de t'instaurer —
De façon indéfectible.
S'ils savaient seulement comment y arriver
Ils y seraient parvenus.

Ils y travaillent pourtant et le jour et la nuit
Telles de besogneuses taupes.
Prends pitié, Dieu du Ciel, interviens, je t'en prie,
De quoi donc se mêlent-ils ?
Ro Amil.

Palais *n.* Magnifique et coûteuse résidence, en particulier celle d'une grande personnalité. La demeure d'un haut dignitaire de l'Église Chrétienne est également appelée un Palais ; celle du fondateur de sa religion était un coin de champ ou une bordure de fossé. Il y a progrès.

Palmiers *n.p.* Espèce d'arbres qui comprend diverses variétés ; parmi celles-ci, il en est une qui est ornée de la "paume picotante" (*Palma hominis*), et qui reste de très loin la plus répandue et la plus facile à cultiver. Ce noble végétal exsude une sorte de gomme invisible qui peut être détectée en appliquant sur son feuillage une pièce d'or ou d'argent. Le métal restera collé avec une remarquable ténacité. Les fruits de cette variété spéciale sont si amers et si désagréables qu'il arrive qu'un important pourcentage d'entre eux soit abandonné à ces officines que l'on nomme "de bienfaisance".

Pandémonium *n.* Littéralement, l'endroit où résidaient l'ensemble des démons.[1] Un bon nombre d'entre eux trouva refuge dans la politique et la finance, et l'endroit est maintenant utilisé comme salle de lecture pour l'Orateur Réformiste. Quand ils sont dérangés par sa voix, les anciens échos renvoient des réponses qui sont parfaitement appropriées à sa distinction.

Panégyriste *n.* De la (vaste) famille des menteurs.

Pantalon *n.* Habillement inférieur du mâle adulte civilisé. Le vêtement est tubulaire et dépourvu de charnières aux points de flexion. Il fut inventé, probablement, par un humoriste.

Panthéisme *n.* Doctrine selon laquelle tout est Dieu, en contradiction formelle avec celle selon laquelle Dieu est tout.

Pantomime *n.* Spectacle dans lequel l'histoire est racontée sans éclats de langage. Forme la moins désagréable de l'action dramatique.

Pardonner *v.* Remettre une peine et passer l'éponge sur une vie criminelle. Ajouter à la séduction du crime la tentation de l'ingratitude.

Paresse *n.* Suspension d'activité totalement injustifiée chez un inférieur.

1. Le mot fut inventé par Milton pour baptiser la capitale de l'enfer.

Passé *n.* Partie de l'Éternité avec des fractions de laquelle nous possédons quelques regrettables accointances. Une ligne mouvante appelée le Présent la sépare d'une période imaginaire appelée le Futur. Ces deux grandes divisions de l'Éternité, la première étant constamment en train d'effacer la seconde, sont parfaitement dissemblables. La première est assombrie de chagrins et de déceptions, la seconde illuminée de joie et de prospérité. Le Passé est la région des sanglots, le Futur est le royaume des chansons. Dans l'une se tapit la Mémoire, vêtue de sacs et de cendres, marmonnant des prières ; dans la clarté de l'autre, l'Espoir vole dans le ciel au-dessus des temples du succès et des demeures du bien-être. Pourtant, le Passé est le Futur d'hier, le Futur le Passé de demain. Ils ne font qu'un — la connaissance et le rêve.

Passeport *n.* Document traîtreusement imposé à un citoyen se rendant hors des frontières, afin de le désigner comme un étranger et d'en faire la cible d'une réprobation spéciale et de multiples outrages.

Passe-temps *n.* Invention qui incite au découragement. Noble exercice pour la débilité intellectuelle.

Pâté *n.* Agent annonciateur d'une conclusion qui a pour nom Indigestion.

Le pâté froid était tenu en haute estime par le cher défunt.

— Révérend Dr. Mucker,
extrait du sermon funéraire
d'un aristocrate britannique.

Le pâté froid est une horrible
Préparation américaine
Je lui dois d'avoir succombé

Loin de ma cité londonienne.
— lu sur la pierre tombale
d'un aristocrate britannique,
à Kalamazoo.[1]

Pathologique *adj.* Contrarié par un esprit malin, comme ce pourceau de Gadarene et autres critiques. Les cas pathologiques étaient jadis plus courants qu'aujourd'hui. Arasthus parle d'un paysan qui était habité par un démon différent chaque jour de la semaine, et par deux le dimanche. On pouvait facilement les voir, marchant invariablement dans son ombre quand il en avait une, mais ils furent finalement chassés par le notaire du village, un saint homme ; ils entraînèrent cependant avec eux le paysan, car il disparut définitivement. Un démon expulsé d'une femme par l'archevêque de Reims s'enfuit à travers les rues, poursuivi par une centaine de personnes jusqu'à ce que, ayant atteint la rase campagne et faisant un bond plus élevé qu'un clocher d'église, il s'échappe sous la forme d'un oiseau. Un chapelain de l'armée de Cromwell exorcisa le démon d'un soldat en plongeant celui-ci dans l'eau jusqu'à ce que le diable arrive à la surface. Le soldat, quant à lui, eut l'infortune de ne pas remonter.

Patience *n.* Forme mineure de désespoir, déguisée en vertu.

Patriote *n.* Personne pour qui les intérêts d'une partie semblent supérieurs à ceux de l'ensemble. Dupe du politicien et instrument des conquérants.

Patriotisme *n.* Matériau combustible susceptible de servir de torche à quiconque ambitionne d'illuminer son nom.

1. Petite ville américaine entre Chicago et Detroit.

Dans le célèbre dictionnaire du Dr. Johnson, le patriotisme est défini comme le dernier recours du scélérat. Avec tout le respect dû à un brillant quoique inférieur lexicographe, je me permets d'affirmer que c'est le premier.

Pauvre *n.* Individu qui avait mis sa confiance dans le soutien de ses amis.

Pauvreté *n.* Dossier établi pour les dents des rats de la réforme. Le nombre de plans envisagés pour son abolition est égal au nombre de réformateurs qui en souffrirent, additionné des philosophes qui n'en ont aucune notion. Ses victimes se distinguent par leur grande vertu et par leur foi en des chefs qui tentent de les conduire dans une contrée de prospérité, où ils croient que ceux-ci sont inconnus.

Peau-rouge *n.* Indien de l'Amérique du Nord dont la peau n'est pas rouge, tout du moins pas à l'extérieur.

Peinture *n.* Art de protéger les surfaces plates des intempéries et de les exposer à la critique.

La peinture et la sculpture étaient autrefois complémentaires : les anciens peignaient leurs statues. Aujourd'hui, l'alliance de la brosse et du burin n'est plus réalisée que lorsque le peintre moderne traite l'un de ses protecteurs.

Pèlerin *n.* Voyageur qui est considéré avec sérieux. Un Père Pèlerin était un individu qui, abandonnant l'Europe en 1620 car on ne lui permettait pas de chanter les psaumes avec son nez, vint les perpétrer dans le Massachusetts, où il pouvait personnifier Dieu selon les diktats de sa conscience.

Pendule *n.* Machine d'un grand soutien moral pour

l'homme, qui le rassure dans son rapport avec le futur en lui remémorant la grande quantité de temps qui lui reste à vivre.

L'homme d'affaires se plaignait un jour :
« Je n'ai pas le temps ! » « Que dites-vous là ? »
S'écria son ami, un fieffé paresseux ;
« Vous possédez, mon cher, tout le temps qu'il y a.
Et même à profusion, car, vous n'en doutez pas,
Une heure ne se passe point sans nous en distribuer. »
Purzil Crofe.

Pénitent *adj.* Qui subit ou qui attend une punition.

Perfection *n.* État imaginaire ou qualité qui se distingue de la réalité par un élément qui se nomme excellence ; attribut du critique.

L'éditeur d'un magazine anglais ayant reçu une lettre stigmatisant la nature erronée de ses opinions et de son style, et signée "Perfection", répondit immédiatement au bas de la lettre : « Pas d'accord, » et la retourna à Matthew Arnold.

Péripatéticien *n.* Personne qui marche. Le mot provient de la philosophie d'Aristote, qui, quand il transmettait son enseignement, se déplaçait de lieu en lieu pour éviter les objections de ses élèves. La précaution était superflue, car ils n'en connaissaient pas plus sur le sujet que lui-même.

Péroraison *n.* Explosion d'une fusée oratoire. Elle éblouit, mais pour un observateur ne manquant pas de nez, sa plus évidente caractéristique est l'odeur des différentes sortes de poudre utilisées dans sa préparation.

Persévérance *n.* Humble vertu qui permet aux médiocres de parvenir à un succès peu glorieux.

« Persévérez, persévérez ! » crient les prêcheurs,
Persévérant eux-mêmes à brailler jour et nuit.
« Souvenez-vous du lièvre et de la tortue, l'une
Atteignant l'objectif tandis que l'autre est — où ? »
Où cela ? retourné au Royaume des Songes,
Goûtant la joie de vivre, les muscles en repos,
Le but et le rival tous les deux oubliés,
Ainsi que la fatigue de l'inutile défi.
Son esprit enchâssé dans l'herbe et la rosée
De la Contrée Sans Chien au-delà du chaos,
Il sommeille, bienheureux comme un saint dans sa niche,
Ayant ce qui est dû au vainqueur d'une course.

Sukker Uffro.

Perte *n.* Privation de ce que nous possédons, ou ne possédons pas. C'est dans ce deuxième sens que l'on dit d'un candidat battu qu'il a "perdu les élections" ; ou de cet excellent homme, le poète Gilder, qu'il a "perdu l'esprit". Le premier sens est illustré de manière parfaitement adaptée dans l'épitaphe célèbre :

En cet endroit reposent les cendres d'Huntington
Dont la perte est pour nous un véritable gain,
Car tant qu'il fut en possession de ses pouvoirs,
Quel qu'eût été son gain, la perte était pour nous.

Pessimisme *n.* Philosophie qui s'impose aux convictions de l'observateur par la décourageante prédominance de l'optimiste, avec son espérance d'épouvantail et son sourire de râteau.

Phare *n.* Construction élevée sise au bord de la mer, dans laquelle le gouvernement entretient une lampe et l'ami d'un politicien.

Pharmacien *n.* Complice du médecin, bienfaiteur du croque-mort et ravitailleur de la vermine du cimetière.

Quand Jupiter aux hommes envoya ses bonnes grâces,
Par l'intermédiaire de son messager Mercure,
Le dieu des malandrins y joignit en cachette
Pour la prospérité de l'heureux pharmacien
La Maladie. De ce dernier, la gratitude
Fut telle qu'il déclara : « Mon plus mortel produit
Portera le nom de mon saint patron ! »

G.J.

Philanthrope *n.* Riche (et généralement chauve) vieux gentleman qui se contraint à garder le sourire tandis que sa conscience lui fait les poches.

Philistin *n.* Personne dont l'esprit est esclave de son environnement, et qui suit la mode des pensées, des opinions et des sentiments. Il est quelquefois instruit, souvent prospère, habituellement propre et toujours solennel.

Philosophie *n.* Route comportant de nombreuses voies et qui s'étend de nulle part à rien.

Phonographe *n.* Jouet irritant qui redonne la vie à des bruits morts.

Photographie *n.* Image peinte par le soleil sans aucune éducation artistique. C'est un petit peu meilleur que l'ouvrage d'un Apache, mais pas tout à fait aussi bon que celui d'un Cheyenne.

Phrénologie *n.* L'art et la science d'atteindre la poche à travers le scalp. Cela consiste à localiser et exploiter l'organe qui fait qu'une personne est dupe.

Physiognomonie *n.* Art de déterminer le caractère d'autrui à travers les différences et les ressemblances entre sa figure et la nôtre, laquelle est le standard de l'excellence.

« Il n'est pas d'art, » disait Shakespeare, homme stupide,
« Pour lire sur la figure les arcanes de l'esprit. »
Les physiognomonistes étudièrent son portrait,
Et dirent : « O, combien peu de sagesse montre-t-il !
Il savait que ses traits se faisaient le reflet
De son intelligence et révélaient son cœur,
Et donc, pour sa défense, dénigra notre science. »

Lavatar Shunk.

Piano *n.* Ustensile de salon destiné à avoir raison du visiteur impénitent. Il fonctionne en déprimant les touches de l'instrument et le moral de l'auditoire.

Pie *n.* Oiseau dont les dispositions pour le vol ont ouvert à certains la supposition qu'on pourrait lui apprendre à parler.

Piété *n.* Vénération envers l'Etre Suprême, fondée sur Sa supposée ressemblance avec l'homme.

On conduit le cochon à penser
Avec des sermons, des épîtres,
Que le Dieu de la Porcherie
Possède un groin et quatre pattes.

Judibras.

Piéton *n.* Mouvante (et audible) partie de la chaussée pour une automobile.

Piller *v.* Prendre la propriété d'autrui sans passer par les habituelles réticences et crises de conscience du vol. Effectuer un changement de propriétaire aux accents de la fanfare. Arracher les biens de A au profit de B, en laissant C se lamenter sur l'occasion perdue.

Pilori *n.* Dispositif mécanique destiné à infliger une certaine forme de distinction — prototype du journal moderne conduit par des personnes de vertus austères et de mœurs irréprochables.

Piraterie *n.* Commerce débarrassé de tous ses salamalecs, tel que Dieu l'a créé.

Pitié *n.* Qualité chérie des coupables confondus.

Pitoyable *adj.* État d'un ennemi ou d'un opposant après un affrontement imaginaire avec lui-même.

Plagiat *n.* Coïncidence littéraire composée d'une primauté remise en doute et d'une honorable postériorité.

Plagier *v.* Emprunter la pensée et le style d'un autre écrivain que l'on n'a jamais, jamais lu.

Plaideur *n.* Personne occupée à donner sa peau dans l'espoir de conserver ses os.

Plaisir *n.* La forme la moins odieuse de la morosité.

Platitude *n.* Élément fondamental et objet de gloire de la littérature populaire. Pensée qui ronfle en mots fumeux. Sagesse d'un million de sots dans la bouche d'un crétin. Sentiment fossilisé dans du béton. Morale sans fable. Tout ce qui est mortel dans une vérité trépassante. Demi-tasse d'un lait-moralité. Nez de clown d'un paon déplumé. Méduse échouée sur la grève de la pensée. Caquetage survivant à l'œuf. Épigramme desséché.

Platonique *adj.* Qui se rapporte à la philosophie de Socrate. L'Amour Platonique est une dénomination totalement aberrante de la relation affective entre un glaçon et un défaillant.

Plébéien *n.* Romain de l'antiquité qui dans le sang de son pays, ne souillait que ses mains. A distinguer du Patricien, qui y trempait jusqu'au cou.

Plébiscite *n.* Vote populaire pour entériner la volonté du souverain.

Plénipotentiaire *adj.* Qui a tous les pouvoirs. Un ministre plénipotentiaire est un diplomate qui possède une autorité absolue à la condition de ne jamais l'exercer.

Pléonasme *n.* Armée de mots escortant un caporal de la pensée.

Plomb *n.* Métal bleu-gris d'un certain poids, souvent utilisé pour donner de la stabilité aux amants légers — particulièrement ceux qui préfèrent à la prudence les femmes des autres. Le plomb est également d'un grand secours comme contrepoids en face d'un argument suffisamment solide pour faire basculer la discussion du mauvais côté. Une observation intéressante dans la chimie des conflits internationaux est qu'au point de contact de deux patriotismes, le plomb est précipité en grande quantité.

Salut, Plomb bienheureux — universel et grand
Arbitre de toutes les querelles humaines, doté
Du pouvoir de pénétration dans les nuages
Qui assombrissent le champ des plus vives controverses,
Et qui avec une vive, directe, inévitable
Et pénétrante justesse, touche le point sensible.
Ta sainte décision, après qu'elle eut été
Constatée par les chirurgiens, clôt le débat.
O bienfaisant métal ! Nous n'avons pas toujours
Engagé des batailles pour ton unique profit :
Car lorsque tu viens bruire non loin de nos oreilles,
Tel le vieux Muhlenberg, « nous nous gardons d'attendre. »

Et Satan, tandis que la chair vivante s'égaille
Met les doigts dans les morts pour reprendre les balles.

Plume d'oie *n.* Instrument de torture produit par un volatile et généralement manié par un âne. L'utilisation de la plume d'oie est maintenant passée de mode, mais son équivalent moderne, le stylo-plume, n'a pas changé de main.

Plus *adj.* Niveau de comparaison de "trop".

Poche *n.* Berceau de la motivation et tombe de la conscience. Chez la femme, cet organe est absent ; aussi agit-elle sans motif et sa conscience, dénuée de sépulture, demeure éternellement palpitante, à confesser les péchés des autres.

Poêle à frire *n.* Dans l'institution pénale féminine, objet qui, en provenance de la cuisine, fait partie de l'arsenal punitif. La poêle à frire fut inventée par Calvin, et par lui utilisée pour griller les petits enfants décédés avant le baptême ; ainsi, ayant assisté un jour à l'horrible tourment d'un vagabond qui avait, sans réaliser ce que c'était, tiré un bébé frit d'une ruine fumante et l'avait dévoré, il lui vint à l'esprit d'emprunter à la mort un peu de son abomination en introduisant la poêle à frire dans chaque foyer de Genève. De là se répandit-elle aux quatre coins du monde, avec un effet incalculable dans la propagation de son sinistre enseignement.

Les strophes suivantes (attribuées à son Excellence l'Évêque Potter) semblent impliquer que l'usage de cet ustensile n'est pas limité à ce monde-ci ; mais comme les conséquences de son utilisation dans cette vie s'étendent jusqu'à la vie future, ainsi la trouve-t-on également de l'autre côté, pour la récompense des dévots :

Au ciel le Diable fut convoqué.
« Vos intentions, dit Pierre, sont bonnes
Mais je dois dire, votre entreprise
Manque de nouvelles inventions.

« Périmés la pique et le grill,
Mais j'ai entendu raconter
que la poêle à frire racornit
Très bien les âmes des méchants.

«Essayez-donc la poêle — graissée —
Pour punir les pécheurs. » « Je vois,
Dit le Diable, une autre façon,
Qu'ils fassent leur cuisine dedans. »

Poésie *n.* Forme d'expression particulière, sur les contrées qui commencent au-delà des magazines.

Poker *n.* Jeu qui semble se jouer avec des cartes et dans un but que le lexicographe ignore absolument.

Police *n.* Force armée pour la protection et la participation.

Politesse *n.* La plus acceptable des hypocrisies.

Politicien *n.* Anguille habitant la fange dans laquelle sont enfoncés les pilotis de la société organisée. Quand elle avance en se tortillant, elle confond l'agitation de sa queue avec le tremblement de l'édifice. Si on le compare avec les grands hommes d'État, le politicien souffre du désavantage d'être encore vivant.

Politique *n.* Lutte d'intérêts déguisée en débat de grands principes. Conduite d'affaires publiques pour un avantage privé.

Poltron *n.* Personne qui, dans une situation périlleuse, pense avec ses jambes.

Polygamie *n.* Maison d'expiation, ou crypte de pénitence, munie de plusieurs chaises de repentances, à distinguer de la Monogamie, qui n'en possède qu'une.

Populace *n.* En République, ceux qui exercent l'autorité suprême, tempérée par des élections frauduleuses. La populace ressemble au Simurgh sacré du conte arabe — omnipotent à condition qu'il ne fasse rien. (Le nom est aristocratique, et n'a pas d'équivalent exact dans notre langue ; il signifie, si tant est que l'on puisse le traduire, "pourceau ailé".)

Populiste *n.* Patriote fossile de la première période agricole, trouvé dans les argiles anciens du sous-sol du Kansas ; caractérisé par une étonnante envergure d'oreille, ce qui conduisit certains naturalistes à forger l'hypothèse qu'il pouvait voler, bien que les professeurs Morse et Whitney, aboutissant conjointement à la même conclusion, aient ingénieusement fait observer que s'il avait disposé d'un tel pouvoir, il en aurait profité pour s'en aller ailleurs. Dans les pittoresques fragments qui nous sont parvenus de son temps, il était connu sous le nom de "Problème du Kansas".

Port *n.* Endroit où les bateaux sont à l'abri des tempêtes et exposés à la furie des douanes.

Portable *adj.* Exposé à une propriété changeante à travers des vicissitudes de possession.

Ce petit bien, s'il n'en fut pas l'auteur
Et si son précédent gardien n'avait
Pas l'intention de s'en séparer, est
En indue propriété, je le prends.

Worgum Slupsky.

Porte-timbale *n.* Dans la politique américaine, personne affligée d'un certain amour-propre et qui s'adonne au vice de l'indépendance. Terme de mépris.

Portugaises *n.p.* Espèce d'oies provenant du Portugal. Elles sont en grande partie dépourvues de plumes et assez indigestes, même bourrées d'ail.

Positif *adj.* Erroné à la majorité d'une voix.

Position inconfortable *n.* Prix de la constance dans ses opinions.

Positivisme *n.* Philosophie qui désavoue notre connaissance du Réel et affirme notre ignorance de l'Apparent. Son plus grand défenseur est Comte, son plus large Mill, et son plus maigre Spencer.

Postérité *n.* Cour d'appel qui renverse le jugement des contemporains d'un auteur populaire, le plaignant étant son obscur compétiteur.

Potable *adj.* Que l'on peut boire. L'eau par exemple est potable ; elle est en effet considérée comme notre breuvage naturel, et certains la trouvent même agréable au goût quand ils souffrent de la maladie chronique que l'on nomme soif, et pour laquelle elle est un remède. Mais rien n'a connu un plus grand déploiement de travail et d'ingéniosité, en tout temps et en tous âges, à la seule exception des périodes de grande sauvagerie, que l'effort d'invention de liquides pouvant se substituer à l'eau. Soutenir que la générale aversion pour cette boisson n'a aucun fondement dans l'instinct de préservation de la race revient à se montrer anti-scientifique — et sans la science nous ne valons pas mieux que les serpents et les crapauds.

Poudre à canon *n.* Substance utilisée par les nations civilisées pour l'arrangement de disputes qui pourraient se révéler gênantes si elles n'étaient pas rapidement prises en considération. De nombreux auteurs attribuent l'invention de la poudre aux Chinois, mais sans en apporter de preuves vraiment convaincantes. Milton dit qu'elle fut inventée par le diable pour disperser les anges, et cette opinion trouve du crédit dans la rareté des anges. Elle se heurte cependant à la vigoureuse concurrence de l'honorable James Wilson, Secrétaire de l'Agriculture.

Le Secrétaire Wilson connut une relation étroite avec la poudre à canon à travers un événement qui survint à la Ferme Expérimentale du Gouvernement, dans le District de Columbia. Il y a quelques années, un mauvais sujet, peu respectueux des profonds talents et de la valeur personnelle du Secrétaire, s'était présenté devant lui avec un sac de poudre, en la présentant comme la graine du *terrifficus badaboum*, céréale de Patagonie d'une grande valeur commerciale, et admirablement adaptée au climat. On avait indiqué au brave Secrétaire comment la verser tout au long d'un sillon, qui serait ensuite recouvert de fumier. Et c'est ainsi qu'il s'était mis à l'ouvrage et avait réalisé une ligne continue de poudre tout le long d'un champ de dix acres, quand il fut invité à regarder en arrière par un cri du généreux donateur, qui en même temps laissait tomber une allumette enflammée au point de départ du sillon. Le contact avec la terre avait légèrement humidifié la poudre, mais le fonctionnaire, saisi d'effroi, se vit tout à coup poursuivi par une haute et puissante colonne mouvante de feu et de fumée. Il resta un instant immobile et sans voix, puis il se souvint subitement d'un rendez-vous et, lâchant tout, prit congé avec une telle rapidité que pour les yeux des spectateurs disposés de part et d'autre de son itinéraire, il apparut comme une bande fluide et étirée se prolongeant elle-même avec une inconcevable célérité à travers sept villages, et refusant le secours de toute parole apaisante. « Par la Sainte Écosse ! Qu'est-ce que c'est que ça ? », s'écria l'adjoint d'un arpenteur, fronçant les sourcils et montrant du doigt la ligne mourante du Secrétaire qui avait traversé son champ de vision. « Ça, » dit l'arpenteur, qui avait observé avec soin le phénomène et qui revenait maintenant à son instrument, « c'est le Méridien de Washington. »

Pourceau *n.* Oiseau remarquable pour la Catholicité de son goût et servant à désigner ceux qui sont des nôtres. Parmi les Juifs et les Mahométans, le pourceau n'est guère en faveur en tant qu'article de consommation, mais il est respecté pour la délicatesse de ses habitudes, la beauté de son plumage et la mélodie de son chant. C'est surtout en tant que chanteur que le volatile est estimé ; une chorale de ses semblables en pleine expression mélodique est capable de tirer des larmes de deux personnes à la fois. Le nom scientifique de l'oiselet est *Porcus Rockefelleri*. Monsieur Rockefeller ne découvrit pas l'espèce, mais il la considéra comme sienne par droit de ressemblance.

Pousser *v.* L'une des deux actions qui participent pleinement au succès, spécialement dans la politique. L'autre consiste à tirer.

Pré-adamite *n.* Membre d'une race expérimentale et apparemment peu satisfaisante qui précédait la Création et vivait dans des conditions difficilement imaginables. Melsius pense qu'ils habitaient "le Vide" et ressemblaient à quelque chose d'intermédiaire entre les poissons et les oiseaux. On sait fort peu de chose sur eux, sinon qu'ils fournirent une femme à Caïn et une controverse aux théologiens.

Précédent *n.* En justice, décision, règle ou pratique préalable qui, en l'absence d'une loi définie, a toute la force et l'autorité nécessaires à la décision d'un juge, simplifiant particulièrement son inclination à procéder comme il l'entend. Comme il y a des précédents pour tout et n'importe quoi, il lui suffit d'ignorer ceux qui vont à l'encontre de ce qui l'intéresse et d'accentuer ceux qui vont dans la ligne qu'il a choisie. L'invention du précédent élève l'épreuve-de-la-loi bien au-dessus du simple jugement aléatoire, jusqu'au noble rang d'un arbitrage influencé.

Précipité *adj.*

> Précipité en toutes choses, le pécheur
> Avait pris l'occasion, et son dîner ensuite.
>
> *Judibras.*

Prédestination *n.* Doctrine selon laquelle les choses arrivent selon une programmation. Cette doctrine ne doit pas être confondue avec celle de la prédétermination, qui signifie que toutes les choses sont programmées, mais n'affirme pas qu'elles doivent arriver, ceci étant seulement une implication provenant d'autres doctrines qui en sont directement issues. La différence est suffisamment grande pour avoir noyé la Chrétienté dans un déluge d'encre, sans parler du sang. Avec la distinction entre les deux doctrines bien présente à l'esprit, et une foi fervente en chacune d'elles, quelqu'un peut espérer échapper à la perdition s'il est aidé par la grâce.

Prédétermination *n.* Ce mot semblait à première vue facile à définir, mais quand je vois les longues existences qui ont été consacrées par de pieux et savants théologiens pour tenter de l'expliquer, et les bibliothèques pleines d'ouvrages de commentaires sur leurs explications ; quand je me remémore les guerres civiles et les sanglants conflits qui eurent lieu pour déterminer la différence entre la prédétermination et la prédestination, les véritables fortunes qui furent dépensées pour tenter d'infirmer ou de confirmer son rapport avec le libre arbitre, l'efficacité de la prière ou de la louange, la stricte observation d'une vie religieuse — replaçant dans le déroulement de l'histoire ces terribles événements, je reste saisi d'effroi devant le problème incommensurable de son sens profond, je baisse mes yeux soumis, je tremble à la contemplation de sa prodigieuse grandeur, je me découvre avec respect et me réfère humblement à Son Éminence le Cardinal Gibbons et à Sa Grâce l'Évêque Potter.

Prédilection *n.* Étape préparatoire à la désillusion.

Préexistence *n.* Facteur négligé de la création.

Préférence *n.* Sentiment, ou disposition de l'esprit, induit par la croyance erronée qu'une chose est meilleure qu'une autre.

Un philosophe de l'antiquité, exposant sa conviction que la vie n'est pas meilleure que la mort, se vit demander par un disciple pourquoi, alors, il ne mourait pas. « Parce que, » répondit-il, « la mort n'est pas meilleure que la vie. »

Elle est plus longue.

Préhistorique *adj.* Qui appartient à une période primitive et à un musée. Précédant l'art et la pratique du mensonge perpétué.

> Il vivait dans une période préhistorique,
> Quand tout était absurde et fantasmagorique.
> S'il était né plus tard, quand Clio, greffe céleste,
> Posait dans un bon ordre les grands événements,
> A coup sûr il n'aurait plus rien vu de bizarre
> Sinon les inepties qu'elle nous a transférées.
>
> *Orpheus Bowen*

Préjudice *n.* Offense d'une nuance dans l'énormité légèrement supérieure à un manque d'égard.

Préjugé *n.* Opinion qui se promène sans moyen visible de transport.

Prélat *n.* Officier d'église ayant un degré supérieur de sainteté, et une grasse promotion. Personne de l'aristocratie du Ciel. Gentleman de Dieu.

Prérogative *n.* Droit souverain de causer un préjudice.

Présage *n.* Signe que quelque chose arrivera si rien ne se passe.

Presbytérien *n.* Personne qui soutient la conviction que les autorités de l'Église devraient s'appeler "presbytaires".

Prescription *n.* Conjecture du médecin qui fera que se prolongera avec un moindre mal la situation du patient.

Présent *n.* Cette partie de l'éternité qui sépare les terres de la déception du royaume de l'espoir.

Présentable *adj.* Hideusement arrangé selon les manières de l'époque et de l'endroit.

A Boorioboola-Gha, un homme est présentable lors de cérémonies s'il a l'abdomen peint d'un bleu brillant et qu'il porte une queue de vache ; à New York il peut, s'il le veut, négliger la peinture, mais après le coucher du soleil, il doit porter deux basques faites avec de la laine de mouton et teintes en noir.

Présentation *n.* Cérémonie sociale inventée par le diable pour la récompense de ses fidèles serviteurs, et le tourment de ses ennemis. La présentation a atteint les plus odieux sommets dans notre pays, se développant d'ailleurs en relation étroite avec notre système politique. Chaque Américain étant le semblable de chaque autre Américain, il s'ensuit que tout individu a le droit de rencontrer quelqu'un d'autre, ce qui implique le droit de faire des présentations sans requête ni permission. La Déclaration d'Indépendance devrait nous préciser ceci :

« Nous tenons ces vérités comme premières : que tous les hommes ont été créés égaux ; qu'ils ont été dotés par le Créateur d'un certain nombre de droits inaliénables ; que parmi ceux-ci figurent la vie, et le droit de rendre celle d'un autre insupportable en poussant devant lui une invraisemblable quantité de relations ; la liberté, particulièrement celle de présenter des personnes à autrui sans s'être tout d'abord assuré qu'elles ne figuraient pas déjà au rang de ses ennemis ; et la poursuite du bonheur d'autrui avec une horde galopante d'inconnus.

Présidence *n.* Le cochon le plus gras du champ de la politique américaine.

Président *n.* Figure de proue d'un petit groupe d'hommes dont — et dont seulement — il est parfaitement connu que l'immense majorité de leurs compatriotes ne voudrait à aucun prix d'aucun d'eux comme Président.

S'il s'agit d'un honneur, c'en est un bien plus grand
D'être resté un simple et propre spectateur.

Voyez en moi l'homme sans tache qui n'a jamais
D'aucun électorat sollicité le vote ! —
Jamais discrédité, jamais montré du doigt,
Qui pourtant mériterait d'être Président
Par acclamation. Oui, marauds, applaudissez,
Criez, criez — Je passe les oreilles grandes ouvertes !

Jonathan Fomry.

Présider *v.* Guider l'action d'un ensemble de personnes délibérantes vers un résultat désirable. En langage journalistique, jouer d'un instrument de musique ; ainsi, « il présidait au piccolo. »

Le Rédacteur, tenant la copie à la main,
Lisait avec une figure solennelle :
« La musique était d'une exceptionnelle qualité —
La meilleure que nous ait jamais offerte
Notre concitoyen Brown présidant
A l'orgue avec grâce et talent. »
Le Rédacteur interrompit sa lecture,
Et, posant le papier sur le bureau,
Il griffonna en tête de la prose :
« Jeu parfait du Président Brown. »

Orpheus Bowen.

Prêtre *n.* Homme qui prend en charge nos affaires spirituelles afin d'améliorer ses affaires temporelles.

Preuve *n.* Évidence ayant une once de plausibilité supérieure à son improbabilité. Témoignage de deux personnes face à celui d'une seule.

Prévaricateur *n.* Menteur à l'état de chenille.

Prier *v.* Demander que les lois de l'univers soient annulées en faveur d'un unique pétitionnaire, indigne de son propre aveu.

Primat *n.* La tête d'une Église, spécialement une Église d'État soutenue par d'involontaires contributions. Le Primat d'Angleterre est l'Archevêque de Canterbury, un aimable et noble vieillard, qui occupe Lambeth Palace quand il est toujours vivant et Westminster quand il est mort. Il est généralement mort.

Prime enfance *n.* Période de nos vies où, selon Wordsworth, « Le Ciel nous berce ». Le monde commence à nous gercer très peu de temps après cela.

Prison *n.* Lieu de corrections et de châtiments. S'il faut en croire le poète, —

> Des murs de pierre ne font pas une prison,

mais une combinaison entre murs de pierre, fonctionnaires parasites et éducateurs auxiliaires ne constituent pas véritablement un Jardin des Délices.

Prix *n.* Valeur, plus une somme raisonnable pour les larmes et la peine de la conscience qui doit en faire la demande.

Prix (de ses services) *n.* Pluie de feu-et-soufre qui tombe tout autant sur le juste et sur le fripon quand ils ne se sont pas préoccupés à temps d'un abri pour s'en préserver.

Dans les vers qui suivent, adressés à un Empereur en exil par le Père Gassalasca Jape, le révérend poète semble faire allusion à une certaine imprudence qui consisterait à retourner chercher le prix de ses services, à l'âge des bilans :

> Quoi, quoi ! Dom Pedro, vous désirez retourner
> Au Brésil pour y trouver le repos de la vieillesse ?
> Quelle assurance avez-vous donc qu'il en sera ainsi ?

Les temps ne sont pas loin où vous affrontiez
L'émeute et le tumulte, et tous vos chers sujets
Montraient, souvenez-vous, une féroce volonté
De vous sauter à la gorge et de vous secouer
Comme un lapin. Vous le savez, désormais, que
L'empire est plein d'ingratitude ; pensez-vous que
La République soit moins hardie en la matière ?

Proboscide *n.* Organe rudimentaire d'un éléphant tenant lieu chez lui de couteau-et-fourchette, qui lui ont été refusés par l'Évolution. Pour des raisons humoristiques, cet organe est habituellement appelé trompe.[1]

Comme on lui demandait comment il savait qu'un éléphant allait partir en voyage, le célèbre Jo Miller jeta un regard de reproche à son tourmenteur et lui répondit, distraitement : « Quand il est entrebâillé, » puis il se jeta du haut d'une falaise dans l'océan. Ainsi disparut au sommet de sa gloire le plus grand humoriste de l'antiquité, abandonnant l'humanité à son torrent de larmes ! Aucun successeur digne de ce titre ne s'est encore présenté, bien que Mr. Edward Bok, officiant au *Ladies' Home Journal*, soit profondément respecté pour la douceur et l'unicité de son caractère.

Procédure *n.* Machine dans laquelle vous entrez tel un cochon et dont vous ressortez comme une saucisse.

Procès *n.* Débat officiel qui a pour but d'apporter la preuve et de consigner l'irréprochabilité des juges, avocats et jurés. A cette fin, il est nécessaire de réaliser un contraste en produisant une autre personne qui est

1. Le terme de "proboscide" n'est plus utilisé en français, mais l'ordre des mammifères dans lequel se classent les éléphants est celui des "proboscidiens".

appelée défendant, prisonnier ou accusé. Si le contraste est établi avec une suffisante clarté, cette personne est conduite à supporter une affliction aussi grande qu'est rehaussée, pour les vertueux gentlemen, la confortable sensation de leur immunité, ajoutée à celle de leur valeur. De nos jours, l'accusé est invariablement un être humain ou un socialiste, mais à l'époque médiévale, des animaux, des poissons, des serpents et des insectes étaient traînés devant les tribunaux. Un animal qui avait tué un humain, ou pratiqué la sorcellerie, était dûment arrêté, jugé et, s'il était condamné, mis à mort par l'exécuteur public. Les insectes dévastant le blé, le verger ou la vigne étaient cités à comparaître par un huissier devant un tribunal civil, et après témoignage, argumentation et condamnation, s'ils persistaient *in contumaciam*, l'affaire était portée devant une haute cour ecclésiastique, qui les frappait solennellement d'excommunication et d'anathème. Dans une rue de Tolède, un troupeau de porcins qui s'était perfidement jeté dans les jambes du vice-roi, fut arrêté sur mandat, jugé et puni. A Naples, un âne fut condamné à mourir sur le bûcher, mais la sentence semble ne pas avoir été exécutée. D'Addosio dénombre à partir des enregistrements de justice une multitude de condamnations de cochons, de taureaux, de chevaux, de coqs, de chiens, de boucs, etc., le plus souvent, il faut l'espérer, pour l'amélioration de leur conduite et de leur vertu. En 1451 une requête fut déposée contre les sangsues infestant des marais près de Berne, et l'Évêque de Lausanne, diplômé de l'Université de Heidelberg, ordonna qu'une délégation de "vers aquatiques" soit présentée devant la magistrature locale. Ceci fut fait et les sangsues, celles qui étaient présentes et celles qui ne l'étaient pas, se virent intimer l'ordre de quitter les mares qu'elles infestaient avant trois jours, sous peine d'encourir "la malédiction de Dieu". Dans les interminables minutes de cette *cause célèbre* ne figure rien qui indique si les coupables passèrent outre l'ordre qui leur avait été fait, ou quittèrent sur le champ cette inhospitalière juridiction.

Projectile *n.* L'arbitre ultime dans les disputes internationales. A l'origine, ces disputes se déroulaient avec l'engagement physique des participants, assisté de ce type d'arguments simplistes que permettait la science rudimentaire de l'époque — l'épée, le javelot, etc. Avec la prudence grandissante des milieux militaires, le projectile gagna la faveur générale, et il est aujourd'hui tenu dans la plus grande estime par les plus courageux. Son défaut capital reste qu'il demande le service d'une personne au point de propulsion.

Projeter *v.* Se faire du souci à propos de la meilleure méthode pour aboutir à un résultat accidentel.

Prophétie *n.* L'art et la manière de vendre sa crédibilité avec une livraison future.

Propriété *n.* Chose matérielle, sans valeur particulière, qui peut être détenue par A contre la cupidité de B. Tout ce qui gratifie la passion de la possession pour l'un et l'envie des autres. Objet de la brève rapacité puis de la longue indifférence de l'homme.

Providentiel *adj.* Qui profite visiblement et d'une manière inattendue à la personne bénéficiaire.

Prude *n.* Personne lubrique qui se dissimule derrière son quant-à-soi.

Publier *n.* Dans les affaires littéraires, devenir le point de mire dans le viseur de la critique.

Pygmée *n.* Membre d'une tribu d'hommes très petits rencontrée par les anciens voyageurs dans de nombreuses parties du monde, et par les modernes dans le centre de l'Afrique seulement. Les Pygmées sont ainsi appelés pour les distinguer des plus volumineux Caucasiens — qui sont des hogmés.[1]

Pyrrhonisme *n.* Philosophie ancienne, nommée d'après son inventeur. Elle consiste en une incrédulité absolue dans toutes choses, sauf dans le Pyrrhonisme. Ses professeurs modernes ont en effet pensé à faire cette exception.

1. *Pig* : cochon ; *hog* : pourceau. Le terme de "caucasien" est un américanisme pour qualifier les blancs en général.

Q

Queue *n.* Partie de l'épine dorsale d'un animal qui a transcendé ses limites naturelles pour trouver une existence indépendante dans son propre monde. Excepté dans son état fœtal, l'homme est dépourvu de queue, privation qui n'est pas sans lui avoir laissé un ancestral malaise, que le mâle compense par l'habit à basques, la femelle par la robe à traîne, et globalement par la tendance à orner cette partie de l'individu où la queue brille par son absence. Cette tendance s'observe surtout chez la femelle de l'espèce, chez qui l'héritage primitif est plus prononcé. Quant aux hommes à queues décrits par Lord Monboddo, ils sont aujourd'hui considérés comme un pur produit de l'imagination, pourtant peu accessible, d'habitude, aux influences lointaines de l'âge d'or des pithécanthropes.

Quorum *n.* Nombre suffisant de membres d'une assemblée délibérante pour pouvoir délibérer, et statuer. Au Sénat des États-Unis, le quorum est atteint avec le rapporteur du Comité des Finances et un messager de la Maison Blanche ; au Congrès, avec le Président et le diable.

Quotient *n.* Nombre montrant combien de fois une certaine somme d'argent appartenant à une personne est contenue dans la poche d'une autre — généralement autant de fois qu'elle peut en contenir.

R

Radicalisme *n.* Conservatisme de demain introduit dans les affaires d'aujourd'hui.

Radiesthésiste *n.* Personne qui utilise une baguette divinatoire pour prospecter le métal précieux dans la poche d'un imbécile.

Radium *n.* Minéral qui produit de la chaleur et qui stimule chez le scientifique l'organe qui le rend idiot.

Raison *n.* Propension au préjugé.

Raisonnable *adj.* Accessible à la contagion de nos propres opinions. Enclin à la persuasion, à la dissuasion et à la fuite.

Rang *n.* Élévation relative dans l'échelle de la valeur humaine.

> Il tenait à la cour un rang si élevé
> Que tous les autres nobles se demandèrent pourquoi.
> « Parce que, » leur dit-on, « les autres n'avaient pas
> Son talent pour gratter le dos du souverain. »
>
> *Aramis Jukes.*

Rançon *n.* Achat d'une chose qui n'appartient pas au vendeur, pas plus qu'elle n'appartient ensuite à l'acheteur. Le plus infructueux des placements.

Rapacité *n.* L'approvisionnement sans le travail. Frugalité du pouvoir.

Raseur *n.* Personne qui vous parle quand vous souhaitez qu'elle écoute.

Rasoir *n.* Instrument utilisé par le Caucasien pour rehausser sa beauté, par le Mongol pour se faire une tête d'épouvantail, et par l'Afro-américain pour faire montre de son mérite.

Rationnel *n.* Dépourvu de toutes les illusions sinon celles de l'observation, de l'expérience et de la réflexion.

Réalisme *n.* Art de dépeindre la nature telle qu'elle est vue par les crapauds. Charme qui ressort d'un paysage peint par une taupe, ou d'une histoire écrite par un asticot.

Réalité *n.* Le songe d'un philosophe fou. Ce qui resterait dans la coupe si l'on devenait pur esprit. Le noyau d'un vide.

Rebelle *n.* Personne qui proposait une forme nouvelle de désordre politique, et qui a échoué dans sa tentative pour l'imposer.

Recompte *n.* Dans la politique américaine, nouveau lancer de dés accordé au joueur contre qui tout le monde triche.

Réconciliation *n.* Suspension des hostilités. Trêve armée pour enterrer les morts.

Reconsidérer *v.* Chercher une justification pour une décision déjà prise.

Récréation *n.* Période particulière d'ennui destinée à remédier à une fatigue générale.

Recrue *n.* Personne que l'on distingue du civil par son uniforme, et du soldat par son allure.

> Frais émoulu de la ferme, de l'usine ou de la rue,
> Sa démarche durant l'attaque ou la retraite
> Constituait un spectacle d'une grandeur martiale
> Si l'on exceptait deux seules entraves — ses pieds.
>
> *Thompson Johnson.*

Recteur *n.* Dans l'Église Anglicane, la Troisième personne de la paroissiale Trinité, les deux autres étant le Curé et le Vicaire.

Rédemption *n.* Délivrance des pécheurs de tous leurs péchés, à travers le meurtre du Dieu contre qui ils avaient péché. La doctrine de Rédemption est le mystère fondamental de notre sainte religion ; quiconque y accorde foi ne périra pas, mais jouira au contraire d'une vie éternelle pendant laquelle il tentera de comprendre ce mystère.

> Nous devons purifier l'Homme de ses péchés,
> Et prendre des mesures afin qu'il se rachète ;
> Bien qu'ardue soit la tâche de lui faire mériter
> La compagnie des anges sinon en l'accablant,
> Ou en le purifiant dans notre Purgatoire.
> J'ai pour moi quelque peine à comprendre le mystère
> De la Rédemption — je ne fais que commencer :
> Je me contente pour l'instant
> De crucifier les pécheurs.
>
> *Golgo Brone.*

Redondant *adj.* Superflu ; inutile ; *de trop.*

Le Sultan dit : « Les évidences ne manquent pas
Qui prouvent la redondance de ce chien d'incroyant. »
Ce à quoi renchérit l'aimable Grand Vizir :
« Sa tête, pour le moins, apparaît excessive. »

Habeed Suleiman.

Mr. Debs est un redondant citoyen.

Theodore Roosevelt.

Redressement (d'un tort) *n.* Rétablissement sans satisfaction.

Au temps des Anglo-Saxons, un sujet qui avait subi une injustice de la part du roi était autorisé, sur la preuve du tort qui lui avait été fait, de fustiger l'effigie de bronze de l'offenseur royal avec une baguette qui était ensuite appliquée sur le bas de son dos. Cette dernière opération était assurée par le bourreau public, et elle était garante d'une certaine modération dans le choix de la baguette.

Réellement *adv.* Peut-être ; éventuellement.

Référendum *n.* Loi qui permet de soumettre une nouvelle législation au vote populaire, et qui montre l'inanité de l'opinion publique.

Réfléchir *v.* Peser les probabilités dans la balance du désir.

Réflexion *n.* Démarche de l'esprit à travers laquelle nous percevons avec clarté notre relation avec les événements du passé, et qui nous rend capable d'éviter à l'avenir les périls que nous ne rencontrerons plus.

Réforme *n.* Ce qui satisfait pleinement les réformateurs opposés aux réformistes.

Refuge *n.* Tout ce qui assure une protection à une personne en péril. Moïse et Josué établirent six cités de refuge — Betser, Ramoth, Golan, Kédesch, Sichem, Hébron — dans lesquelles l'homme qui avait tué involontairement pouvait courir se réfugier quand il était poursuivi par les parents de la victime. Cette admirable trouvaille lui fournissait l'occasion d'un exercice salutaire, et permettait aux autres de goûter aux plaisirs de la chasse ; et c'est ainsi que l'âme du défunt était convenablement honorée par des exercices qui n'étaient pas sans relation avec les jeux funéraires de la jeune Grèce.

Refus *n.* Opposition à quelque chose de non désiré ; telles la main d'une vieille fille pour un riche et beau célibataire ; une forte exonération accordée à une entreprise prospère pour un officier municipal ; l'absolution à un souverain impénitent pour un prêtre, et ainsi de suite. Les refus appartiennent à différents degrés sur une échelle de valeur décroissante : le formel refus, le refus conditionnel, le timide refus et le refus féminin. Par certains casuistes, ce dernier est également appelé le refus consentant.

Reine *n.* Femme par qui le royaume est dirigé quand il y a un roi, et à travers qui il est dirigé quand il n'y en a pas.

Relation *n.* Personne que nous connaissons suffisamment pour lui emprunter de l'argent, mais pas assez pour lui en prêter. Degré d'amitié qui est faible quand son objet est pauvre et obscur, et profond quand il est riche et célèbre.

Relations intimes *n.* Rapports vers lesquels des imbéciles sont providentiellement entraînés pour leur mutuelle destruction.

Deux poudres de Seidlitz, l'une bleue, l'autre blanche,
Mutuellement attirées et partageant
Une réciproque estime, quittèrent leurs deux pots
Pour le douillet plaisir d'un gobelet commun.
Si proche était devenue leur intimité,
Qu'ils s'en trouvèrent confondus. Alors ils s'adonnèrent
Aux douces confidences, moins anxieux d'écouter
Que de se raconter ; ils confessèrent chacun
Les aimables vertus dont ils étaient dotés
A un tel degré que c'était un péché.
Plus ils en racontaient, et plus ils s'échauffaient
Les esprits, au point que leur mutuelle émotion
Tourna en chaudes larmes. Aussitôt ils entrèrent
En effervescence ! Ainsi la Nature punit
Irrémédiablement les amis et amants
Qui ne respectent pas le sage et vieux principe,
Que vous, vous êtes vous, et que moi je suis moi.

Religion *n.* Fille de l'Espoir et de la Crainte, qui enseigne à l'Ignorance la nature de l'Inconnaissable.

« Quelle est votre religion, mon fils ? » demandait l'Archevêque de Reims.

« Pardonnez-moi, Monseigneur, de ne pas vous répondre, » dit Rochebriant. « J'en ai trop honte. »

« Alors pourquoi ne pas devenir athée ? »

« Impossible ! J'aurais trop honte d'être athée. »

« Alors, monsieur, vous devriez rejoindre les Protestants. »

Reliquaire *n.* Réceptacle pour des objets sacrés tels que des morceaux de la vraie croix, des portions de côtes des saints, des oreilles de l'âne de Balaam, un poumon du coq qui appela Pierre au repentir, etc. Les reliquaires sont généralement en métal et munis d'une serrure pour empêcher le contenu de s'échapper et de réaliser des miracles à des moments non programmés. Une plume d'aile l'Ange de l'Annonciation s'échappa un jour pendant un sermon à la Basilique Saint-Pierre, et chatouilla de telle manière les nez de la congrégation qu'ils bâillèrent et éternuèrent avec force trois fois chacun. Il est rapporté dans le *Gesta Sanctorum* qu'un sacristain de la Cathédrale de Canterbury surprit la tête de Saint Denis dans la bibliothèque. Réprimandée par son sévère gardien, elle expliqua qu'elle était à la recherche d'un corps de doctrine. La légèreté de cet à-propos mit le diocésain dans une telle fureur que la pièce coupable reçut publiquement l'anathème, fut reléguée dans un débarras et remplacée par une autre tête de Saint Denis envoyée par Rome.

Remontrance *n.* Reproche effectué gentiment, comme avec un hachoir à viande. Avertissement amical.

> Son âme, de remontrance en remontrance,
> Fut à jamais livrée à la perdition.
>
> *Judibras.*

Renégat *n.* Insecte parasite qui, entrant dans la carcasse d'une tortue et découvrant que la créature est morte depuis longtemps, décide tout à coup préférable de s'attacher à une nouvelle tortue.

Renommée *n.* Degré de distinction qui se situe entre la notoriété et la célébrité — un peu plus supportable que la première et un peu plus intolérable que la seconde. Elle est quelquefois décernée par une main inamicale et manquant singulièrement d'égards.

> Je tirais de la harpe de merveilleux accords,
> Mais nulle oreille n'était là pour les écouter ;
> Puis Ithuriel me transperça
> De sa lance de révélation.

Tout mon génie, aussi grand qu'il puisse être,
N'avait su me faire sortir de la nuit.
Mais quand je ressentis la piquante impulsion,
Je bondis dans le cercle de lumière !
W. J. Candleton.

Renverser *v.* Abattre. En particulier, abattre la croyance d'une jeune fille dans la vertu des jeunes filles.

Réparation *n.* Satisfaction qui est apportée à une injustice et déduite de la satisfaction ressentie en la commettant.

Répartie *n.* Insulte prudente en retour. Pratiquée par des gentlemen qui possèdent une profonde aversion pour la violence, mais une puissante disposition pour l'attaque. Dans la guerre verbale, la tactique d'un Indien de l'Amérique du Nord.

Repentir *n.* Conséquence fidèle et suite de la Punition. Le repentir se manifeste selon un degré de profondeur qui n'est pas étranger à la continuité du péché.

Désireux d'échapper aux peines de l'enfer,
Vous entrez dans le repentir et rejoignez
L'Église, n'est-ce pas, Parnell ? Démarche bien inutile ! —
En échappant à Lucifer vous resterez
A partager le sort des âmes chagrinées.
Jomater Abemy.

Répit *n.* Suspension des hostilités envers un assassin jugé, afin de permettre à l'Exécutif de déterminer si le meurtre n'avait pas été commis par l'avocat du Ministère Public. Rupture dans la continuité d'une attente désagréable.

Altgeld sur son lit de douleur gisait,
Un démon impatient à son chevet.

« Diable cruel, accorde-moi la grâce
D'un répit, d'une simple répit, même bref.

« Souviens-toi que jadis j'ai pardonné
A tous ceux que j'avais en esclavage. »

« Ame infortunée ! Rien que pour ceci
Tu grésilleras pour l'éternité.

« Mais, comme je prends pitié de ton état,
Je suspends tes douleurs et ton trépas.

« Rien, pour un temps, ne viendra te troubler,
Pas même la mémoire de ce que tu es. »

Un silence effroyable traversa les éthers,
Comme la Compassion pénétrait en Enfer.

« Ce répit, gentil diable, fais-le durer
Autant que je t'ai servi ici-bas. »

« Autant que celui que tu accordais
Aux pauvres gens que tu emprisonnais. »

Un doux frisson lui parcourut la peau,
Le temps qu'ils le retournent sur le dos.

Joel Spate Woop.

Réplique *n.* Reproduction d'un travail artistique, de la main même de l'artiste qui a fait l'original. Elle est ainsi appelée pour la différencier de la "copie", qui est faite par un autre artiste. Quand les deux ont été effectuées avec la même habileté, la réplique est de plus grande valeur, car elle est supposée être plus belle qu'elle n'en a l'air.

Répondre *v.* Apporter un éclaircissement, ou révéler d'une autre manière une connaissance à quiconque s'est montré curieux de ce que Herbert Spencer appelle "coexistences externes", tel Satan "se tapissant comme un crapaud" à l'oreille d'Eve, répondant ainsi à l'ancienne blessure infligée par l'ange. Répondre des dommages-intérêts consiste à contribuer à la prospérité de l'avocat du plaignant et, incidemment, à l'amour-propre de ce dernier.

Reposer *v.* Cesser de déranger.

Représailles *n.* Rocher naturel sur lequel est bâti le Temple de la Loi.

Réprobation *n.* En théologie, l'état malchanceux de mortalité prénatale conduisant à la damnation. La doctrine de la réprobation fut enseignée par Calvin, dont la joie fut finalement un peu gâchée par l'aveu de sa conviction que, tandis que certains étaient voués à la perdition, d'autres étaient prédestinés au salut.

République *n.* Nation dans laquelle, la chose gouvernante se confondant avec la chose gouvernée, seule une autorité autorisée peut imposer une obéissance convenue. Dans une république, le fonctionnement de l'ordre social reste un vestige de la soumission dans laquelle vivaient des ancêtres qui, étant fermement gouvernés, se soumettaient surtout parce qu'ils n'avaient pas le choix. Il existe de nombreuses sortes de républiques, autant qu'il y a d'étapes entre le despotisme dont elles sont issues, et l'anarchie vers laquelle elles tendent.

Requiem *n.* Messe pour les morts dont les poètes de deuxième zone nous affirment qu'elle est chantée par les vents sur les tombes de ceux qu'ils aiment. Ils entonnent quelquefois, pour varier les plaisirs, un chant funèbre.

Résident *n.* Incapable de partir.

Résolu *adj.* Obstiné dans une voie que nous approuvons.

Respectabilité *n.* Fruit des amours entre un crâne dégarni et une bonne situation bancaire.

Resplendissant *p.p.* Tel un simple citoyen américain maître chez lui dans sa cabane, ou affirmant son importance dans l'Ordre des Choses en tant que participant à une parade.

Les Chevaliers du Dominion étaient si resplendissants dans leur "velours-et-or" que leurs professeurs ne les reconnaissaient qu'à grand-peine.

"Chronicles of the Classes."

Responsabilité *n.* Fardeau portatif aisément transférable sur les épaules de Dieu, du Destin, de la Fortune, de la Chance ou du voisin. Quand l'astrologie était florissante, il était de bon ton d'en charger une étoile.

Hélas les choses seraient toutes différentes
Si Eve avait laissé cette pomme tranquille ;
Et de nombreux fautifs qui n'auraient jamais dû
Quitter les hautes sphères de la pensée,
Ou s'adonner à des jeux ravissants
Entre compagnons, sur des champs de gloire,
Furent abattus par une étoile défavorable
Et s'écrient : « C'est elle ! — Ça ne compte pas ! »

"Le Vigoureux Mendiant."

Responsabilité comptable *n.* Mère de la prudence.

« C'est une responsabilité
Qui m'encombre l'esprit, »
Dit le Grand Vizir ; « Oui, »
Répond le Shah : « Je ne doute pas
Qu'elle prenne toute la place. »

Joram Tate.

Restituteur *n.* Bienfaiteur ; philanthrope.

Restitution *n.* Fondation ou élargissement de bibliothèques universitaires et publiques par legs ou don.

Réveil *n.* Signal pour les soldats endormis de cesser de rêver à des champs de bataille et de se lever, pour que l'on puisse compter leurs nez bleuis. Dans l'armée américaine, le réveil est très astucieusement appelé "rev-e-lee", et à ce son,[1] nos compatriotes engagèrent leur vie, leur infortune et leur déshonneur sacré.

Révélation *n.* Livre fameux dans lequel Saint Jean le Divin cacha tout ce qu'il savait. Les révélations sont en fait effectuées par les commentateurs, qui ne savent rien.

Revenu *n.* Mesure véritable et naturelle de la respectabilité, les formes d'estimation habituellement acceptées étant artificielles, arbitraires et trompeuses ; car, comme le personnage de Sir Sycophas Chrysolater l'a très justement fait remarquer dans la pièce, « la possession véritable et l'usage de la fortune (et quelle que soit sa nature — or, terres, maisons, stock de marchandises, ou n'importe quoi qui est reconnu dans la juste propriété de quelqu'un) valent bien les honneurs, les titres, les avantages et les situations, et toutes les faveurs que l'on gagne autour de personnes d'importance ou de qualité, lesquelles ont de la même manière pour objectif de produire de l'argent. Il s'ensuit que la véritable valeur des choses dépend essentiellement de leur capacité à contribuer à cette fin ; et que les propriétaires devraient jouir d'un rang correspondant à leur fortune, car ni le seigneur

1. Qui, en anglais, sonne approximativement à l'oreille comme "réjouissance"

d'un domaine improductif, quelles que soient son étendue et son ancienneté, ni celui qui jouit d'une dignité non rémunérée, et pas plus le favori infortuné d'un roi, ne sont véritablement estimés en comparaison avec celui dont les richesses s'accroissent chaque jour ; et c'est non sans peine que ceux dont la fortune est stérile réclament, et finissent par obtenir, des honneurs un peu plus élevés que ceux accordés aux pauvres et aux impécunieux. »

Révérence *n.* Attitude sacrée d'un homme envers un dieu, d'un chien envers un homme.

Révolution *n.* En politique, changement abrupt dans la forme de désorganisation gouvernementale. Spécifiquement, dans l'histoire américaine, substitution d'un règlement administratif pour un règlement ministériel, à travers lequel le bien-être et le bonheur du peuple avancent d'un grand demi-pouce. Les Révolutions sont en général accompagnées d'une considérable effusion de sang, laquelle était inévitable — cette dernière appréciation étant faite par ceux qui n'ont pas eu la malchance de voir couler leur sang. La Révolution Française est d'une valeur incalculable pour le Socialiste d'aujourd'hui ; quand il tire sur les ficelles qui agitent sa carcasse, ses mouvements saccadés plongent dans une indicible terreur les dictateurs sanglants suspectés de vouloir établir l'ordre et la loi.

Rhum *n.* Terme générique pour de brûlantes eaux-de-vie qui plongent dans le délire les ligues de tempérance.

Rhumatisme *n.* Nom savant pour la goutte d'un patient.

Ribroaste *n.* Personnage grossier. Le mot est d'une subtilité toute classique, et l'on suppose qu'il a été utilisé dans une fable par Georgius Coadjutor, l'un des plus ennuyeux écrivains du XVe siècle — généralement considéré, d'ailleurs, comme le fondateur de l'École de la Crasse Idiotie.

Riche *adj.* Qui gère avec talent et dans l'estime générale les biens de l'indolent, de l'incompétent, du dépensier, du grincheux et du malchanceux. Ceci est l'opinion qui prévaut dans les antipodes, là où la Fraternité Humaine trouve ses développements les plus logiques et ses plus candides défenseurs. Pour l'habitant de cette partie du monde, le mot désigne un homme sage et bon.

Richesses *n.p.*

Don du Ciel qui signifie « Ceci est mon fils bien-aimé, en qui j'ai mis toute ma confiance. »

— John D. Rockefeller.

Récompense de la peine et de la vertu.

— J. P. Morgan.

L'épargne de beaucoup dans la main d'un seul.

— Eugene Debs.

A ces excellentes définitions, le lexicographe inspiré avoue qu'il n'a rien à ajouter de plus pertinent.

Rimailleur *n.* Poète considéré avec indifférence, ou désapprobation.

Enfin le Rimailleur refroidit ses élans,
Les syllabes retombent, les sentiments expirent.
Alors le chien, vers le levant et le couchant,
Expose à pleine gorge les passions qui l'habitent.
La lune s'élevant sur la lande enchantée
S'arrête pour l'entendre et pleure à son appel.

Mowbray Myles.

Rime *n.* Sons qui s'accordent à la fin d'un vers, souvent mauvais. Les vers eux-mêmes, pour les distinguer de la prose, souvent fade.

R.I.P. Abréviation laconique de *resquiescat in pace*, qui témoigne d'une sollicitude envers les morts. D'après le savant Dr. Drigge, cependant, les initiales ne signifiaient à l'origine rien de plus que *reductus in pulvis*.

Rire *n.* Convulsion intérieure, produisant un rictus de la physionomie, et s'accompagnant de bruits inarticulés. La chose est contagieuse et, quoique discontinue, incurable. La tendance aux crises du rire est l'une des caractéristiques qui distinguent l'homme des animaux — ces derniers étant non seulement inaccessibles à la contagion de son exemple, mais immunisés contre les microbes responsables de la maladie ; l'éventuelle transmission du rire aux animaux par inoculation à partir d'un malade humain n'a toutefois pas fait l'objet d'une expérimentation. Le Dr. Meir Witchell soutient que le caractère infectieux du rire est dû à la fermentation instantanée de *sputa* diffusée par les postillons ; c'est la raison pour laquelle il nomme cette maladie *Convulsio spargens*.

Rite *n.* Cérémonie religieuse ou semi-religieuse fixée par des lois, des préceptes ou des habitudes, et dont on a soigneusement extrait l'huile essentielle de la sincérité.

Ritualisme *n.* Petit jardin à la française, où Dieu peut se promener de manière rectiligne, sans marcher sur l'herbe.

Roi *n.* Individu mâle généralement connu en Amérique sous le nom de "tête couronnée," bien qu'il ne soit jamais coiffé d'une couronne, et qu'il n'ait pas de tête à proprement parler.

Un roi, il y a fort longtemps,
Dit à son paresseux bouffon :
« Si j'étais toi, que tu sois moi,
Mes jours s'écouleraient tranquilles —
Pas une remarque, pas une critique. »

« La raison, Sire, de votre quiétude, »
Dit le bouffon — « est sans mystère —
Car de tous les fous qui vécurent,
Et qui vous eurent comme souverain,
J'ai l'esprit le plus indulgent. »

Oogum Bem.

Roman d'aventure *n.* Fiction qui ne montre aucun égard pour le Dieu des Choses Telles Qu'Elles Sont. Dans la nouvelle, la pensée de l'écrivain reste attachée à la probabilité, comme le cheval domestique à son anneau, alors que, dans le roman, elle vagabonde sans frein dans les vastes plaines de l'imagination — libre, sauvage et souveraine. Votre noveliste est une pauvre créature, comme Carlyle le dirait — un simple reporter. Il peut inventer l'intrigue et les personnages, mais il ne doit pas imaginer quelque chose qui ne pourrait pas véritablement arriver, même si son récit est intégralement fictif. De la raison pour laquelle il s'impose cette dure contrainte, et "traîne à chaque pas la longue chaîne" de sa propre fabrication, il peut en tirer dix épais volumes sans pour autant jeter plus qu'une lueur de chandelle sur le gouffre profond de son ignorance en la matière. Il y eut de grandes nouvelles, car de grands écrivains "ont consumé leurs talents" pour les écrire, mais il n'empêche que, de près et de loin, l'œuvre la plus fascinante qui nous ait jamais été donnée reste *Les Mille et une nuits.*

Roman-feuilleton *n.* Ouvrage littéraire qui consiste en général en une histoire de pure imagination, et dont la publication s'étend sur divers quotidiens et magazines. Chaque nouvel épisode est précédé d'un "résumé des chapitres précédents" à l'intention de ceux qui ne les ont pas lus, mais ce qui fait cruellement défaut, c'est un résumé des chapitres suivants pour ceux qui n'ont pas l'intention de les lire. En fait, un simple résumé de l'ensemble de l'ouvrage serait hautement préférable.

Le regretté James F. Bowman écrivait un feuilleton pour un hebdomadaire en collaboration avec un génie dont le nom ne nous est pas parvenu. Ils n'écrivaient pas en commun, mais alternativement, Bowman assurant la livraison d'une semaine, son ami de la suivante, et ainsi de suite, en une sorte de mouvement perpétuel, tout du moins c'est ce qu'ils espéraient. Malheureusement ils se brouillèrent et un lundi matin, alors que Bowman prenait connaissance de l'épisode pour préparer la suite, il resta fâcheusement peiné et plongé dans un grand embarras. Son collaborateur avait embarqué tous les personnages de l'histoire sur un bateau, qu'il avait fait sombrer au plus profond de l'Atlantique.

Rostre *n.* Bec d'un oiseau ou éperon d'un navire, d'après le mot latin *rostrum* qui, au pluriel, qualifiait également les tribunes montées sur le forum. C'est dans ce dernier sens que les rostres sont utilisés en Amérique, pour permettre à un candidat de flatter la sagesse, la vertu et les pouvoirs de la populace.

Rôtie au fromage *n.* Autre nom du Welsh rabbit, "lapin gallois", que la personne dénuée de sens de l'humour ne manque pas de commenter en disant que ce n'est pas du lapin. A celle-ci, il doit être solennellement rappelé que le *pet-de-nonne* est une pâtisserie, et que le *riz-de-veau à la financière* n'est pas un sourire bovin préparé selon la recette d'une employée de banque.

Route *n.* Ruban de terre au long duquel on peut cheminer depuis l'endroit où l'on s'ennuie jusqu'à l'endroit où il est futile d'aller.

Toutes les routes, et quelles que soient leurs divergences,
Mènent à Rome, quoique
Il en soit une cependant, et Dieu merci,
Qui mène à la maison.

Borey le chauve.

Rumeur *n.* L'arme favorite des tueurs de réputation.

Tranchante et imparable par maille ou bouclier,
Par garde renforcée et par fuite éperdue,
O précieuse Rumeur, laisse-moi te brandir
Contre mon ennemi, comme arme solitaire.
A lui la peur de l'adversaire qu'on ne voit pas,
A lui l'épée que l'on brandit inutilement,
A moi la dague empoisonnée et invincible,
Qui répand autour d'elle quelque vieille infamie.
Ainsi vaincrai-je du misérable sans coup férir ;
Épargne-moi son oraison et donne-moi
La force d'entreprendre un nouvel adversaire.

Joel Buxter.

Ruse *n.* Ce qui tient lieu de cervelle aux imbéciles.

Russe *n.* Personne dotée d'un corps de Caucasien et d'un esprit mongol. Tartare émétique.

S

Sa *pro.* Son.

Sabbat *n.* Fête hebdomadaire qui trouve son origine dans le fait que Dieu fit le monde en six jours, et s'arrêta le septième. Chez les Juifs, l'observation du jour férié est renforcée par un Commandement dont voici la version chrétienne : « Souviens-toi le septième jour d'observer que ton voisin l'observe bien. » Cela semblait pour le Créateur une bonne idée que le Sabbat soit situé le septième jour de la semaine, mais les Premiers Pères de l'Église virent les choses d'une autre manière. La sanctification de ce jour particulier est telle que, même sur la mer, là où le Seigneur n'exerce qu'une fragile juridiction, il est néanmoins parfaitement respecté, comme l'atteste la très maritime version du Quatrième Commandement :

> Six jours durant œuvreras-tu de tout ton cœur et de tout ton courage,
> Et le septième tu racleras les pontons et graisseras les cordages.

On ne racle plus les ponts, mais les cordes continuent d'assister le capitaine dans la perpétuation du pieux respect de l'ordonnance divine.

Sacre *n.* Cérémonie d'investiture d'un souverain, accompagnée de signes extérieurs et visibles de son droit divin, qui attestent de son aptitude à être envoyé au ciel à l'aide d'un pain de dynamite.

Sacré *adj.* Voué à quelque dessein religieux ; qui possède un caractère divin ; qui inspire des pensées ou des émotions inspirées ; tels, le Dalaï-Lama du Tibet ; le Moogum de M'bwango ; le Temple des Singes à Ceylan ; la Vache de l'Inde ; le Crocodile, le Chat et l'Oignon dans l'ancienne Égypte ; le Mufti de Moosh ; les poils du chien qui mordit Noé, etc.

Les choses sont soit sacrées, soit profanes.
Les premières aux prêtres font du profit ;
Les secondes se rapportent au démon.

Dumbo Omohundro.

Sacrement *n.* Cérémonie religieuse solennelle qui est chargée de différentes marques d'autorité et de signification. Rome ne possède pas moins de sept sacrements, mais les Églises protestantes, moins prospères, ont estimé qu'il leur était difficile de faire face à plus de deux d'entre eux, choisis parmi ceux qui étaient d'une sanctification moindre. Quelques-unes des plus misérables sectes n'ont pas de sacrement du tout — et cette mesquine économie les conduira irrémédiablement à la damnation.

Saint *n.* Pécheur mort, revu et corrigé avant édition.

La Duchesse d'Orléans raconte que le vieux calomniateur irrévérencieux Marshal Villeroi, qui dans sa jeunesse avait connu Saint François de Sales, disait, quand il l'entendait appeler "saint" : « Je suis charmé d'entendre que Monsieur de Sales est un saint. Il se trouve qu'il proférait des choses très indélicates, et qu'il n'hésitait pas à tricher au jeu. C'était néanmoins un parfait gentleman, quoique parfaitement stupide. »

Saintes Écritures *n.* Livres sacrés de notre sainte religion, qu'il faut distinguer des écrits profanes et mensongers sur lesquels toutes les autres croyances sont fondées.

Salacité *n.* Sorte de piment littéraire que l'on trouve dans des romans populaires, principalement ceux écrits par des femmes et des jeunes filles, lesquelles lui donnent un autre nom et pensent qu'en l'y adjoignant elles occupent un terrain négligé des lettres et qu'elles récoltent une moisson dédaignée. Quand elles ont l'infortune de vivre longtemps, elles sont tourmentées par le désir de brûler leurs vieilles bottes de foin.

Salamandre *n.* A l'origine, reptile qui habitait dans le feu ; plus tard, immortel anthropomorphe, mais toujours pyrophile. Les salamandres sont aujourd'hui considérées comme disparues, la dernière ayant été vue à Carcassonne par l'abbé Belloc, qui l'exorcisa avec un plein seau d'eau bénite.

Sandlotteur *n.* Mammifère vertébré soutenant les vues politiques de Denis Kearney, démagogue notoire de San Francisco, qui organisait ses meetings dans les terrains vagues (sandlots) de la ville. Respectant la coutume en la matière, le leader prolétarien fut finalement acheté par ses respectables ennemis, continua de vivre dans un silence prospère et mourut dans l'aisance. Avant sa trahison, il imposa à la Californie une constitution qui était un véritable assemblage d'incohérences dans une envolée de solécismes. La similarité entre les mots "sandlotteur" et "sans-culotte" est discutable, mais elle est incontestablement suggestive.

Sans défense *adv.* Inapte à l'attaque.

Sarcophage *n.* Chez les Grecs, cercueil fabriqué dans une certaine sorte de pierre carnivore, et qui avait pour particularité de dévorer les corps que l'on mettait dedans. Pour les modernes sociétés de pompes funèbres, le "sarcophage" reste cependant le produit d'un vulgaire menuisier.

Satan *n.* L'une des erreurs lamentables du Créateur, habillée de soie pour son repentir, et recouverte de soufre.

Alors qu'il était archange, Satan se rendit diversement désagréable et fut en fin de compte projeté hors du Paradis. A la moitié de sa chute il fit une pause, resta un instant à réfléchir, et finalement revint à son point de départ. « Il y a une petite faveur que je voudrais demander, » dit-il.

« Laquelle ? »

« L'homme, si j'ai bien compris, est sur le point d'être créé. Il aura besoin de lois. »

« Comment, misérable ! toi, son adversaire farouche, voué depuis l'aube de l'éternité à l'exécration de son âme — tu revendiques le droit de promulguer ses lois ? »

« Je vous demande pardon ; je demandais seulement si on le laisserait en décider lui-même. »

C'est ce qui fut ordonné.

Satiété *n.* La sensation que quelqu'un éprouve pour son assiette après avoir mangé tout son content, Madame.

Satire *n.* Forme de composition littéraire aujourd'hui démodée, dans laquelle les manies et les vices des ennemis de l'auteur étaient exposés avec une médiocre tendresse. Dans notre pays, la satire n'eut jamais qu'une faible et éphémère emprise car la clé de sa réussite est l'esprit, ce dont nous sommes tristement dépourvus : l'humour, que nous prenons pour de l'esprit, reste comme toutes les formes d'humour sympathique et tolérant. En outre, bien que les Américains aient été "dotés par le Créateur" d'une abondance de vices et de manies, il n'est pas généralement admis qu'ils puissent souffrir de quelque défaut que ce soit. C'est la raison pour laquelle le satiriste est considéré comme un triste individu à l'esprit acide, et les clameurs de protestation de chacune de ses victimes trouvent un soutien immédiat dans l'expression d'un assentiment national.

Salut, Satire ! Toi qui étais chantée
Autrefois dans des langues aujourd'hui oubliées ;
Car ton art est moribond,
En butte à l'hostilité générale —
Ton esprit (pourtant d'une belle utilité)
Voué sans recours à l'Enfer.

Puisses-tu pourtant trouver ta vraie consécration ;
Au moins n'as-tu pas été réduite au silence
Sous les coups de la loi de diffamation.

Barney Stims.

Satyre *n.* L'un des rares personnages de la mythologie grecque qui ait été reconnu par les Hébreux (Leviticus, XVII, 7.[1]). Le satyre était à l'origine un membre de la communauté dissolue qui se réclamait assez librement de Dionysos, et qui restait ouverte aux changements et aux améliorations. Il est assez fréquemment confondu avec le

1. « Ils n'offriront plus leurs sacrifices aux satyres avec lesquels ils se prostituent. » Dans certaines traductions, cependant, "satyres" est remplacé par "boucs".

faune, création tardive et dévoyée des Romains, laquelle ressemblait un peu moins à l'homme et un peu plus au bouc.

Sauce *n.* Le plus incontestable des repères de la civilisation et de l'élévation de l'esprit. Un peuple qui n'a pas de sauces possède un millier de vices ; un peuple qui n'a qu'une sauce n'en possède que neuf cent quatre-vingt dix-neuf. Pour chaque sauce inventée et passée dans les mœurs, un péché est enlevé et pardonné.

Scarabæus *n.* Insecte sacré de l'ancienne Égypte, qui était considéré comme symbolisant l'immortalité ; le fait que Dieu seul savait pourquoi renforçait sa particulière sanctification. Son habitude de placer ses œufs dans la crotte d'un autre animal peut également lui avoir fait obtenir une faveur particulière auprès du clergé, et pourrait un jour lui assurer une égale déférence parmi nous. Pour l'instant, l'insecte américain reste néanmoins un insecte ordinaire, mais le prêtre américain est un prêtre ordinaire.

Scarabée *n.* Même chose qu'un scarabæus.

Il tomba de sa propre main
Sous l'ombrage du grand chêne
Il avait voyagé en terre étrangère.
A elle, il avait tenté d'enseigner
Cette danse qu'on appelle Sarabande,
Mais que lui appelait Scarabée.
C'était la trouvaille d'une douce soirée,
Et elle, lumière de son harem si cela eut été,
Avait simplement souri. O, qu'elle était belle,
Frissonnante sous les rayons de la lune —
Mort pour un scarabée
Et pour un instant d'égarement.
Destin !

Ils l'ont enterré là, au même endroit,
Il dort, dans l'attente du jour[1]
Serein,
Et en visite, deux calembours
Lunatiques et blêmes,
Passent sur la tombe et puis s'évanouissent.
Mort pour un scarabée !
Fernando Tapple.

Scarification *n.* Forme de pénitence religieuse pratiquée au Moyen Age. Le rite se faisait à l'aide d'un couteau, quelquefois avec une barre de fer chauffée au rouge, mais n'était véritablement acceptable, nous dit Arsenius Asceticus, que si le pénitent ne s'épargnait pas la douleur et ne craignait pas de se défigurer profondément. La scarification, de même que les autres formes de pénitence un peu brutales, a été aujourd'hui remplacée par la formule des donations. Le fondateur d'une bibliothèque ou le bienfaiteur d'une université sont supposés subir des pénitences plus aiguës et d'un effet plus durable que celles qui étaient infligées avec un couteau ou un fer rouge ; elles semblent par ailleurs constituer une voie plus éprouvée vers la grâce. Il y a, néanmoins, deux graves objections à cette méthode de pénitence : le bien que cela fait et l'absence de justice.

Sceau *n.* Marque imprimée sur certaines sortes de documents qui permet d'attester de leur importance et de leur authenticité. Elle est quelquefois appliquée sur de la cire collée au papier, et quelquefois imposée sur le papier lui-même. Le sceau, alors, est un vestige de l'ancienne coutume d'inscrire sur d'importants documents des mots

1. Jour : *Day*, prénom du premier fils d'Ambrose Bierce ; voir postface.

ou des signes cabalistiques pour leur donner une efficacité magique supplémentaire à l'autorité qu'ils représentaient. Au British Museum sont conservés un grand nombre d'anciens documents, la plupart à caractère sacerdotal, validés par des pentagrammes et autres dessins de nécromanciens, souvent sous la forme d'initiales ou des mots de conjuration ; et dans de nombreux cas, ils sont apposés d'une manière que l'on retrouve dans l'utilisation des sceaux aujourd'hui. On sait que les coutumes, les rites et les formalismes les plus étranges de notre société trouvent souvent leur origine dans une pratique ancienne parfaitement justifiée ; mais il est amusant de noter un exemple d'une ancienne incohérence évoluant au fil des siècles en quelque chose de réellement utile. Notre mot "sincère" provient de *sine cero*, sans cire, mais les spécialistes continuent de débattre si cela se réfère à l'absence de signes cabalistiques, ou bien à ce que la cire était utilisée pour cacheter les lettres que l'on ne voulait pas livrer à la curiosité publique. L'une et l'autre hypothèses illustrent les évolutions contradictoires. Les initiales L.S., apparaissant habituellement en signature de documents légaux signifie *locum sigillis*, "emplacement pour le sceau", alors que le sceau n'est plus utilisé depuis longtemps — exemple réellement admirable du conservatisme qui met l'homme très au-dessus des autres animaux de la création qui périssent. Nous suggérons humblement que les mots *locum sigillis* soient envisagés comme la meilleure devise que pourraient prendre les Iles Pribyloff, lorsqu'elles viendraient prendre place en tant qu'État Souverain dans l'Union Américaine.

Sceptre *n.* Bâton de commandement d'un roi, signe et symbole de son autorité. C'était au départ un gourdin qui permettait au roi de réprimander son bouffon, et d'apporter son veto aux mesures ministérielles en cassant les os des promulgateurs.

Secondaire *adj.* Moins répréhensible.

Sein *n.* L'un des organes les plus importants du système féminin — admirable fourniture de la nature pour le bénéfice des bébés, mais hautement utile également dans les festivités rurales pour supporter les assiettes de poulet froid et la tête des adultes mâles. Le mâle de notre espèce ne possède qu'un sein rudimentaire, insuffisamment développé et ne contribuant d'aucune manière au repos animal.

Sénat *n.* Groupe de gentlemen d'un certain âge chargés de hautes responsabilités et de sombres méfaits.

Senne *n.* Sorte de filet qui entraîne un changement involontaire d'environnement. Pour les poissons, il est fabriqué simple et solide, mais les femmes sont plus facilement prises avec une fabrication plus délicate, lestée de petites pierres taillées.[1]

Serf *n.* Imbécile qui, ayant un bien propre, entreprend également de prendre en charge ce qui est confié par un autre à un tiers.

Philippe d'Orléans désirant donner à l'un de ses favoris qui était particulièrement dépensier une haute charge, lui demanda quelle sorte de caution il pouvait donner en retour. « Je pourrais dénombrer les serfs, » répondit-il, « mais je vais plutôt vous donner ma parole d'honneur. » « Et, s'il vous plaît, quelle peut bien en être la valeur ? » demanda le

1. Le nom, "senne" ou "seine", est surtout utilisé en français pour la pêche. Les petits filets féminins servaient à retenir les cheveux sur la nuque.

Régent amusé. « Monsieur, elle est très supérieure à son poids en or. »

Serment *n.* En Droit, invocation solennelle à la Déité, que l'on effectue avec un degré de conscience garanti par une sanction en cas de parjure.

Serpent à sonnette *n.* Notre frère sur le ventre, *Homo ventrambulans.*

Seul *adj.* En mauvaise compagnie.

Choc, et voyez ! le silex et l'acier
Dans un éclair et une flamme
Viennent de révéler leur secret :
Lui le métal et elle la pierre,
Auraient préféré rester seuls.

Booley Fito.

Shérif *n.* En Amérique, le chef de l'exécutif au niveau d'un comté, dont les devoirs les plus caractéristiques, dans quelques-uns des États de l'ouest et du sud, consiste à attraper et à pendre les vauriens.

John Elmer Pettibone Cajee
(Je parle de lui sans plaisir)
Était un mauvais citoyen.

C'était une chose entendue :
« Il n'y a pas sous le soleil
Pire individu que ce John. »

Il ajoutait à ses péchés
Le fait de ne pas supporter
Un pécheur qui soit pire que lui.

Et trouvait normal dans ce cas
D'aller en se levant la nuit
Souffler la chandelle du coquin.

En dépit des supplications,

Il le traînait au premier arbre
Et l'envoyait se balancer.

Ou bien, si l'humeur le prenait,
De la masure d'un pauvre diable,
Il faisait un vivant brasier.

Ses jeux finirent par inquiéter
Les quelques personnalités
De l'aimable petite ville.

« Qu'il est fâcheux, » se dirent-ils,
« Que méprise ainsi la loi cet —
Anar c, h, i, s, t, e. »

(Car c'est ainsi qu'ils préféraient
Prononcer le mot abhorré,
Tant leur aversion était grande.)

« Il devient vraiment nécessaire
Que ce satané John arrête
De pratiquer sa loi sauvage.

« Jurons ensemble — chacun d'entre eux
Avait au moins à la mémoire
Un lynchage dans l'année passée —

« Qu'il doit cesser de troubler l'ordre
Et d'user ainsi à sa guise
De la corde ou bien de la torche.

« Nous devons fermement suspendre
Son bras vengeur, tant que sa loi
N'est pas fermement mandatée. »

Ainsi, convenant des détails,
Ils le nommèrent shérif. L'affaire
Fut suivie, dit-on, d'une prière.

J. Milton Sloluck.

Sincère *adj.* Muet et illettré.

Singe *n.* Animal arboricole qui se sent également très à l'aise dans les arbres généalogiques.

Sirène *n.* Nom d'une grande célébrité musicale, connue pour avoir vainement tenté de dissuader Ulysse de poursuivre sa vie errante sur les flots. Au figuré, dame qui promet beaucoup, qui cache son jeu et qui est décevante en fin de compte.

Sophismes *n.p.* Manière de discuter d'un adversaire, très différente de la sienne en ce qu'elle est supérieure par ses mensonges et ses invraisemblances. Cette méthode provient des derniers Sophistes, une secte grecque de philosophes qui commencèrent par enseigner la sagesse, la prudence, la science, l'art et tout ce qu'il était utile à l'homme de savoir, mais qui s'anéantirent eux-mêmes dans des palabres d'arguties et des nuages de mots.

Il balaie d'un mot les "faits" de son rival,
Et pousse devant lui ses plus douteux sophismes ;
Puis dit qu'il y aurait de quoi devenir fou
A s'entendre avancer tant de mauvaises raisons
Qui relèvent surtout du genre désespéré.
Ce n'est pas sûr ; pareil au souffle d'un défunt,
Ment le moins celui qui est le moins harcelé.

Polydore Smith.

Sorcellerie *n.* Prototype ancien et système annonciateur de l'influence politique. Cela restait, néanmoins, tenu dans un respect moindre et quelquefois puni par la torture et la mort. Augustin Nicholas rapporte qu'un pauvre paysan qui avait été accusé de sorcellerie fut soumis à la question pour qu'il avoue. Après avoir enduré une peu plaisante agonie, le bougre reconnut sa faute, mais demanda naïvement à ses bourreaux s'il était possible d'être un sorcier en l'ignorant complètement.

Sorcière *n.* 1/. Horrible et repoussante vieille femme, en perverse activité avec le diable. 2/. Belle et attirante jeune personne, dont les perverses activités dépassent le diable.

Sottise *n.* "Don divin" dont l'énergie maîtresse et créative inspire l'esprit de l'Homme, guide ses actions et magnifie son existence.

Sottise ! Bien qu'Érasme fît jadis ton éloge
Dans un petit livre, qui en inspira plus d'un,
Tant que ta gloire n'a pas démontré son pouvoir,
Daigne accepter l'hommage de ton fils qui pourchasse
Ses frères et ses semblables, crétins et ignorants,
Pour amender leurs vies et supporter la sienne,
Et qui, si faiblement que soient ses traits lancés,

De chaque flèche partie, voit chaque peau émoussée.
Toute-Puissante Sottise ! C'est à moi de clamer,
D'un vigoureux poumon, sur cette côte ouest
Où vivent tant d'émules, de partout rassemblés,
Sous ton inspiration, le chant de tes louanges.
Et j'aurai le soutien, si ma voix est trop faible,
De Dick Watson Gilder, d'entre nous le plus grand.

Aralis Loto Frope.

Soumission *n.* Patience dans l'inconfort, mais dans l'espoir d'une revanche qui en vaille la peine.

M, pour Moïse,
Qui décima les Égyptiens.
Plus douce que le velours était
La soumission de Moïse.
Nul monument n'en porte
L'archaïque témoignage.
Mais M est pour Moïse,
Qui décima les Égyptiens.

L'Alphabet Biographique.

Souris *n.* Animal dont le chemin est jonché de femmes évanouies. De même qu'à Rome les Chrétiens étaient jetés aux lions, ainsi de nombreux siècles auparavant à Otumwee, la plus ancienne et la plus grande cité du monde, les femmes hérétiques étaient jetées aux souris. Jakak-Zotp, l'historien, le seul Otumwump dont les écrits soient parvenus jusqu'à nous, affirme que ces martyrs trouvaient la mort avec très peu de dignité et après de nombreux tourments. Il tente même d'excuser les souris (car telle est la malice des fanatiques) en déclarant que les femmes infortunées périssaient, certaines d'épuisement, d'autres en se brisant le cou en tombant de toute leur hauteur, et d'autres en l'absence de reconstituants. Les souris, assure-t-il, s'adonnaient aux plaisirs de la chasse avec dignité. Mais si « l'histoire romaine est faite de neuf dixièmes de mensonge, » nous pouvons certainement nous attendre à une proportion plus grande quant aux annales d'un peuple capable d'une si incroyable cruauté envers l'aimable beau sexe ; un cœur de pierre, dit le dicton, a la langue fourchue.

Souvenir (se) *v.* Se rappeler avec des améliorations de quelque chose de pas nécessairement connu.

Spécialiste *n.* Personne qui maîtrise parfaitement un sujet ; comme un éditeur à condition qu'il ne l'aborde pas.

Succès *n.* Le seul péché impardonnable envers des camarades. En littérature, et particulièrement en poésie, les éléments du succès sont excessivement simples, et sont admirablement présentés dans le couplet suivant par le révérend Père Gassilasca Jape, intitulé, pour quelque mystérieuse raison, "John A. Joyce."[1]

Le barde qui veut réussir
Doit toujours transporter un livre,
Coucher en prose ses pensées,
Porter une cravate rouge,
Garder les yeux dans le lointain
Et atteindre dans sa coiffure
Une longueur hexamétrique.
Une pensée ténue vous fera engraisser ;
Avec vos cheveux longs, pas besoin de chapeau.

Suffrage *n.* Expression d'une opinion par le moyen d'un bulletin de vote. Le droit au suffrage (qui est considéré en même temps comme un privilège et un devoir) signifie, s'il est correctement interprété, que l'on détient le droit de voter pour un homme choisi par quelqu'un d'autre, et il est hautement apprécié. Refuser de s'exécuter porte le vilain nom d'"incivisme". Toutefois, celui qui s'en rend coupable ne peut pas être véritablement poursuivi pour son crime, car il n'y a pas d'accusateur légitime. Si l'accusateur est lui-même coupable de quelque chose, il est dénué de tout crédit aux yeux de l'opinion populaire ; sinon, il n'est pas étranger au délit lui-même, car l'abstention du vote de A donne un poids accru au vote de B. Quant au suffrage féminin, il implique le droit pour une femme de voter comme un individu mâle lui dira de le faire. Il est fondé sur le principe de la responsabilité féminine, qui est quelque peu limité. La femme qui se montre la plus ardente à sauter hors de ses jupons pour revendiquer ses droits est la première à les

1. Difficile de ne pas y reconnaître James Augustine Joyce, qui n'était alors connu que pour un poème amoureux, *Chamber music. Dedalus*, *Ulysse* ou *Finnegans Wake* ne seront écrits que plus tard.

renfiler prestement quand elle est menacée avec une baguette pour en avoir abusé.

Surmenage *n.* Trouble grave qui affecte de hauts fonctionnaires publics quand ils veulent partir à la pêche.

Surpasser *v.* Se faire un ennemi.

Sycophante *n.*[1] Personne qui approche à un tel point la panse de Sa Grandeur qu'il n'est plus possible de lui demander de se retourner pour lui botter le train. Il s'agit quelquefois d'un éditeur.

Comme la maigre sangsue s'accroche à sa victime
De préférence en un endroit malsain,
Puis sa peau noire distendue par l'afflux du mauvais sang,
Retombe dans la boue, repue et presque morte,
Ainsi le répugnant sycophante qui se complaît
A rapporter les tares de son voisin s'abouche,
Se gorge, et pareil à la sangsue prospère, quoique,
Contrairement à l'animal, lui ne lâche pas prise.
Gelasma, si cela pouvait vous rapporter quelque chose,
Vous iriez mettre votre talent au service d'un bouc,
Prouvant par moult arguments que sa barbiche
Mérite une tout autre vénération
Que celle du vieil Aaron ;

1. *Sycophante* possède, en anglais, un sens assez précis de "courtisan", et on le rencontre également en français dans cet emploi impropre de "personne peu sûre d'un entourage", ou "flatteur". Depuis le mot grec qui signifiait littéralement "dénonciateur des voleurs de figues" et qui s'était élargi au sens général de "délateur", un curieux glissement s'est effectué ; déjà, La Fontaine employait "sycophante" dans le sens de "trompeur" ; et, quand on le rencontre aujourd'hui, c'est souvent pour qualifier quelqu'un qui s'adonne au trafic des informations afin de rester dans les faveurs d'un personnage important.

S'il vous prenait l'envie de louer son odeur,
Le Profit vous inspirerait, et l'amour pas moins,
Le monde serait vite informé grâce à vos soins
Du noble objet de votre vénération.
N'est-ce pas assez que d'avantageux millionnaires
Qui pillent dans les stocks et trichent sur les prix,
Ou qui, poussés par leurs noires consciences,
S'adonnent à des méfaits d'une autre gravité,
Se prononçant la main sur le cœur contre le vice,
Mais volant sans vergogne le pain de leur prochain,
Puissent vous voir ramper à leur lécher les bottes
En implorant la faveur d'un coup de pied ?
Pire, vous vous adonnez
A votre penchant naturel de vil sycophante,
Et dans votre ardeur à plaire aux fortunés
Vous pousseriez les pécheurs affamés
Un peu plus vite dans la fosse.
A la gloire de Morgan vous composez des odes
Et chantez hosanna pour le grand Havemeyer !
Qu'a donc pour vous déplaire Satan, que vous sembliez l'éviter ?
Il est pourtant fort riche — même s'il ne vous compte pas
Encore au rang de ses possessions.

Syllogisme *n.* Formulation logique consistant en une affirmation majeure et une affirmation mineure, et une incohérente. (voir LOGIQUE)

Sylphide *n.* Etre immatériel mais néanmoins visible, qui habitait dans les airs quand l'air était un élément, avant qu'il soit définitivement pollué par les fumées d'usines, les vapeurs d'égouts et autres conséquences de la civilisation. Les sylphides étaient amies avec les gnomes, les nymphes et les salamandres, qui vivaient respectivement sur la terre, dans l'eau et dans le feu, endroits qui sont maintenant insalubres. Les sylphides, comme les oiseaux, étaient de sexe mâle ou femelle, apparemment en toute gratuité ; s'il eurent une progéniture, ce ne put être que dans des nids placés dans des endroits résolument inaccessibles, car nul n'aperçut jamais aucune tête de poussin.

Symbole *n.* Quelque chose qui est censé représenter ou figurer une autre chose. De nombreux symboles ne sont rien d'autre que des survivances — des choses qui n'ont plus aucune utilité mais qui continuent d'exister parce que nous avons tout simplement hérité de l'habitude de les perpétrer ; les urnes funéraires sculptées sur les monuments en sont un exemple. C'étaient au départ de véritables urnes qui contenaient les cendres des morts. Nous ne pouvons toujours pas nous empêcher d'en mettre, mais nous pourrions au moins leur donner un nom qui dissimule notre bêtise.

Symbolique *adj.* Appartenant aux symboles et à l'usage ainsi qu'à l'interprétation des symboles.

La conscience, disent-ils, est le siège des remords ;
Je soutiens que c'est la fonction de l'estomac,
En effet, j'ai souvent noté que le coupable
Souffrait de vives crampes, ou de ballonnements
Ou de quelque sinistre autre désagrément
Au sein de ses entrailles, là où loge le remords.
D'ailleurs je me demande si le seul vrai coupable
N'est pas celui qui mange un très mauvais dîner.
Vous savez comme Adam non sans quelque raison,
Pour avoir dévoré des pommes hors saison,
En fut châtié. Mais ce n'était que symbolique :
En fait Adam avait une simple colique.

G.J.

T

Table d'hôte *n.* Concession fructueuse d'un traiteur à la passion universelle de l'irresponsabilité.

Le vieux Paunchinello, fraîchement marié,
Pria Madame à table, et quant à lui se mit
A engloutir les plats avec la frénésie
Qu'il mettait d'habitude à ce genre d'exercice.
« Je raffole de toutes ces bonnes choses, » s'écria-t-il,
S'interrompant à peine entre deux embouchées.
« En effet, » constata l'épouse négligée,
« Vous avez trouvé là votre *table d'hôtage.* »

Associated Poets.

Tableau *n.* Représentation en deux dimensions de quelque chose d'inintéressant en trois.

« Regardez ce tableau de Daubert exposé —
C'est sans contestation la Vérité saisie. »
Admettons, si cela est bien la vérité,
O Dieux du Ciel, que je suis, moi aussi, saisi.

Jali Hane.

Taudis *n.* Fruit d'une fleur nommée Palais.

Twaddle avait un taudis,
Twiddle avait un palais ;

Twaddle dit : « Je vais ramper
Ou il me croira jaloux » —
Une impression aussi juste
Qu'un nœud pap' sur un hibou.

Aussitôt se prosterna
L'homme du taudis Twaddle
Ce qui étonna Twiddle,
Lequel se haussa du col,
Sensible à la flatterie ;
Et devant cette sottise
Crut qu'il était un modèle.

G.J.

Taxe *n.* Imposition sur l'importation, conçue pour protéger le producteur local de l'avidité du consommateur.

L'Ennemi de l'Humanité
S'assit un jour en soupirant
Sur ce que coûtait le charbon ;
Car depuis peu, l'Enfer avait
Été franchement annexé
Comme État Souverain du Sud.

« Il n'y a rien de plus injuste, »
Gémissait-il, « que toutes ces taxes,
Qui m'obligent à l'économie —
Voilà le résultat : mes grils
Ont perdu tout leur rendement.
Le travail n'est plus efficace
Et les clients pourraient s'en plaindre :
Pour leur offrir un doux grésil,
Je suis en panne de combustible.
Nous en sommes là : ces taxes obligent
Chaque diablotin à tricher !
Me voilà ruiné ; et, en plus,
Tous les filous viennent piller
Ce que fut mon fonds de commerce :

La grande presse sous mon nez
Utilise le même soufre ;
Le barreau se sert sans vergogne
De mon catalogue de mensonges ;
Les docteurs (en vain quelquefois)
Utilisent mes médecines
Pour me spolier de mes clients
Dont ils soutirent des honoraires ;
Les prêcheurs par l'exemple enseignent
Ce que dédaignant d'effectuer
Je me contentais de prêcher ;
Les politiciens, me singeant,
Font tous dix fois plus de promesses
Que ce qu'ils pourraient exaucer.
Contre une telle compétition
Je clame ma protestation.
Et puisqu'ils ignorent ma complainte,
Il me reste à devenir saint ! »

Mais au sein des Républicains
Qui, on le sait, sont tous des saints,
L'indignation fut véhémente
Contre cette compétition
Assez problématique ; comment !
Un diable était sur le filon !
Ils firent front, et tête-à-tête,
Entamèrent de fielleux débats,
Jusqu'à ce que les Démocrates,
Abandonnés et solitaires,
Entrent eux aussi dans le combat.
Alliés dans la même aversion
Contre le diable envahisseur
Les belligérants s'embrassèrent ;
Mais jusqu'à ce qu'ils puissent un jour
Se mettre d'accord ensemble
Sur l'éventuel abaissement
D'un iota sur le Saint Impôt,

Ils s'accordèrent pour créer
Contre le hardi trublion
Une taxe d'importation
Comptée sur chaque âme qui tombe
Dans son improductif Enfer.
Edam Smith.

Technicité *n.* Un homme du nom de Home fut traduit devant une cour anglaise pour calomnie, car il avait accusé son voisin de meurtre. Ses mots exacts étaient : « J'ai vu Sir Thomas Holt prendre un hachoir et l'abattre sur la tête de son cuisinier, avec une telle force que la moitié de la tête retomba sur l'épaule gauche, et l'autre sur l'épaule droite. » Après instruction, le défendant fut acquitté par la Cour, les excellents juges ayant considéré que les mots ne constituaient pas une accusation de meurtre, car ils n'affirmaient pas la mort du cuisinier, laquelle ne constituait qu'une occurrence.

Teetotaliste *n.*[1] Personne qui s'abstient de boire des alcools, quelquefois totalement, quelquefois assez totalement.

Téléphone *n.* Invention du diable qui annule quelques-uns des avantages à maintenir une personne désagréable à distance.

Télescope *n.* Invention qui est à l'œil ce que le téléphone est à l'oreille, en ceci qu'il permet à des objets lointains de venir nous agresser avec une multitude de détails inutiles.

Ténacité *n.* Qualité particulière de la main de l'homme dans sa relation avec la monnaie de l'endroit. Elle trouve son plus grand épanouissement dans la main

1. Membre d'une société de tempérance.

de l'autorité, et se voit très prisée par ceux qui souhaitent faire carrière dans la politique. L'exemple des quelques lignes qui suivent est dû à un gentleman californien qui jouissait d'une belle situation politique au moment de ce bilan :

Sa poigne était d'une telle ténacité
Que rien ne parvenait à glisser de sa main.
Vous auriez pu cacher des anguilles frétillantes
Dans un baquet plein d'huile, il les aurait sorties
Prestement, une à une, entre ses doigts d'acier !
Heureusement pour lui, il n'eut pas à tirer
Son souffle avec ses mains, car son avidité
L'aurait vite conduit à sortir le dernier.
C'est heureux, dites-vous. Pas sûr, car il le fit,
Mais ne lâcha pas prise sur ce dernier soupir !

Terre *n.* Nom de notre planète, mais aussi de la surface de celle-ci, considérée comme étant susceptible d'être sujette à la propriété. Le principe de propriété qui permet l'appartenance privée est l'une des fondations de notre société moderne, et reste d'une importance considérable dans son organisation. Poussé à sa conclusion logique, il signifie que certains ont le droit d'empêcher l'existence d'autres personnes ; car le droit de posséder implique le droit d'occuper avec exclusivité ; et, dans les faits, des lois interdisant même le passage sont promulguées partout où la propriété territoriale est reconnue. Il s'ensuit que si l'ensemble habitable de *terra firma* est en possession de A, B et C, il n'y a plus d'endroit pour D, E, F et G afin de naître, et, même s'ils étaient nés clandestinement, plus d'endroit pour exister.

Une vie entière sur la houle,
Une maison sur les grands fonds,
Pour l'étincelle que la vie donne

C'est mon droit de propriété.

Ils me donnent du chat-à-neuf-queues
Lorsque je m'aventure au port.
Alors ho ! cap au large — Je reste
Le commodore de la nature !

Dodle.

Tête ronde *n.* Membre du parti parlementaire durant la guerre civile anglaise — ainsi nommé à partir de son habitude de porter les cheveux coupés très courts, alors que son ennemi, le Cavalier, les portait très longs. Il y avait d'autres points de dissension entre eux, mais la manière de porter les cheveux constituait néanmoins la cause principale de leur querelle. Les Cavaliers étaient royalistes car le roi, dans sa paresse, trouvait qu'il était plus pratique de laisser pousser ses cheveux que de se laver le cou. Ce que les "têtes rondes", qui étaient presque tous barbiers ou fabricants de savon, considéraient comme une injure à leurs professions, et qui concentrèrent de ce fait leur indignation sur le cou royal. Les descendants des belligérants portent aujourd'hui leurs cheveux comme ils l'entendent, mais les feux de l'animosité allumés dans cet ancien conflit couvent toujours sous les neiges de la civilité britannique.

Théosophie *n.* Foi ancienne qui alliait aux certitudes de la religion les nombreux mystères de la science. Les Théosophes modernes soutiennent, avec les bouddhistes, que nous vivons un grand nombre de fois sur la terre, à travers de nombreux corps, car une seule existence n'est pas assez longue pour assurer notre développement spirituel complet ; en d'autres termes, une simple vie ne suffit pas pour nous rendre aussi sages et aussi bons que nous souhaiterions le devenir. Atteindre la sagesse et la bonté — c'est la perfection ; et le Théosophe possède une vue si perçante qu'il peut observer que chaque désir d'amélioration tend insensiblement à la perfection. Des observateurs moins compétents sont cependant enclins à faire une exception pour les chats, qui semblent ni plus sages et ni meilleurs qu'ils ne l'étaient l'année passée. La plus grande et la plus replète des derniers Théosophes était Madame Blavatsky, qui ne possédait pas de chats.

Toile *n.* « Sorte de linceul dont la fabrication, quand il est fait avec du chanvre, a entraîné l'usage d'une grande longueur de chanvre. » — *Calcraft le Bourreau.*

Tombe *n.* Maison de l'Indifférence. Les tombes sont généralement investies d'un certain respect religieux, mais quand elles ont été longtemps occupées, cela n'est plus considéré comme un péché de les ouvrir et de les dévaliser ; ainsi, le célèbre égyptologue Dr. Huggyns expliquait qu'une tombe pouvait être innocemment "inventoriée" à partir du moment où son occupant ne sentait plus rien, l'âme étant alors complètement exhalée. Cette vue assez raisonnable est maintenant partagée par les archéologues, pour la plus grande contribution à la noble science de la Curiosité.

Tombeau *n.* Endroit où l'on place les morts, dans l'attente des étudiants en médecine.

> Près d'une tombe solitaire
> Et désolée, je me tenais ;
> Le vent dans les bois gémissait
> Que jamais plus il n'entendrait.
>
> Un rustre était là ; je notais :
> « Il ne peut entendre le vent ! »
> « Ben non, vu qu'il est mort, » dit-il, —
> « C'est sûr qu'il ne peut plus l'entendre. »

« Hélas, non, » dis-je, « aucun son
Ne parviendra plus jamais
A sa pauvre oreille endormie. »
« Heu, un parent à vous, Monsieur ? »

Je tombai à genoux : « O Père
Très-haut, recueille-le en ton sein ! »
Un court instant, l'homme réfléchit
Et dit : « Je ne l'ai pas connu. »

Pobeter Dunk

Tortue *n.* Créature tout spécialement créée pour donner à l'illustre Ambat Delaso l'occasion de rédiger les couplets suivants :

A MA TORTUE

Ma chère, vous n'êtes guère gracieuse — vraiment pas ;
Votre allure malhabile ferait presque pitié.

Vous n'êtes pas belle non plus : votre tête ressemble
A celle d'un serpent qui aurait la migraine.

Si laides sont vos pattes, qu'un ange en pleurerait.
Et quelle idée de les rentrer quand vous dormez !

Non, vous n'êtes pas belle, mais en compensation,
Vous avez le renfort de votre carapace.

Puissance et fermeté, des muscles de géant
Tout ceci fait de vous un être d'exception.

Ne vous manque dans ce palmarès de vertus
Qu'une seule chose, je dois l'avouer : c'est l'âme.

Alors, et pour vous faire un tout dernier aveu,
Si je le pouvais je vous donnerais la mienne.

Mais peut-être, qui sait, dans un temps à venir,
Après la fin de l'Homme un nouveau monde verra

Votre progéniture venir le remplacer
Et se voir accorder la noblesse d'une âme.

Aussi je vous salue, curieuse créature,
Prédestinée peut-être à repeupler la Terre.

Porteuse de toutes les espérances, je te salue ;
Accepte les hommages d'un règne déclinant !

Dans les régions lointaines de l'imagination,
J'ai rêvé de tortues siégeant sur chaque trône.

J'ai vu un Empereur la tête se cachant
Dedans la carapace par crainte de la Loi ;

Un roi qui transportait autre chose, pour une fois,
Que, selon l'habitude, le gras de son bedon ;

Un Président pas seulement préoccupé
De réduire les clameurs de son opposition —

Qui jamais n'eût tiré (vaine attaque d'ailleurs)
Au dos d'une tortue armée ou désarmée.

Sujets et citoyens n'avaient nul besoin
D'organiser des Marches de Protestation ;

Tous allaient leur chemin, calmes, contemplatifs,
Et "prenez votre temps" constituait leur devise.

Et c'était, O Tortue, un heureux, heureux rêve,
Un rêve de régime en forme de carapace !

C'est au temps de l'Éden qu'il aurait été bon
De le faire commencer, en en chassant Adam.

Toujours prêt à faire les volontés de sa femme *n.*[1] Atteint d'une affection perverse qui a fait s'égarer sa propre femme.

Tourner sa veste *v.* Changer soudainement ses vues

1. Aussi hallucinant, aussi invraisemblable que cela puisse paraître, il existait en anglais un adjectif, *uxorious*, avec ce sens tout à fait particulier ; mais les dictionnaires modernes n'en font plus mention.

en en adoptant de nouvelles.

L'un des plus illustres personnages qui retourna sa veste fut Saül de Tarsus, lequel fut sévèrement critiqué par ses anciens compagnons de route.[1]

Trafic *n.* Achat d'une barrique de whisky dont vous n'avez pas besoin pour la valeur d'une vache que vous n'avez pas.

Travail *n.* L'un des processus selon lequel A gagne des biens pour B.

Trêve *n.* Amitié.

Trichinose *n.* Vengeance du porc contre les adeptes de la suidophagie.

Moïse Mendelssohn, étant tombé malade, appela un médecin catholique, qui se demanda au départ si l'infection du philosophe n'était pas due à la trichinose, mais qui préféra avec tact lui donner un autre nom. « Il vous faut un changement immédiat d'alimentation, » dit-il ; « à partir de maintenant, vous mangerez chaque jour deux cents grammes de porc. »

« Du Porc ? » s'insurgea le patient — « Du porc ? Pour rien au monde je n'accepterais d'y toucher ! »

« Véritablement ? » demanda gravement le docteur.

« Je le jure ! »

« Bien ! — Alors je vais essayer de vous guérir. »

Trinité *n.* Dans la théologie complexe de certaines Églises chrétiennes, trois déités entièrement distinctes,

1. Saül de Tarsus est évidemment plus connu sous le nom qui lui est resté après sa conversion, celui de Saint Paul. Rappelons qu'avant cet événement, Saint Paul était un pharisien d'un zèle ardent, persécuteur des premiers Chrétiens.

mais qui n'en font qu'une. Les déités secondaires des croyances polythéistes, telles que les anges et les démons, ne sont pas dotées du pouvoir de combinaison, et doivent s'occuper par elles-mêmes de la promotion du culte qui leur est dû. La Trinité est l'un des plus sublimes mystères de notre sainte religion. Quand ils la rejettent en disant qu'elle est incompréhensible, les Unitariens trahissent leur incapacité à comprendre les fondements théologiques. En religion, nous ne croyons exclusivement qu'en ce que nous ne comprenons pas, sauf dans le cas d'une doctrine intelligible qui en contredit une autre inintelligible. Alors nous croyons en la première par le biais de la seconde.

Troglodyte *n.* A l'origine, habitant des cavernes de la période paléolithique, entre l'arbre et l'appartement. Une célèbre communauté de troglodytes résida avec David dans la caverne d'Adullam. La colonie consistait en « tous ceux qui étaient dans la détresse, qui avaient des créanciers, ou qui étaient mécontents » — en bref, tous les socialistes de Judée.

Trust *n.* Dans les affaires américaines, vaste corporation composée dans sa plus grande part d'ouvriers nécessiteux, de veuves à petits revenus, d'orphelins sous tutelle et de Conseils divers, peuplés d'identiques malfaiteurs et d'ennemis publics.

Tsé-tsé (mouche) *n.* Insecte africain (*Glossina morsitans*) dont la piqûre est généralement considérée comme le meilleur remède naturel pour l'insomnie, bien que certains patients avouent leur préférence pour le noveliste américain (*Mendax interminabilis*).

Tuer *v.* Créer une vacance sans nommer un successeur.

U

Ubiquité *n.* Don de pouvoir se trouver en différents endroits à la fois, mais pas en tout endroit à tout moment, ceci étant l'omniprésence, réservée exclusivement à Dieu et à l'éther luminifère. L'importante distinction entre l'ubiquité et l'omniprésence n'était pas clairement établie au temps de l'Église médiévale, et fit couler beaucoup de sang. Certains luthériens, qui affirmaient la présence en tous lieux du corps du Christ étaient connus sous le nom d'Ubiquitariens. Ils furent sans aucun doute damnés pour cette mauvaise interprétation, car le corps du Christ n'est présent que dans l'Eucharistie, bien que ce sacrement puisse être accompli simultanément en bien plus d'un seul endroit. Tout récemment, l'ubiquité n'a pas mieux été comprise — pas du tout, par exemple, par Sir Boyle Roche, qui soutenait qu'un homme ne pouvait pas être en même temps à deux endroits, à moins d'être un oiseau.

Ultimatum *n.* En diplomatie, ultime demande avant d'abandonner une concession.

Ayant reçu un ultimatum de l'Autriche, le Ministère Turc entreprit de mettre la question à l'examen.

« O serviteur du Prophète, » dit le Cheik de l'Impérial Chibouk au Mamouch de l'Invincible Armée, « combien de farouches soldats avons-nous sous les armes ? »

« Grand Soutien de la Foi, » répondit le dignitaire après avoir consulté ses tablettes, « ils sont aussi nombreux que les feuilles des arbres de la forêt ! »

« Et combien d'invincibles vaisseaux de guerre propres à inspirer la terreur dans l'âme de tous ces pourceaux chrétiens ? » demanda l'Imam de la Flotte Qui Ne Connut pas De Défaite.

« Oncle de la Pleine Lune, » lui répondit-on, « sache qu'ils sont comme les vagues de l'océan, les sables du désert et les étoiles du ciel ! »

Pendant huit grandes heures bouillonna sous le front du Cheik de l'Impérial Chibouk l'écume d'une sombre pensée : il analysait les chances de la guerre. Puis, « Fils des Anges, » dit-il, « que les dés en soient jetés ! Je suggérerai au grand Uléma de l'Oreille Impériale qu'il conseille l'inaction. Par le nom d'Allah, le conseil est ajourné. »

Une fois *n.* Assez.

Unitarien *n.* Personne qui refuse de croire en la divinité d'un Trinitarien.

Universaliste *n.* Personne qui donne un avant-goût de l'Enfer aux personnes d'une autre croyance.

Urbanité *n.* Cette sorte de civilité que les observateurs urbains reconnaissent aux habitants de toutes les cités à l'exception de New York. Son expression la plus courante consiste en ces mots, "excusez-moi", et elle n'est pas incompatible avec une complète ignorance des droits d'autrui.

> Le propriétaire d'un certain moulin à poudre
> Se promenait rêveur sur une autre colline —
> Un sorte de pressentiment dans la tête —

Quand du ciel sans nuage tomba soudainement
Un rognon humain fricassé ! Là-bas, au loin,
Le moulin à poudre venait d'exploser. Contrit,
Et soulevant son chapeau, le propriétaire
Murmura au rognon : « Excusez-moi, Monsieur,
Je ne me doutais pas que c'était si dangereux. »
Swatkin.

Usage *n.* La Première Personne de la Trinité littéraire, les Deuxième et Troisième étant la Coutume et la Convention. Pénétré d'une douce révérence pour cette Sainte Trinité, un écrivain laborieux pourra espérer produire des livres qui dureront aussi longtemps que l'air du temps.

V

Valeur *n.* Dans le langage militaire, puissant assemblage de vanité, de devoir et d'une certaine inconscience de flambeur.

« Pourquoi avez-vous stoppé ? » hurlait à Chickamauga le commandant d'une division à laquelle il avait donné l'ordre de la charge ; « voulez-vous avancer, immédiatement ! »

« Général, » dit le chef de la désobéissante brigade, « Je suis véritablement persuadé que la moindre démonstration supplémentaire de la valeur de mes troupes les mettrait immédiatement en collision avec l'ennemi. »

Vanité *n.* L'hommage d'un imbécile aux qualités d'un âne très intime.

Les poules, dit-on, caquettent beaucoup plus fort
Quand les œufs qu'elles couvent ne sont pas fécondés ;
Et ce sont des poules qui, ayant effectué
Une étude complète de l'humanité,
Affirment que les hommes de plume ou de parole
Font un tapage inversement proportionnel
A la valeur de leurs ouvrages ; et je crains bien
Qu'en ceci, en effet, ce ne soient que des poules.

Vois ! Le tambour-major dans sa veste dorée,
Ses culottes écarlates et son grand couvre-chef —
Impressionnant, splendide, imperturbable,
Résolu, inflexible, inspirant la terreur !
Te vient-il à l'esprit que la seule vertu
De cette créature est que dans la bataille
Elle ne risque pas de te faire du mal ?

Hannibal Hunsiker.

Veau d'or *n.* Dieu de la religion dominante du monde. Son plus haut temple est situé dans la saintc métropole de New York.

Il jura que toutes les religions
N'étaient que du lard et du cochon
Et se mit à s'user les genoux,
Dans la vénération du Veau d'or.

Jared Oopf.

Ver à viande *n.* Produit final dont nous sommes le matériau brut. Contenu du Taj Mahal, du Tombeau de Napoléon et du Panthéon. Le ver à viande survit habituellement à la structure qui l'héberge, mais "comme toute chose passera aussi". La plus stupide, probablement, de toutes les tâches dans lesquelles l'homme peut s'engager est la construction de son propre tombeau. La démarche n'apporte aucune dignité supplémentaire, et ne peut en fait qu'accentuer par contraste sa prévisible futilité.

Fou ambitieux ! assez stupide pour t'exhiber !
Comme il est inutile, cet ouvrage entrepris
Sur une habitation dont la munificence
Ne profitera pas à son propriétaire !

Creuse profond, construis massif ou élevé,
Tu n'empêcheras pas les racines cruelles
De fendre les pierres et de démantibuler

Ce que tu voulais bâti pour l'éternité.

Le temps pour le trépas ne se mesure pas
Au point que, tout le marbre réduit à la poussière,
Si d'aventure il t'arrivait de t'éveiller
Tu croirais n'avoir fermé les yeux qu'à l'instant.

Quelle idée de l'œuvre de l'homme ta simple tombe
Pourrait-elle représenter à la fin des temps ?
Où serait l'intérêt de reposer encore
Éternellement, comme un lichen sous un caillou ?

Joel Huck.

Vérité *n.* Compromis ingénieux entre l'apparence et la désirabilité. La recherche de la vérité est l'unique dessein de la philosophie, laquelle est la plus ancienne occupation de l'esprit humain, et possède toutes les chances de prospérer encore jusqu'à l'ultime aboutissement de l'humanité.

Verrou *n.* Appareil distinctif de la civilisation et de l'évolution de la pensée.

Vers blancs *n.* Pentamètre iambique non rimé — la manière la plus difficile de faire de la bonne poésie en anglais ; un mode, donc, très apprécié par ceux qui sont incapables d'écrire convenablement de toutes les manières.

Vertus *n.p.* Abstinences totales.

Veuve *n.* Figure pathétique que le monde chrétien s'accorde à considérer d'une manière un peu humoristique, bien que l'affection du Christ envers les veuves fût l'un des traits les plus marquants de son caractère.

Vie *n.* Saumure spirituelle qui préserve le corps de la détérioration. Nous vivons dans l'appréhension quotidienne de sa perte, même si nous n'avons plus à nous en soucier quand nous la perdons. Une question, "La vie vaut-elle d'être vécue ?" a fait l'objet de longs débats, surtout de la part de ceux qui répondent par la négative ; un grand nombre d'entre eux ont étayé leur point de vue d'un nombre considérable d'ouvrages, une stricte observance des règles de la bonne santé leur ayant permis de prolonger pendant des dizaines d'années les honneurs d'une controverse fructueuse.

« Non, la vie ne vaut pas la peine d'être vécue,
Voilà la vérité, » chantonnait, insouciant,
Le beau jeune homme, dans la splendeur de sa jeunesse.
A l'âge mûr, il s'en tint à ce point de vue
Et n'en démordit pas en touchant la vieillesse.

Quand passé quatre-vingts il prit un coup de sabot,
« Vite, à l'aide ! un médecin ! sauvez-moi ! » criait-il.

Han Soper.

Vieillesse *n.* Période de la vie où nous transigeons avec les vices que nous continuons à chérir, tout en repoussant avec horreur ceux que nous n'avons plus la faculté de commettre.

Vieux *adj.* Dans cet état d'inutilité qui n'est pas incompatible avec une certaine impotence, tel un *vieil homme*. Discrédité par le temps qui passe et la désaffection du public, tel un *vieux livre*.

« Des vieux ouvrages ? Qu'ils aillent au diable ! » disait Goby.
« De la fraîcheur du jour sont mes pains et mes livres. »

La Nature respectant la règle de Goby
Nous fournit chaque jour un nouvel abruti.

Harley Shum.

Vigne *n.*

Béni sois-tu, noble fruit ! — chanté par Homère,
Anacréon et Khayyam ;
Ta louange est partout et toujours sur la langue
D'hommes meilleurs que moi.

La lyre je ne l'ai jamais véritablement
Tenue, le chant je ne l'oserais pas :
Je ne puis t'offrir mon humble service
Qu'à pourfendre le railleur.

Les buveurs d'eau et les extravagants
Qui ne voient de l'alcool que l'usage médical —
j'exhiberai gaiement leur panse-réservoir
Et je les fesserai de ma baguette magique.

Emplis les verres, emplis les verres, car la sagesse
Se refroidit lorsque nous délaissons le vin.
Que périssent ensemble les adeptes de la
Prohibition et les puces du phylloxéra !

Vin *n.* Jus de la vigne fermenté connu par les Ligues de Femmes Chrétiennes comme une "boisson", quelquefois comme "du rhum". Le vin, Madame, est pratiquement le plus beau cadeau que Dieu fit à l'homme.

Violon *n.* Instrument qui titille les oreilles humaines par le frottement d'une queue de cheval sur les boyaux d'un chat.

Néron dit aux Romains : « Si le feu se déclare,
Je jouerai du violon tant que vous brûlerez. »
Rome répondit à Néron : « S'il vous plaît, César,
Nous aurons une excuse si vous jouez d'abord. »

Orm Pludge.

Vipère *n.* De la race des serpents. Ajoute quelquefois des frais funéraires aux autres dépenses courantes.

Vitupération *n.* Satire, telle que la comprennent les obtus et ceux qui souffrent de lourdeur dans la forme de leur esprit.

Vocifération *n.* Mode d'expression d'un adversaire.

Voisin *n.* Personne qu'on nous demande d'aimer comme nous-mêmes, et qui fait tout ce qu'il peut pour nous faire désobéir.

Voleur *n.* Homme d'affaires candide.

En même temps que d'autres voyageurs, Voltaire s'arrêta un jour dans une auberge isolée. L'endroit était particulièrement suggestif, et, après le souper, il en arrivèrent à se raconter des histoires de voleurs.

Quand arriva le tour de Voltaire, il dit : « Il y avait un Fermier Général. » Comme il s'était arrêté là, on le pressa de continuer.

« C'était, » dit-il, « toute l'histoire. »

Voleur de cadavres *n.* Celui qui frustre les vers de leur pitance. Personne qui approvisionne les jeunes médecins d'une matière première que les vieux médecins ont fournie aux Pompes Funèbres. Hyène.

« Une nuit, racontait un docteur,
Avec trois de mes camarades,
Nous nous trouvions dans un cimetière
A l'ombre noire d'une muraille.

« La lune tardait à se coucher,
Nous vîmes une hyène rôder
Autour d'une tombe fraîche, et
Tout à coup se mettre à creuser !

« Scandalisés par l'acte affreux,
Ensemble nous nous précipitâmes

Pour chasser l'horrible animal
Qui en abandonna sa pioche. »
Bettel K. Jhones.

Vote *n.* Acte et symbole du droit d'un homme libre de faire de lui-même un sot et de son pays un chaos.

Vraiment *n.* Apparemment.

W

W ("double V") est l'une des deux lettres, l'autre étant le Y, à ne pas être monosyllabique. Cet avantage de l'alphabet romain sur l'alphabet grec est particulièrement évident lorsque l'on vient d'épeler à haute voix un simple mot grec, comme ε πιχοριαμβικος. Toutefois, les spécialistes d'aujourd'hui estiment que la différence entre les deux alphabets n'est pas la seule raison qui entraîna le déclin de "la gloire que fut la Grèce", tandis que montait "la grandeur de ce que fut Rome". Il ne fait pas de doute, pourtant, qu'en simplifiant le nom de notre moderne *W* (en l'appelant "wow", par exemple), notre civilisation pourrait bien, si elle n'y gagne pas en magnificence, tenir un peu plus longtemps dans la durée.

Wall Street *n.* Endroit de tous les péchés où l'on envoie les diables punis. Que Wall Street soit un véritable repaire de brigands est une affirmation qui apporte un peu de consolation aux autres malandrins qui n'ont pas une espérance plus mauvaise dans le Paradis. Même le très grand et très bon Andrew Carnegie fit sa profession de foi en la matière.[1]

Carnegie l'intrépide avait lancé son cri :
« Les courtiers de Wall Street sont tous des parasites ! »
Carnegie, Carnegie, c'est un jeu dangereux ;
Gardez le vent de votre souffle pour gonfler
Les voiles de vos bateaux, retournez sur votre île
Aux perpétuelles brumes, ôtez votre tartan,
Laissez s'échapper l'air de votre cornemuse :
Lomond appelle déjà son fils pour la bagarre —
Volez, volez loin de la région de Wall Street !
Tant qu'il vous restera le moindre petit shilling
(Et, à ce propos, je ne suis pas opposé,
En ce qui me concerne, à une fondation),
Il serait sage de vous retirer de la guerre
De la bourse, de peur que vos valeurs n'en soient
Frappées, sans que votre réputation n'y gagne.
Carnegie, Carnegie, pour un homme qui s'affirme
Comme un roi de la mer autant que de l'argent,
Votre langue n'est pas assez bien arrimée !

Anonymous Bink.

Washingtonien *n.* Membre d'une tribu du Potomac qui a troqué le privilège de s'administrer lui-même contre l'avantage d'une bonne administration. Il faut dire pour lui rendre justice que ce n'est pas ce qu'il souhaitait.

Ils lui ôtèrent son vote et donnèrent à la place
Le droit, pour son mérite, de manger du bon foin.
En vain — il réclame à son patron, le bougre,
Qu'on le lui rende, et qu'il s'écarte du râtelier.

Offenbach Stutz.

1. Carnegie (1835-1919), né en Ecosse, fut le fondateur de l'*U.S. Steel Corporation*, laquelle domina tout le marché américain du fer et de l'acier. C'est Pierpont Morgan qui lui succéda ensuite à la tête du trust, alors que lui-même finissait sa vie en se consacrant à des œuvres et des fondations charitables.

Whangdepootenawah *n.* Dans la langue Ojibwa, désastre. Affliction inattendue qui frappe très très fort.

Vous demandez d'où vient ce rire,
Cette sonore excavation,
Avec sa labiale extension,
Son écartement maxillaire
Et son rythmique hoquettement,
Ondulant comme l'océan,
Comme un grand tapis qu'on secoue,
Je répondrais, je vous dirais :
Depuis les abysses de l'esprit,
Depuis les profondeurs sans fond
De l'âme, ce gloussement jaillit
Comme le jet d'une fontaine,
Comme la rivière du canyon,
Pour témoigner au monde entier
Que mon humeur est au beau fixe.

Mais, venez-vous me demander,
Pourquoi des abysses de l'esprit,
pourquoi des profondeurs sans fond
De l'âme, arrive-t-il ce rire,
Cette sonore excavation !
Je répondrais, je vous dirais,
Le cœur joyeux, la larme à l'œil,
Le vrai, le grand, l'heureux motif :
William Bryan, il se l'est pris,
Pris le Whangdepootenawah !

Est-ce donc une grue des sables,
Qui se tient là dans le marais,
Coite, enfoncée jusqu'aux genoux,
Le bout de ses ailes croisé haut,
Le cou frileusement rentré,
Le bec serré contre son ventre,
Tête baissée, tandis que pointent

Les angles vifs des deux épaules ?
Est-ce donc une grue des sables,
Bleue de froid dans le vent du nord,
Espérant une mort prochaine,
Comme un vulgaire petit moineau ?
Non, c'est un volatile debout,
debout dans le triste et lugubre
Marais, et pris jusqu'aux genoux.
Non, c'est William Bryan, l'œil vide,
Qui réalise qu'il se l'est pris,
Pris le Whangdepootenawah !

XY

X dans notre alphabet étant une lettre inutile, possède une grande invulnérabilité contre les attaques des réformateurs de l'orthographe, et comme eux, durera sans aucun doute aussi longtemps que le langage. X est le symbole sacré de dix dollars, et dans les mots comme Xmas, Xn,[1] etc, est utilisé pour "Christ", non pas, comme il est souvent supposé, parce qu'il représente une croix, mais parce que la lettre correspondante en grec est l'initiale de Son nom — Χριστος. S'il représentait une croix, il serait utilisé pour "Saint André", qui tâta d'un instrument de cette forme. Dans l'algèbre de la psychologie, *x* représente l'intelligence de la femme. Enfin, les mots commençant par X sont grecs et ne seront pas définis dans ce présent dictionnaire.

Yankee *n.* En Europe, un Américain. Dans les États nordiques de l'Union, une personne de la Nouvelle-Angleterre. Dans les États du sud, le mot est ignoré. (voir SALYANK)

1. *Christmas*, *Christian*, "Noël", "Chrétien".

Z

Zanni *n.* Personnage populaire d'anciennes pièces italiennes, qui imitait avec une grossièreté risible le *buffone*, ou clown, et se retrouvait par là-même dans la peau du singe d'un singe ; car le clown lui-même était là pour imiter les personnages sérieux de la pièce. Le zanni engendra le comique professionnel, tel que nous avons aujourd'hui l'infortune de le connaître. A travers le Zanni, nous avons un exemple de création ; à travers l'humoriste, de transmission. Un autre excellent spécimen du zanni moderne est le vicaire, qui singe le recteur, qui singe l'évêque, qui singe l'archevêque, qui lui-même singe le diable.

Zanzibarien *n.* Habitant du Sultanat de Zanzibar au large des côtes orientales de l'Afrique. Les Zanzibariens, personnages belliqueux, sont mieux connus depuis qu'eut lieu il y a quelques années un assez sensible incident diplomatique. Le consul d'Amérique occupait là-bas une maison qui faisait face à l'océan, avec comme seule séparation une grande plage de sable. Au grand scandale de la famille diplomatique, et en dépit des plaintes répétées du consul lui-même, les gens de la ville persistaient dans l'habitude de venir se baigner sur la plage. Une dame un jour arriva au bord de l'eau et se pencha pour retirer ses atours (une paire de sandales) quand le consul, exaspéré au-delà de toute expression, tira une cartouche de petits plombs dans la partie la plus intéressante de la personne. Malheureusement pour le principe d'*entente cordiale* qui est de rigueur entre deux grandes nations, c'était la Sultane.

Zèle *n.* Sorte de maladie nerveuse qui afflige les jeunes et les inexpérimentés. Passion qui ne s'élance que pour mieux s'étaler.

Quand Zèle se mit en quête d'un geste de Gratitude,
Il arriva en s'écriant : « Votre seigneur ! »
« Qu'est-ce que tu veux ? » demanda l'autre en se penchant.
« Une pommade pour mes bosses et mes plaies. »

Jum Coople.

Zénith *n.* Point dans le ciel exactement au-dessus d'un homme debout ou d'un chou-fleur qui pousse. Un homme dans son lit ou un chou-fleur dans la marmite sont parfois considérés comme n'ayant pas de zénith, cette question étant d'une importance assez considérable pour avoir provoqué de vives discussions, certains soutenant que la position du corps n'avait aucune importance. Ils furent appelés Horizontalistes, et leur opposants Verticalistes. L'hérésie Horizontaliste fut finalement réduite par Xanobus, le roi-philosophe d'Abara, lequel était un fervent Verticaliste. Arrivant dans une salle où les philosophes étaient en train de débattre sur le sujet, il posa une tête tranchée aux pieds de ses opposants en leur demandant de déterminer son zénith, et en ajoutant que le corps était pendu au-dehors par les talons. Remarquant qu'il s'agissait de la tête de leur chef, les Horizontalistes s'empressèrent de se convertir à n'importe quelle foi qu'il plairait à la cour d'adopter, et dès lors, l'Horizontalisme a trouvé place parmi les *fides defuncti*.

Zeus *n*. La première des déités grecques, adorée par les Romains sous le nom de Jupiter, et par les Américains modernes sous les noms de Dieu, Or, Peuple et Chien. Quelques explorateurs qui ont approché les côtes de l'Amérique, et l'un d'entre eux qui déclare avoir pénétré assez profondément à l'intérieur, estimaient que ces quatre noms recouvraient autant de divinités distinctes, mais dans son ouvrage monumental sur les Croyances Primitives, Frumpp maintient que les indigènes sont monothéistes, chacun n'ayant pas d'autre dieu que lui-même, qu'il adore sous différents noms sacrés.

Zigzaguer *v*. Se déplacer en avant d'une manière incertaine, d'un côté à l'autre, comme une personne qui porte la responsabilité de l'homme blanc. (De *zed*, z, et *Jag*, un mot islandais dont le sens est inconnu.)

Tellement qu'il zedzagait
Je pouvais pas passer ;
Mais j'y suis arrivé
En passant au milieu.
Munwele.

Zoologie *n*. Science du règne animal, incluant son souverain, la Mouche Domestique (*Musca maledicta*). Le père de la Zoologie fut Aristote, ce qui est universellement reconnu, mais le nom de sa mère n'est pas arrivé jusqu'à nous. Deux des plus célèbres vulgarisateurs de cette science furent Buffon et Olivier Goldsmith, qui soutinrent l'un et l'autre (*L'Histoire générale des animaux* et *A History of Animated Nature*) que la vache commune perd ses cornes tous les deux ans.

POSTFACE

Ambrose Bierce fut un enfant de pionniers, issu de l'une de ces familles qui pouvaient s'enorgueillir de descendre des premiers grands Pèlerins, mais qui en deux siècles n'avaient su qu'errer de ferme primitive en ferme primitive, toujours un peu plus vers l'ouest, prêchant la bonne parole et cultivant leur puritanisme intransigeant. Ambrose naquit ainsi dans une masure de l'Ohio en 1842, dixième enfant d'une famille qui en compta jusqu'à treize, et il dut son prénom au curieux caprice alphabétique de ses parents qui avaient doté toute leur descendance de prénoms commençant par la lettre "A".

Marcus Bierce, le père, était un homme austère et rigide, plus enclin à exhorter à la vertu qu'à travailler la terre, et qui peut-être trouva dans la dive bouteille quelques consolations à son existence médiocre. Il possédait une petite bibliothèque, dans laquelle figuraient Byron et Homère, qui furent les premiers grands souvenirs de lecture du jeune Ambrose. La mère était une femme aimante, mais confite en dévotion. Ambrose Bierce, dans l'une de ses nouvelles, fit un jour ce portrait quasi autobiographique : « Ma mère, debout, dans l'attitude d'une sainte, pressant son livre de prières avec ses deux mains, mon vénérable père, assis dans son coin de cheminée, sa tête argentée inclinée sur sa poitrine, ses mains blanches patiemment croisées sur ses genoux, attendant la mort avec une résignation chrétienne, et ivre comme un lord... » Celui avec qui il s'entendait le mieux était son plus proche frère Albert. Quant au personnage le plus important de la famille, c'était un oncle qui avait fui la ferme à quinze ans, avait poursuivi des études de droit, et était devenu juge dans une ville voisine.

Après la naissance d'Ambrose, la famille avait déménagé deux fois encore vers l'ouest, avant de s'installer à Walnut Creek, dans l'Indiana. Dans l'ensemble, Bierce ne garda pas un souvenir très ému de ses années de jeunesse dans les sordides maisons de rondins, humides et froides. A la porte, les poules et les cochons pataugeaient dans la boue. L'hygiène était primitive, l'atmosphère malsaine. Bien que de constitution robuste, le jeune garçon y avait gagné un asthme persistant, qui le poursuivit tout au long de sa vie. Il s'était d'autre part heurté assez rapidement au caractère de son père, à qui il emprunta sans doute le goût de la bouteille, mais pas celui de la dévotion. A quinze ans, ne se voyant décidément pas dans la peau d'un fermier, il quitta la ferme familiale et trouva à Warsaw, à une quinzaine de kilomètres, un emploi de grouillot dans un journal. L'aventure ne dura qu'une année, et le jeune homme revint à la ferme où les relations familiales ne s'améliorèrent pas. Ce fut l'oncle magistrat cette fois-ci qui intervint en l'envoyant au Kentucky Military Institute, où il allait pouvoir entreprendre une carrière militaire. Hélas, l'institution brûla une année plus tard et ne rouvrit pas ses portes. Plutôt que de revenir chez les "sauvages mal lavés", Ambrose Bierce préféra devenir garçon de saloon à Warsaw, et c'est dans cette ville qu'il rencontra la jeune Bernie Wright, laquelle lui inspira ses premiers vers et ses premiers écrits.

Cependant, les États-Unis vivaient, avec l'élection de Lincoln et ses fermes positions sur l'esclavagisme, la première grande crise de leur histoire. Bientôt, les quinze états du Sud firent sécession, et entraînèrent le pays dans la guerre civile. On recrutait dans les deux camps des volontaires, en pensant d'ailleurs de part et d'autre que l'ennemi serait écrasé en trois mois. Tandis qu'Albert entrait dans l'artillerie, Ambrose s'engagea en avril 1861 dans le 9e régiment d'infanterie de l'Indiana, qui fut envoyé en surveillance dans les Cheat Mountains.

Ce prélude à l'activité guerrière commençait comme un séjour touristique non dénué d'agréments, mais la suite releva surtout de la boucherie. A Shiloh en 1862, il y eut onze mille tués chez les sudistes, treize mille chez les nordistes. Les charges étaient meurtrières, elles se terminaient à l'arme blanche ; et on imagine aisément l'impact qu'eut tout à coup sur l'esprit sensible de Bierce cette plongée dans l'horreur. En même temps qu'un certain romantisme de l'action, il découvrait la peur, l'héroïsme et la lâcheté, l'épouvante des champs de bataille jonchés d'agonisants, et cette présence obsédante des morts, grotesques et rigides, derniers avatars de l'absurde condition humaine. Il se comportait cependant avec courage et devint rapidement "second lieutenant". L'année suivante, en 1863, il fut nommé lieutenant topographe, et attaché à l'état-major du général William B. Hazen. Il participa aux terribles batailles de Chickamauga et de Missionary Ridge, faisant des reconnaissances, établissant des plans. Il retrouva un jour sous la mitraille son frère Albert devenu lui aussi lieutenant. Mais déjà, il constatait l'absurdité des décisions, l'incompétence des officiers, ainsi que la facilité avec laquelle ils gaspillaient de pauvres vies humaines.

Il se fiança avec Bernie lors d'une permission, revint au front où le carriérisme des généraux Sherman, Howard, Johnston, devenait de plus en plus évident et conduisait à de véritables massacres. Le jeune officier Bierce voyait tout cela, et le contraste était d'autant plus fort qu'il avait sous les yeux l'exemple de compétence et de droiture du général Hazen. Au début de 1864, Sherman décida d'une attaque frontale sous la mitraille, qui devait être une action d'éclat, et qui faucha en quelques heures vingt-cinq mille soldats de l'Union. Bierce reçut une balle dans la tête, fut ramené à l'arrière dans d'éprouvantes conditions, fut opéré avec beaucoup de retard. La tête enveloppée d'un gros bandage, souffrant de névralgies et, semble-t-il, de difficultés à se déplacer, il partit en convalescence. Il se rendit à Warsaw, découvrit que la charmante Bernie n'avait guère été fidèle, rompit sur le champ, et reprit du service avant la fin de sa convalescence. Il fut capturé en octobre par un guetteur confédéré qui, à sa grande surprise, l'invita chez lui et lui fit découvrir toute l'hospitalité sudiste, avant de le livrer aux autorités. Bierce s'évada, parvint à traverser les lignes et regagna son état-major dans une condition épouvantable.

Il termina la guerre à vingt-trois ans, ayant heureusement retrouvé une meilleure santé, et avec le grade provisoire de capitaine. C'était un jeune officier de haute stature, à la tenue toujours irréprochable, fier et parfois même hautain, mais qui savait en même temps se montrer bon vivant. Il arriva qu'on lui fasse une réputation de misanthrope, ce qui était totalement injustifié. Ambrose Bierce aimait la joyeuse compagnie et s'intéressa toujours à ses semblables, sans illusions, mais sans amertume. La fin de la guerre avait fait de lui un observateur — il reste d'ailleurs de sa main d'excellents relevés topographiques des dernières batailles —, et c'est en observateur qu'il devait tendre désormais à appréhender l'ensemble des activités humaines.

La démobilisation en 1865 le laissait cependant inactif, et Hazen lui fit obtenir un poste de fonctionnaire dans les États du Sud. En théorie, son travail consistait à recenser les récoltes de coton et à en contrôler le commerce ; en pratique, cela tourna rapidement au conflit sauvage avec ceux qui refusaient la tutelle du Nord, ou avec les contrebandiers. Ses assistants étaient régulièrement assassinés, lui-même n'échappa que de justesse à la mort. Autour de lui, l'attitude générale des nordistes victorieux le plongeait dans le dégoût, et il réagissait par contraste avec une agressive honnêteté. Il sympathisa d'ailleurs avec de nombreux sudistes, découvrit les charmes de la civilisation créole, les beautés de la Nouvelle-Orléans. Toutefois, il donna sans regret sa démission quand le général Hazen lui proposa de se joindre à lui pour une mission de reconnaissance dans le nord-ouest. En ce début de 1866, alors que Sheridan et Custer entamaient la "pacification" des territoires indiens, ce n'était pas sans raison que l'on envoyait le trop gênant Hazen, en très petite escorte, pour contrôler des régions sauvages et dangereuses ; et sa disparition n'aurait pas trop chagriné la hiérarchie militaire. Rien de tout cela ne fit reculer Ambrose Bierce, d'autant que Hazen pensait lui faire obtenir le grade définitif de capitaine.

Contre toute attente, la petite équipée ne fut pas massacrée par les Indiens ; elle fit la topographie des contrées mal explorées, traversa de magnifiques paysages, et fut accueillie avec chaleur dans les fortins disséminés ici et là. Elle arriva sans problèmes sur la côte ouest, rejoignant San Francisco où le courrier officiel se révéla décevant : l'armée américaine voulait bien réintégrer son ancien officier, mais avec le grade de second lieutenant. Ambrose Bierce n'épilogua pas sur cette ingratitude ; il fit ses adieux au général Hazen, et décida de rester à San Francisco, même s'il ne trouva au départ qu'un emploi de gardien de nuit à l'Hôtel de la Monnaie. Sa grande décision, surtout, était prise : il deviendrait écrivain. Il était bien conscient de ses lacunes, de ses faiblesses culturelles, mais il ne tenait qu'à lui de combler son retard. Aussi commença-t-il à dévorer livres d'histoire, romans et encyclopédies, avec la même soif de connaissance que montrera peu après, dans des conditions similaires, son cadet Arthur London. Hors de son étude et de son travail, Bierce aimait les ambiances chaudes des tavernes et des bars, et il déménagea bientôt au Russ House, l'un des grands saloon-hôtels de la ville. Il commença à publier dans le *News Letter* (alors que Mark Twain écrivait dans la revue concurrente, l'*Overland Monthly*), sympathisa avec le rédacteur James Watkins qui lui fit découvrir Swift, Voltaire, Thackeray, et qui lui confia bientôt la feuille satirique du *Town-Crier*.

Les satiristes ne manquaient pas, et quelques-uns avaient du talent, mais Bierce se distingua immédiatement par son extraordinaire virulence. Il reprenait les faits divers avec un ton grinçant, et dévoilait sous une forme toujours humoristique la bêtise, la violence, l'hypocrisie, l'exaction ou le racisme. Il montrait du doigt le scandaleux ostracisme dont souffraient la colonie chinoise et d'autres minorités, attaquait les élus, les capitalistes, les notables. Malheur à celui qui tentait de riposter : la réplique était impitoyable, et la victime se retrouvait doublement couverte de ridicule. Mark Twain lui-même se garda d'affronter un adversaire aussi redoutable, et les deux chroniqueurs ne se fréquentèrent pas.

La verve d'Ambrose Bierce n'échappait pas à quelques facilités, la pure bouffonnerie voisinant parfois avec de très dures attaques sociales ; il était également de bon ton de se montrer misogyne et Bierce n'échappa pas à la règle. En bref, et en quelques mois, il était devenu "l'homme le plus méchant de San Francisco", personnage en vue, élégant, à la compagnie aussi crainte que recherchée.

Cependant, le climat humide de la ville n'était guère

propice à son asthme, et Bierce trouvait un peu de soulagement sur les hauteurs de la baie. Dans la petite station de San Raphael, il rencontra Mary Ellen (*Mollie*) Day, fille d'un ingénieur qui était devenu exploitant de mine. L'amour fut immédiat et réciproque, et les jeunes gens se marièrent en décembre 1871. On s'interrogea : l'ancien vétéran de guerre, le topographe coureur des bois, le journaliste virulent habitué des bars enfumés allait-il tout à coup se ranger ? Il semble qu'il ait découvert un bonheur nouveau, calme et tranquille, mais qui à l'évidence n'entrava en rien la férocité naturelle de sa plume. Pourtant, quand le père de Mollie offrit au jeune couple un voyage en Europe, Bierce y vit l'occasion de passer du journalisme à la vraie littérature, sur un Vieux Continent plus apte à reconnaître les talents que sur cette côte ouest encore assez mal dégrossie. Pour l'avoir tant travaillé, Bierce était conscient de la puissance de son style, et il était temps de le faire reconnaître. Il fit ses adieux aux lecteurs, leur délivrant quelques derniers savoureux conseils : « Ne vous fiez pas à l'humanité sans garanties supplémentaires, cela vous jouerait quelque vilain tour... Cultivez un goût pour les vérités dégoûtantes. Et, finalement, le plus important de tout, efforcez-vous de voir les choses comme elles sont et non comme elles devraient être... »

Le couple arriva à Londres en 1872, muni de lettres d'introduction qui permirent à Bierce de collaborer rapidement à des journaux satiriques, le *Fun* et le *Figaro*. Malgré quelques maladresses, il s'adapta aux milieux journalistiques anglais, et y gagna quelques solides amitiés. Mollie mit au monde en décembre un garçon, qu'ils prénommèrent Day.

En 1873, la famille Bierce fit un voyage en France, tandis qu'était publié *The Fiend's Delight* ("les Délices du Démon"), une plaquette d'aphorismes qui se retrouveront beaucoup plus tard dans le *Dictionnaire du Diable*. En 1874 naquit un second fils, Leigh, et Bierce fut cette année-là entraîné dans une courte, mais assez curieuse aventure : l'entourage de l'impératrice Eugénie, qui vivait en exil, l'avait engagé pour prendre la direction d'un journal politico-satirique, *La Lanterne*, qui n'eut que deux numéros. Un peu trop tard, Bierce réalisa qu'on l'avait laissé s'engager dans une affaire douteuse, à travers laquelle il s'était probablement ridiculisé. Il découvrait que la littérature anglaise n'avait jamais cessé de voir en lui autre chose qu'un "westerner" aux jugements abrupts, à la plume trop acide. Empêtré dans les rivalités des clans littéraires, peu habitué aux subtilités des intrigues, Bierce se voyait utilisé, pillé, mais non reconnu. Il découvrait la différence entre l'élégant humour anglo-saxon, celui de Dickens, Caroll ou Jérôme, et l'humour américain, beaucoup plus violent.

Au printemps 1875, Mollie décida d'aller passer quelques mois en Californie. Elle annonçait bientôt que, sans le savoir, elle était repartie enceinte d'un troisième enfant. Bierce balança quelque temps, fit le point sur sa situation à Londres. Il avait rencontré de brillants esprits, il avait beaucoup lu, beaucoup appris, mais la société anglaise et les grands éditeurs lui étaient restés fermés. Mollie, d'autre part, lui manquait, et ce dernier point emporta la décision ; avant la fin de l'été, il était de retour à San Francisco.

Helen naquit en octobre ; quoi qu'on puisse en juger à la lecture de ses aphorismes, Ambrose Bierce aimait beaucoup ses enfants, pour qui il écrivit de jolis contes. Il avait installé sa famille sur les hauteurs de la baie, mais il lui avait fallu, à San Francisco, reprendre son métier à son point de départ. Après une période difficile de travaux médiocres, il accepta la direction d'un journal satirique, L'*Argonaut*, bien qu'il n'eût que peu de sympathie pour son commanditaire, le conservateur Pixley. Mais San Francisco retrouvait son polémiste, plus en forme que jamais, s'attaquant aux exploiteurs les plus en vue, politiciens et philanthropes compris. Les réactions, cette fois-ci, furent telles que Bierce ne sortait plus sans revolver. Rien de tout cela n'arrangeait ses relations avec Pixley, et il négligeait d'autre part sa famille autant que sa santé. Tout ceci explique peut-être le choix abrupt qu'il fit, en 1880, de reprendre son ancien métier d'ingénieur topographe.

Les Black Hills (après qu'on en eut chassé les Indiens) s'ouvraient en effet à la colonisation, et à l'exploitation des ressources minières. Bierce se vit offrir une place de superintendant de la Black Hill Placer Mining Company, avec le contrôle d'une ville de pionniers. L'affaire cependant tourna au désastre : la compagnie était malhonnête, les employés n'étaient pas payés. Bierce tenta néanmoins de poursuivre l'exploitation dans une ambiance difficile. Il prit un garde du corps qui se révéla être un tueur. Quand il revint chez lui, il était fatigué, dégoûté, sans argent, sans avenir. Encore une fois, il lui fallait repartir à zéro.

Un vieil ami, propriétaire du *Wasp*, lui redonna une place de rédacteur satiriste, et c'est là qu'il commença en 1881 la grande rédaction du *Dictionnaire du Diable*, en commençant curieusement par la lettre "P". Parallèlement, il reprit ses campagnes de dénonciation, s'attaquant surtout au capitalisme sauvage qui commençait à gangrener toute l'administration. C'était s'en prendre à forte partie, et, cette fois-ci, le beau monde de San Francisco lui ferma la porte au nez. Il était lu, craint et respecté, il faisait rire ou grincer des dents, mais il était désormais infréquentable. Pourtant, et Bierce s'en défendit de nombreuses fois, il ne fit jamais d'attaques par le biais de la vie personnelle. Son humour, qu'il travaillait dans de nombreuses directions, et dont il entrecroisait les effets de manière diabolique, ne se faisait jamais bas ni facile. Et là encore, sa conscience morale lui dictait des limites qu'il ne dépassait pas. En 1885 cependant, le *Wasp* changea de propriétaire et le rédacteur en chef fut remercié.

Bierce passa une grande année en famille, travaillant à ses courts récits, retrouvant le goût des grandes promenades dans la nature. Un jour de 1887, un jeune homme vint frapper à sa porte : c'était William R. Hearst, fils du milliardaire George Hearst, qui venait de prendre la tête de L'*Examiner* et qui voulait s'attacher la collaboration de Bierce. Ce dernier fixa ses conditions, qui furent acceptées ; sa liberté était totale, son salaire avantageux, son emploi garanti. Hearst avait de grandes ambitions pour L'*Examiner*. Il en fit un quotidien percutant, le plus grand journal de la côte ouest, avant de s'attaquer à la presse de la côte est[1]. Mais pour l'heure, la collaboration marchait à ravir. Bierce signait de grands éditoriaux, n'hésitant pas à prendre position, quelquefois même

1. Hearst termina sa vie avec un immense empire de presse, mais échoua dans sa tentative de devenir Président des États-Unis. Rappelons que c'est de lui que s'inspira Orson Welles pour camper son *Citizen Kane*, ce qui déplut fortement à l'intéressé.

contre son journal. Parallèlement, il poursuivait le *Dictionnaire du Diable* et commençait à rédiger ses plus grandes nouvelles.

Mais ce travail prolifique l'avait conduit à négliger sa famille et il n'allait pas tarder à en payer chèrement le prix. Day, l'aîné, qui avait maintenant quinze ans, voulait partir courir le monde ; son père tenta de lui faire poursuivre ses études et Day s'enfuit, trouvant du travail dans une ville des environs. Mollie, délaissée, s'était laissée courtiser par un riche Danois, et Bierce découvrit des lettres. Comme à l'époque de Bernie, il ne sut réagir que par une rupture brutale et définitive. Il aimait pourtant sa femme et tout laisse à penser que cette séparation le déchirait ; mais, en bon héritier d'une rigide tradition puritaine, il s'enferma dans son attitude.

L'année suivante, Day devait se suicider à l'issue d'une assez sordide histoire d'amour, après avoir tué son rival. Là encore, le chagrin d'Ambrose Bierce fut immense, mais il ne laissa rien paraître.

On commençait à admirer son talent de romancier, on venait le consulter. Déjà, il avait des admirateurs, des disciples. Ses nouvelles, et principalement celles sur la Guerre de Sécession (*In the Midst of Life, Tales of Soldiers and Civilians*) étaient exceptionnelles, et certains critiques le considéraient sans conteste comme le premier auteur du pays : « le seul américain, écrivait Percival Pollard, qui soit intégralement un homme de lettres, dans le sens le plus aigu du terme, et qui ait écrit ce que ses contemporains, aussi bien que la postérité, doivent admettre comme des chefs-d'œuvre. »

A cette époque, il aida Leigh, son deuxième fils, à devenir journaliste, et il se rapprocha, sensibilisé par les troubles profonds de la société américaine, des idées socialistes. On aurait tort cependant de lui attribuer des idées bien arrêtées. Plutôt partisan de l'ordre, sensible à la discipline, il était le premier à se révolter quand l'ordre n'était plus légitime, quand la discipline profitait aux uns au détriment des autres. Toujours proche des opprimés, toujours sensible à la justice sociale, il ne se faisait pourtant aucune illusion sur la capacité du peuple à se gouverner lui-même. Entre les deux, et selon les circonstances, il oscillera toujours, se méfiant de tous les systèmes et de tous les "ismes", ne se posant jamais en donneur de leçons, restant un "observateur" auquel rien n'échappait. Il mit en lumière de nombreuses injustices, lutta contre des préjugés, s'engagea dans les grands débats nationaux. Le pouvoir grandissant de la presse l'inquiétait, et il s'en prit souvent à Hearst, qui le laissait faire. Les rapports entre les deux hommes restaient cordiaux, même si le journaliste ne se faisait plus d'illusions sur son patron. Il prépara d'ailleurs une biographie assassine de Hearst, mais renonça finalement à l'écrire. Et quand, en 1896, ce dernier l'appela à son secours sur la côte est pour l'aider dans sa lutte contre le trust des chemins de fer, Bierce fit ses bagages et, emmenant son fils avec lui, traversa le continent. Il fut accueilli à Washington comme une personnalité et entama une ahurissante croisade contre l'un des hommes les plus puissants des États-Unis, Huntington, pour la plus grande joie des lecteurs de la presse Hearst. Le combat tourna rapidement à l'avantage du journaliste, qui avait pour lui les armes de l'investigation, de la vérité et de l'humour. Mais l'apothéose fut atteinte quand Huntington, excédé, tenta de l'acheter, ce qui était évidemment une erreur avec un homme comme Bierce.

Le retour à San Francisco fut triomphal, mais Bierce, d'une certaine manière, avait livré là sa dernière grande bataille. Déjà — et en partie grâce à lui —, la presse entrait dans une ère nouvelle, le style journalistique se faisait plus direct. L'écriture très travaillée de Bierce commençait à dater. En 1899, Hearst l'invita à venir s'installer définitivement à Washington, et Bierce en profita pour tourner une avant-dernière page, abandonnant une Californie désormais trop pleine de souvenirs. Mollie l'attendait toujours, mais il n'avait pas fait un geste, et il ne le ferait plus désormais.

C'est dans un bel appartement de Washington qu'il fêta l'entrée dans le XXe siècle, gardant proche de lui son fils dont la carrière était prometteuse. Hélas, Leigh mourut l'année suivante d'une forte pneumonie, attrapée lors d'une joyeuse soirée, et Mollie disparut elle-même en 1905 d'une défaillance cardiaque. Bierce continua d'avoir une vie sociale active, il était entouré, respecté, il buvait en bonne compagnie ; sa plume était encore alerte, bien que Hearst s'efforçât de le cantonner dans les magazines. Pourtant, la sourde douleur n'avait jamais été aussi grande, celle qui avait porté toute son écriture, et qui allait encore lui donner la force de jeter un regard critique sur l'ensemble de son œuvre. Déjà, un jeune sudiste, Walter Neale, le pressait de rassembler ses choniques, ses nouvelles et ses autres écrits en un seul ensemble. En 1906, il publia sous le titre de *The Cynic's Word Book* un grand choix de définitions humoristiques, sans être vraiment satisfait du résultat. Cette année-là, un tremblement de terre suivi d'un gigantesque incendie raya San Francisco de la carte, faisant par ailleurs disparaître toutes les archives des journaux auxquels il avait collaboré. Il entreprit tout de même en 1908 la correction des œuvres dont il disposait encore, rompant cette année-là avec Hearst, qui venait d'entrer au Congrès. En 1910, il effectua un court voyage en Californie. L'année suivante, il finissait de peaufiner *The Devil's Dictionary*, édité par Walter Neale.

Le projet avait pris de l'ampleur et surtout, Ambrose Bierce avait pris du recul ; la plus grande partie de son œuvre de satiriste traitait de sujets d'actualité, et commençait à perdre de son intérêt ; seul le *Dictionnaire du Diable* permettait de rassembler à la fois toutes les formes de son esprit, d'aborder tous les sujets, et d'échapper à la trop étroite actualité. Sans tenter de réaliser un "best of", Bierce en fit, à travers près de mille définitions[1], une sorte de condensé d'humour, de réflexion et d'invention, reflétant ce que furent par ailleurs quarante années de collaboration journalistique. Comme l'écrira plus tard Lawrence R. Suhre : « *Le Dictionnaire du Diable*, pour résumer, est un véritable tour de force de l'un des écrivains les plus prolifiques, les plus talentueux et les plus diversifiés de la littérature américaine. Et c'est un livre qui est aussi intemporel pour les lecteurs que s'ils étaient en présence d'un ouvrage de philosophie, alors qu'il s'agit d'un livre

1. Le *Devil's Dictionary* rassemble très exactement neuf cent quatre-vingt dix-huit définitions, qui s'accompagnent de plusieurs centaines de fausses "citations". La présente traduction respecte l'intégralité du texte, et seules une dizaine de définitions basées exclusivement sur des jeux de mots en anglais se sont révélées intraduisibles.

d'humour et d'esprit. C'est un livre qui peut être lu par des personnes de tous âges et de toutes conditions, et qui fera leur bonheur. »

Le douzième tome des *Collected Works* d'Ambrose Bierce parut en 1912. Il mettait un point final à son œuvre complète, le reste étant perdu, ou n'ayant pas été retenu par l'auteur. Dans l'ensemble, l'accueil des commentateurs et du public fut assez décevant, et ne répondit pas à l'attente d'Ambrose Bierce. Les douze volumes présentaient une si grande disparité de ton et de thèmes qu'ils en étaient déconcertants. Ses meilleures nouvelles étaient déjà parues sous d'autre formes. Les temps, également, avaient changé. L'*homo americanus* se voulait optimiste, oublieux du passé et confiant dans l'avenir. En 1912, il ne se reconnaissait guère dans le miroir que lui tendait le lexicographe du Diable.

Ambrose Bierce entreprit quelques voyages, revoyant avec émotion les champs de bataille de sa jeunesse. Lors d'une dernière visite à sa fille, qui était mariée et installée dans l'Illinois, il parla du Mexique et de ce qui s'y passait. En octobre 1913, il quittait Washington avec ses économies ; à la fin du mois, il était à San Antonio. A Laredo, sur la frontière, il laissa une malle qui fut ensuite volée. Sa dernière lettre fut postée le 26 décembre à Chihuahua, et sa trace fut définitivement perdue.

Alla-t-il chercher la mort sur un champ de bataille ? Mourut-il dans une sordide chambre d'hôtel, emporté par une dernière crise d'asthme ? Une commission d'enquête qui fut envoyée recueillit le témoignage d'un officier qui se souvenait de la présence, au siège d'Ojinaga, d'un grand yankee aux cheveux blancs. S'agissait-il de lui ? Dans un joli roman, Carlos Fuentes lui attribue une dernière aventure qui est tout aussi plausible, et Gregory Peck lui prête à l'écran sa haute silhouette d'*Old Gringo*. Mais à la vérité, nul ne sait ce qu'il advint de lui après qu'il eut passé la frontière mexicaine.

Du même auteur
Dans la même collection

Contes noirs (n° 59)

Rivages poche

Reinaldo Arenas
Le Portier (n° 26)
Ambrose Bierce
Le Dictionnaire du Diable (n° 11)
Contes noirs (n° 59)
Paul Bowles
Le Scorpion (n° 3)
L'Écho (n° 23)
Un thé sur la montagne (n° 30)
Truman Capote
Un été indien (n° 9)
Fausta Cialente
Les Quatre Filles Wieselberger (n° 10)
Alfred Döblin
L'Assassinat d'une renoncule (n° 25)
Heimito von Doderer
Un meurtre que tout le monde commet (n° 14)
Eva Figes
Lumière (n° 5)
Kaye Gibbons
Ellen Foster (n° 4)
Une femme vertueuse (n° 31)
Christopher Isherwood
Le Condor (n° 28)
Henry James
Mémoires d'un jeune garçon (n° 27)
Owen Wingrave (n° 36)
Le Dernier des Valerii (n° 62)
David Lodge
Jeu de société (n° 44)
Changement de décor (n° 54)

Umberto Saba

Couleur du temps (n° 6)

Comme un vieillard qui rêve (n° 17)

Carl Seelig

Promenades avec Robert Walser (n° 65)

Natsumé Sôseki

Oreiller d'herbes (n° 2)

Clair-obscur (n° 22)

Robert Louis Stevenson

Fables (n° 20)

La Magicienne (n° 34)

Olalla (n° 56)

Italo Svevo

Le Destin des souvenirs (n° 12)

Elizabeth Taylor

Angel (n° 41)

Mrs Palfrey, Hôtel Claremont (n° 67)

Paul West

Le Médecin de Lord Byron (n° 50)

Evguéni Zamiatine

Seul (n° 16)

Le Pêcheur d'hommes (n° 19)

Rivages poche/Petite bibliothèque
Collection dirigée par Lidia Breda

Aristote

L'Homme de génie et la Mélancolie (n° 39)

Rhétorique des passions (n° 40)

Boèce

Consolation de la Philosophie (n° 58)

Hippocrate

Sur le rire et la folie (n° 49)

Montaigne

De la vanité (n° 63)

Friedrich Nietzsche

Dernières Lettres (n° 70)

Fernando Pessoa

Fragments d'un voyage immobile (n° 42)

Lettres à la fiancée (n° 43)

Pétrarque

Mon secret (n° 52)

Arthur Schnitzler

Lettres aux amis (n° 45)

Relations et Solitudes (n° 51)

La Transparence impossible (n° 68)

Schopenhauer

Douleurs du monde (n° 57)

Essai sur le libre arbitre (n° 66)

Sénèque

De la tranquillité de l'âme (n° 48)

De la brièveté de la vie (n° 53)

Consolations (n° 60)

Georg Simmel

Philosophie de l'amour (n° 55)

Achevé d'mprimer
sur les presses
de l'Imprimerie A. Robert
116, bd de la Pomme - 13011 Marseille
pour le compte
des Editions Rivages
106, bd Saint-Germain - 75006 Paris

5e édition

Dépôt légal : novembre 1989